O *Elefante* e a *Pulga*

Charles Handy

O *Elefante* e a *Pulga*

Tradução
Tina Jeronymo

ACTUAL EDITORA

Almedina Brasil Ltda./Actual Editora Ltda.
Alameda Lorena, 670, São Paulo, SP,
Cep.: 01424-000, Brasil
Tel./Fax: +55 11 3885-6624

Site: www.almedina.com.br

Título original: *The elephant and the flea*

Publicado pela Arrow, do grupo Random House, 2001

Edição original publicada pela William Heinnemann
Grupo Random House
Edição: Almedina Brasil Ltda.

Tradução: Tina Jeronymo
Preparação de texto: Valter Sagardoy
Revisão: Eliel Cunha
Diagramação: Linea Editora Ltda.
ISBN: 978-85-62937-01-9

Impresso em outubro de 2009

Dados Internacionais de Catalogação na Publicação (CIP)
(Câmara Brasileira do Livro, SP, Brasil)

Handy, Charles
O elefante e a pulga / Charles Handy ; tradução Tina Jeronymo. -- São Paulo : Actual Editora, 2009.

Título original: The elephant and the flea.
ISBN 978-85-62937-01-9

1. Carreira profissional - Desenvolvimento 2. Civilização moderna - Século 21 3. Handy, Charles 4. Século 21 - Previsões 5. Sucesso em negócios I. Título.

09-11122 CDD-909.83

Índices para catálogo sistemático:

1. Previsões : Século 21 : Civilização : História 909.83
2. Século 21 : Previsões : Civilização : História 909.83

Sumário

PARTE I

Os Alicerces

1

1981: Começando pelo meio

Acordei cedo na manhã de 25 de julho de 1981. Era meu aniversário de quarenta e nove anos. Não costuma ser um marco na vida de ninguém, poderia se pensar, mas, de um jeito um tanto sonolento, fiquei ciente de que, dessa vez, o clichê era verdade: aquele, de fato, seria o primeiro dia do resto da minha vida. Num prazo de seis dias, eu ficaria desempregado — por escolha própria. Não chamei a situação de desemprego, é claro. Estava me tornando um profissional de "portfólio", dizia, usando orgulhosamente o termo que adotara alguns anos antes para descrever o tipo de vida que, previ, mais e mais pessoas estariam levando até o final do século.

Fora ousado na época, no início da era Thatcher na Grã-Bretanha, profetizar que, até o ano 2000, menos da metade da população que trabalha estaria em empregos convencionais de tempo integral nos chamados "contratos por tempo indeterminado". O restante de nós ou estaria trabalhando por conta, ou em empregos de meio período, talvez como temporários de algum tipo, ou desempregado. Precisaríamos, afirmava eu, de um portfólio constituído por fontes diferentes de trabalho remunerado, ou um conjunto de clientes diversos, se quiséssemos ganhar nosso sustento. Uma vida plena e rica, entretanto, seria um portfólio mais complicado de diferentes categorias de trabalho — trabalho remunerado, trabalho voluntário, trabalho envolvendo estudo ou aprendizagem, além, tanto para homens quanto mulheres, do trabalho necessário em casa: cozinhar, organizar e limpar. O fugaz equilíbrio entre vida pessoal e trabalho seria, na verdade, uma combinação de diferentes formas de trabalho, temperada com um toque de lazer e prazer.

As pessoas desdenharam; executivos, políticos e acadêmicos, todos eles. Zombaram do meu comentário de que "donos de casa" se tornaria um termo em voga até a virada do século. Supunha-se que a doutrina do thatcherismo de empreendimento e autoconfiança criaria uma economia próspera com empregos convencionais para todos que os quisessem. Se ela fracassasse, bem, a alternativa do estado socialista daria o melhor de si para nos levar de volta àquela situação feliz de abundância de empregos, mesmo que significasse usar, como último recurso, o Estado como o empregador. Foi um debate sobre meios de se chegar a um fim de consenso geral. A ideia de que o fim desejado, a sociedade com empregos o suficiente, poderia chegar a não existir no sentido de empregos para todos, não valia a pena ser abordada.

Contei aos que duvidavam sobre o executivo publicitário de quarenta e oito anos que se queixou comigo de que não havia mais empregos no mundo seletivo da publicidade para pessoas como ele. Enquanto ele conversava comigo na minha casa, o eletricista que consertava a fiação meteu a cabeça pelo vão da porta para dizer que voltaria, mas somente depois de uma semana.

— Lamento — disse ao ver minha expressão de desapontamento —, mas tenho trabalho demais no momento.

Aquele era o futuro, falei ao executivo publicitário — uma porção de serviços como o do eletricista, o que significava clientes para o trabalhador independente, mas menos do próprio tipo do trabalho dele, onde um profissional vendia o tempo com antecedência, geralmente com anos de antecedência, para uma organização.

Como ele, as pessoas escutavam, mas preferiam fazer ouvidos moucos. A sociedade de empregados do século vinte propiciou tanto que foi boa — rendas estáveis para a maioria, um mecanismo conveniente de arrecadação de impostos, um meio de dividir a sociedade em blocos, de modo que era fácil saber onde estavam as pessoas e que os indivíduos também soubessem onde estariam e o que estariam fazendo nos anos vindouros. A carreira numa organização, mesmo que um indivíduo a trocasse por outra uma vez ou duas na vida, parecia ser o elo central que impedia a sociedade de se degradar ao ponto de se tornar um campo de batalha egoísta, cada um lutando por si e que o resto fosse às favas. O mundo bastante diferente que previ, no entanto, era carregado de insegurança para a maioria, repleto de medo e incerteza. “Não queremos esse tipo de mundo”, diziam as pessoas, esperando que isso não acontecesse. Concordei. Também não gostei do tipo de mundo que vi emergindo, mas soube que ignorá-lo de nada adiantaria.

Consolei-me com a observação do filósofo Arthur Schopenhauer de que toda a verdade passa por três estágios. Primeiro, é ridicularizada. Segundo, sofre resistência. Terceiro, é aceita como óbvia.

Como se viu, até o ano 2000, a mão de obra britânica nos contratos por período indeterminado e em empregos de tempo integral caíra para 40 por cento, e o BBC World Service apresentava programas sobre o tema “Que Futuro Há para o Homem?”, uma vez que as mulheres pareciam estar dirigindo tudo, exceto as antigas corporações e profissões. A empregabilidade havia sido redefinida, significando que menos de 5 por cento da mão de obra estava desempregada. O que o restante estava fazendo ou não, não era relevante. Já em 1996, na Grã-Bretanha, 67 por cento das empresas britânicas tinham apenas um funcionário, o dono, e em 1994, as chamada microempresas, empregando menos de cinco pessoas somavam 89 por cento de todos os negócios. Para colocar de modo mais direto, apenas 11 por cento das empresas empregavam mais de cinco pessoas.

Em 1981, contudo, eu havia decidido que não era o bastante fazer previsões. Eu deveria tentar colocar em prática o que estivera apregoando, descobrir por conta própria como era deixar a proteção das organizações e lutar por mim mesmo, tornar-me o que eu passara a chamar de pulga, fora do mundo dos elefantes, as grandes organizações que haviam sido os pilares da sociedade empregatícia do século vinte. As pulgas são os profissionais independentes, alguns com pequenos negócios próprios, alguns trabalhando como autônomos ou em alguma sociedade.

Elefantes e pulgas formam uma metáfora estranha, pouco lisonjeira para ambos os grupos. Cheguei até ela por acaso, quando buscava um meio, numa palestra, de explicar por que grandes organizações precisavam de indivíduos ou grupos irritantes para introduzir as inovações e ideias essenciais à sobrevivência delas. Após a palestra fiquei surpreso com o número de pessoas que me procurou, ou afirmando serem pulgas, ou queixando-se do andar vagaroso do elefante onde trabalhavam. Ao que pareceu, a analogia prendera a imaginação delas e, portanto, levei-a adiante. A exemplo de todas as analogias, porém, não devia ser usada demais. Útil para atrair atenção, não é em si mesma uma receita para soluções, mas como uma ampla descrição de uma divisão na sociedade moderna serve a seu propósito.

São os elefantes que obtém todas as atenções, enquanto a maioria das pessoas realmente trabalha como uma pulga ou para uma organização pulga. Há, como um exemplo, mais pessoas trabalhando em restaurantes étnicos na Grã-Bretanha atualmente do que nas atividades ligadas ao aço, carvão, construção naval e empresas de automóveis juntas. Aqueles imensos elefantes de antigamente foram sobrepujados por organizações pulga à medida em que a economia passou de industrial a de serviços. É um mundo novo.

Seria um mundo novo para mim também, um no qual troquei segurança por liberdade.

Eu havia tido o privilégio de trabalhar dez anos para um dos maiores dos elefantes comerciais — o Royal Dutch Shell Group —, o qual marcara meu primeiro dia de trabalho dando-me detalhes sobre o plano de aposentadoria, como um sinal de sua intenção de ocupar minha vida profissional inteira. Eu os deixei pelo mundo igualmente seguro de uma universidade, onde a estabilidade no emprego naquela época significava o direito garantido de lecionar até a aposentadoria, não importando quanto os meus pontos de vista pudessem ser radicais ou ultrapassados. Saindo de lá, fui trabalhar no Castelo de Windsor, onde a permanência e a continuidade já eram inerentes ao lugar.

Assim, naquela manhã, deitado na cama, eu estava olhando para as notas musicais pintadas nas paredes do meu quarto por um diretor de coro do século dezesseis. Estava dormindo em parte do que originalmente havia sido o lar ou palácio, no século treze, de Henrique III. Os aposentos tornaram-se mais tarde a escola do coro da capela de St. George. Aquele era, agora, o meu lar temporário porque, ao longo dos quatro anos anteriores, eu havia sido diretor do St. George's House, um pequeno centro de estudos e conferências no castelo, dedicado à discussão de questões éticas na sociedade e ao preparo de clérigos para papéis mais importantes na Igreja. O salão de conferências do centro, como eu dizia aos participantes, já havia sido palco da apresentação de

As Alegres Comadres de Windsor, dirigida por ninguém menos do que William Shakespeare, diante da rainha Elizabeth I.

Quando o supervisor do castelo me entregou uma grande chave que me permitia entrar numa parte restrita da propriedade, pediu que eu assinasse um grande e venerável livro de couro.

— Por favor, certifique-se de escreve o ano por completo — avisou-me. — Podemos nos confundir em relação aos séculos neste lugar.

Os cônegos da capela de St. George tinham, até muito recentemente, recebido posses vitalícias — o direito de manterem suas casas e postos não apenas até a aposentadoria, mas até a morte. O Castelo de Windsor estava ali havia um longo tempo e tinha toda a intenção de permanecer assim.

Como uma rocha imutável, havia sido um bom lugar de onde se estudar o mundo externo em transformação, mas, em 1981, já era momento de eu deixar sua segurança e tentar minha sorte do lado de fora, antes que eu ficasse fossilizado demais para sobreviver ali. Sem economias relevantes, eu tinha uma hipoteca, esposa, dois filhos adolescentes e não havia permanecido por tempo o bastante em nenhuma das minhas organizações anteriores para receber algo que lembrasse uma aposentadoria adequada. A vida seria um tanto incerta, percebi, uma vez que tudo o que eu podia fazer era escrever e falar. Talvez eu tivesse me precipitado, ponderei naquela manhã, em me demitir tão impulsivamente, apenas para satisfazer o princípio masoquista de praticar o que eu pregava, de deixar o mundo dos elefantes e dos grandes batalhões e me reunir às pulgas, os guerreiros solitários que, previa eu, seriam a população de maior crescimento no futuro.

Minha vida até então tampouco havia me dado o melhor preparo para a existência independente que agora eu enfrentaria. Na verdade, ao olhar para trás, para minha criação inicial numa residência paroquial na área rural irlandesa, minha educação no melhor (ou pior?) da escola pública britânica e na tradição de Oxbridge e minha subsequente experiência profissional numa empresa internacional, que costumara parecer modelada a partir de uma mistura do exército britânico e do serviço público, percebi que nada daquilo iria me ajudar nos meus novos desafios. Até a faculdade de administração que eu ajudara a formar era, eu notava agora, concebida inadequadamente para o mundo que acreditava estar à frente de todos nós.

Isso tudo foi há vinte anos. Este livro é, em parte, formado por minhas reflexões bastante pessoais de como o mundo mudou durante esse tempo e de como pode mudar ainda mais e mais rapidamente nos anos pela frente; tão rapidamente, na verdade, que o que é uma inovação enquanto escrevo já poderá estar ultrapassado quando isto for lido. O comunismo já era uma ideologia fracassada em 1981, mas ninguém na época previu a queda do Muro de Berlim e o fim do Império Soviético. O resultado foi um capitalismo triunfante que acarretou seus próprios dilemas, dando ao dinheiro um papel mais central na vida de todos nós do que já havíamos vivenciado e mudando muitas das nossas prioridades.

Em 1981, internet e World Wide Web eram termos que não se ouviam em nossas conversas em Windsor. De fato, não havia nem sequer um vislumbre da web na mente de Tim Berners Lee, o inglês que, dez anos mais tarde, deu-a ao mundo de graça. Mas elas se tornaram apenas duas das forças que transformaram a vida tanto para as pulgas quanto para os elefantes de maneiras que nem sequer poderíamos ter sonhado vinte anos atrás, e Berners Lee agora afirma que há novas maravilhas a caminho. Diante dessa experiência, poderia ser considerado um tanto perigoso, até ridículo, tentar prever como serão as coisas daqui a mais vinte anos. Olhando para trás, contudo, acho que posso argumentar que esses acontecimentos cruciais apenas aceleraram as possíveis mudanças nas nossas vidas que discutíamos em 1981.

Lembro de Kingman Brewster, então embaixador americano na Corte de St. James, e recentemente aposentado como reitor da Universidade de Yale, levantando a questão numa palestra naquele ano sobre quem seriam os guardiões do nosso futuro. Foi uma maneira ótima, muito loquaz de perguntar se a nossa preocupação com as questões econômicas de curto prazo, tanto na sociedade quanto em nossas próprias vidas, não poderiam estar nos cegando para questões mais fundamentais sobre o significado do sucesso, o tipo de sociedade que desejávamos que nossos netos herdassem e nossas próprias responsabilidades em fazer algo a respeito. Os horizontes se encurtaram ainda mais e a economia se tornou ainda mais dominante, mas tais perguntas ainda precisam de respostas.

Nasci na Irlanda, na época uma terra pobre, tomada por clérigos, onde o tempo parecia elástico e as conversas intermináveis. Agora, ela está radiante com os frutos colhidos como o Tigre Céltico. Minha cidade natal de Dublin está movimentada, mas, a meu ver, também é um lugar onde há permanente congestionamento de trânsito cuja poluição suja o ar, as pessoas são incomodadas e o almoço não passa de um sanduíche à mesa de trabalho em vez de um intervalo prazeroso como antigamente. Os irlandeses, que agora retornam e não mais emigram, acham os preços das casas estratosféricos, o que os obriga a viver bastante afastados da cidade e a darem sua própria contribuição aos congestionamentos diários.

— Não é mais a Irlanda de que nos lembramos — lamentam. — Não há tempo para bate-papo, e a expansão dos subúrbios diminuiu muitos dos antigos campos verdejantes. É como qualquer outra sociedade de consumo atualmente.

Sim, mas as pessoas, na maioria, têm mais dinheiro para gastar. Não é algo bom? Não estou certo disso.

Lembro do meu antigo professor de economia, nascido na Europa central, e que se estabelecera nos Estados Unidos, dizendo uma vez que era muito mais empolgante trabalhar num país onde a economia estava a pleno vapor, mas que preferia viver em terras onde ela estivesse estagnada.

— Você sempre consegue um táxi, ou um lugar num restaurante, o teatro é melhor e as conversas mais filosóficas; há tempo para se viver.

O progresso sempre foi e continua sendo um assunto complexo, e não creio que quaisquer novas tecnologias mudem os dilemas. Tais dilemas podem até se tornar mais difíceis. Por alguma razão, ao invés da tecnologia e da produtividade nos darem mais tempo para o lazer, como todos esperávamos, parecemos estar mais escravizados pelo trabalho do que nunca. Agora, o trabalho não deve apenas prover os nossos meios de sustento, mas também o sentido da vida para todos nós, os viciados em trabalho. Poderá o trabalho, a maior parte dele, dar conta de tal desafio, ou um bem-sucedido capitalismo se mostrará no final como uma grande decepção?

Já se evidenciava, vinte anos atrás, que a vida se tornava mais longa e saudável para a maioria de nós e que as carreiras organizacionais ficavam mais curtas, embora ninguém previsse que os presidentes americanos se aposentassem na casa dos cinquenta depois de dois mandatos, ou que alguém se tornasse líder do partido tóri na casa dos trinta. A Shell havia me dito, quando me deu aquele guia sobre aposentadoria nos idos de 1956, que, se as estatísticas do passado serviam de base, eu provavelmente só viveria para desfrutar minha aposentadoria por dezoito meses, e meu próprio pai, de fato, viveu apenas mais vinte meses depois que se aposentou.

Em 1981, porém, não eram dezoito meses, mas dezoito anos que aguardavam a maioria de nós entre a aposentadoria e a morte, um espaço de tempo que não seria preenchido facilmente por intermináveis horas diante da tevê, cruzeiros e jogos de golfe; nem tampouco aposentadoria concebível alguma do governo nos permitiria bancar tais prazeres. Adotamos o termo terceira idade para dar um ar otimista ao espaço de tempo. Mas dar um nome a algo não significa que estamos mais perto, hoje em dia, de saber o que devemos fazer com esse bônus de vinte anos extras ou mais, ou como conseguiremos financiá-los.

Há vinte anos, também, já estava claro que, conforme as corporações aumentassem seu campo de atuação, também precisariam diminuir em suas partes. Tinham de ser locais, diziam, a fim de serem eficazes globalmente. Isso soava bem, mas alcançar a meta delas significava repensar totalmente a maneira como as grandes corporações, os elefantes, trabalhavam. O centro não poderia mais ditar tudo, como costumara fazer na época.

No começo da minha carreira na Shell, fui responsável por divulgar seus produtos em Sarawak, em Bornéu. Era, naqueles tempos, uma terra de rios e bem poucas estradas. A gasolina era usada em barcos para os motores de popa, não em carros. Os manuais para a operação de postos de combustível, as regras para seu projeto, os materiais promocionais e formulários para relatórios eram todos criados em Londres por pessoas que não entendiam nada da vida, ou de postos de combustíveis, num mundo de rios. Tive de fazer meu próprio projeto e esperar que ninguém aparecesse para verificar. A experiência me encorajou, ao menos, a usar minha iniciativa, mas também serviu como uma lição logo cedo sobre a inutilidade de tentar dirigir o mundo a partir de Londres.

Também ficou claro, na época, que quaisquer tentativas das grandes organizações de fazer tudo elas mesmas estava ficando caro e complicado demais. Novamente, o centro estava aprendendo a necessidade de delegar parte do controle operacional. As empresas chamaram isso de terceirização ou redução de tamanho, ficando exultantes com os cortes de custos que se seguiram. Mas eu promovia algo um tanto diferente, que chamava de Organização Trevo — uma organização de três folhas integradas, interligadas pelo núcleo central, a orla contratual e a mão de obra auxiliar, um conceito que argumentei ser a maneira de incorporar uma necessária flexibilidade dentro de um todo corporativo. Um trevo, apontei, era composto de três folhas que continuavam sendo apenas uma folha, e era por essa razão que São Patrício o usava para descrever a doutrina cristã da Santíssima Trindade — o dogma da união de três pessoas distintas em um único Deus. Eu me preocupei que, em sua pressa para desmembrar a organizar e economizar dinheiro, os administradores estivessem atirando fora o senso de pertencer a algo que as empresas antigas promoviam e que acabariam por se arrepender disso. Essa preocupação persiste até hoje.

Atualmente, a ideia de que qualquer corporação pode fazer tudo sozinha pareceria pura arrogância. Parcerias e alianças estão aí: programas entre companhias aéreas, comunhão de empresas de automóveis em suas aquisições, elefantes casando-se com elefantes concorrentes a fim de se fortalecerem ou para incrementar seus orçamentos de pesquisa, tudo facilitado pela internet e a web. São coisas empolgantes se você está nesse mundo, mas as novas mudanças só emprestam mais urgência a velhas perguntas — como você dirige algo que não controla totalmente? Ou como confia em pessoas que não conhece? Ou pertence a algo que é mais como um calhamaço de contratos do que a extensão de uma família com um lar?

Como o mundo do trabalho parecerá na era da internet, com sua nova mistura de pulgas e elefantes, com muito mais pulgas, creio eu, e menos porém ainda maiores elefantes? Qual é o futuro do capitalismo e como ele mudará, levando-se em conta que o valor encontra-se agora na forma de conhecimento e *know-how* em vez de nas propriedades e coisas que se podem ver e contar? Como dirigiremos as corporações novas e em constante expansão e para quem elas terão de prestar contas, considerando-se que muitas geram mais renda do que a maioria dos países? Como a sociedade se adaptará a um mundo mais virtual, onde fronteiras territoriais são apagadas pela internet? Como os impostos serão recolhidos? O Estado sobreviverá, ou as sociedades, assim como as corporações, ficarão algumas maiores e outras menores?

Assim como os sinais estavam presentes há vinte anos para quem quisesse vê-los, acredito que podemos vislumbrar a forma do novo mundo capitalista, mesmo que talvez leve mais vinte anos para se desenvolver. Podemos não gostar do que está por vir, mas seríamos ingênuos em achar que podemos planejar nossas vidas, ou as de nossos filhos, sem pensarmos um pouco no formato do palco em que nós e eles estaremos pisando.

Nosso filho é ator. Ele passou três longos anos na escola de dramaturgia aprendendo, literalmente, a se movimentar num palco e se apresentar para a plateia. Depois que ele se formou, logo ficou evidente que, embora sua primeira paixão tivesse sido pelo palco tradicional, ele teria de trabalhar muito em filmes e na televisão se quisesse ganhar seu sustento. Tais trabalhos exigem habilidades diferentes das dos palcos; ainda assim, em momento algum na escola de dramaturgia dele foi dada séria atenção para que os alunos as desenvolvessem. Não é nada prático preparar uma pessoa para o mundo como ele é ou como ela gostaria que ele fosse, quando a realidade é tão diferente; é imoral educar os outros para uma vida que não pode mais ser vivida como costumava ser antes, numa escola de dramaturgia, ou em qualquer outro lugar.

Minha própria educação foi também uma relíquia do passado e absurdamente inadequada para a vida que eu levaria como pulga. Mais adiante no livro, examino em maiores detalhes o que esse tipo de vida engloba. Estou convencido de que não existe uma verdadeira alternativa para a maioria de nós. Teremos de viver ao menos algum tempo como uma pulga, como um ator independente na vida. De fato, uma vez que a riqueza das organizações será representada pelos indivíduos e o que carregam em suas mentes, talvez até os elefantes passem a ser vistos como comunidades de pulgas individuais — uma saudável mudança em comparação a como vemos as organizações como coleções de recursos humanos, de propriedade dos acionistas.

Há muito de mim mesmo neste livro. Ele é, em algumas partes, uma autobiografia. Às vezes, autobiografias podem ser passatempos de indivíduos indulgentes consigo mesmos, melhor reservadas para que os netos as leiam após a morte do autor. Eu não poderia, entretanto, ter encontrado melhor meio de ilustrar a mudança do mundo das grandes organizações para a vida de um indivíduo independente do que revendo minha própria experiência. Essa transição de um habitante de elefante para pulga independente é a mudança pela qual muitos se verão impelidos a passar nos anos por vir. Para alguns, quanto antes, melhor. Muitos optarão por viver a vida inteira como uma pulga, valorizando a liberdade da independência em detrimento da duvidosa segurança de se estar empregado. Tenho a esperança de que minha experiência em relação a essa vida ajude a fazer com que a dos outros seja mais confortável, seu futuro mais excitante e sua vida mais valorosa.

Como, por exemplo, as pulgas coabitam? No meu mundo organizacional, eu costumava sair para trabalhar diariamente, voltando para casa tarde da noite, se não estivesse viajando.

Minha esposa, Elizabeth, e eu levávamos vidas separadas durante o dia. Nossos interesses em comum eram nossos filhos, nossos pais e nosso tempo de lazer, o pouco que havia dele. Ela sempre foi independente, espantando-se com o fato de eu querer vender meu precioso tempo para uma organização, mas como administraríamos nossas vidas quando os filhos crescessem e eu também me tornasse um profissional autônomo, sem voltar diariamente de uma empresa para casa? A pesquisa que eu fizera anos antes sobre os padrões de casamento entre executivos deu algumas pistas, mas descobrimos que teríamos de alterar nosso estilo inteiro de vida para aproveitar ao máximo nossa nova situação.

Como as pulgas aprendem? Eu falava com frequência de que me lembrava de apenas uma coisa dos meus tempos de escola, a mensagem implícita de que todos os problemas do mundo já haviam sido resolvidos, que as respostas seriam encontradas na cabeça do professor ou, mais provavelmente, na última parte do livro didático dele. A minha tarefa era a de transferir aquelas respostas para a minha cabeça. Quando entrei para a minha corporação, presumi que fosse o mesmo: meus superiores, ou algum consultor, saberiam a resposta. Foi um choque compreender que eu devia encontrar minhas próprias soluções e que muitos problemas tinham a ver com relacionamentos, para os quais não havia respostas num livro didático. A situação é melhor agora na maioria das escolas, mas não muito, e tenho opiniões sobre as mudanças necessárias. Mas o aprendizado não se encerra com os nossos dias de escola. Devemos nos sentir gratos porque, mais tarde, aprender é bem mais divertido.

Aprendi mais em galerias de arte, teatros, cinemas e salas de concertos do que nos meus livros didáticos. As viagens também, a oportunidade de vivenciar por algum tempo outras culturas, propiciam uma lente diferente através da qual ver o próprio mundo, questionar coisas cuja exata familiaridade fez com que se tornassem quase invisíveis aos nossos olhos. Os Estados Unidos, a Índia e a Itália, três países de culturas extremamente diferentes, me ensinaram muito. "A vida é para o almoço", dizem na Toscana, mas, assim mesmo, conseguem trabalhar produtivamente e ter um ótimo convívio, combinando o lazer e o trabalho de um modo que foge às outras culturas. Os Estados Unidos, aquela terra da liberdade, me ensinaram que o futuro é algo a ser bem-vindo porque pode ser moldado por nós, ao passo que o Estado de Kerala, na Índia, me mostrou como uma combinação de socialismo e capitalismo, adequadamente dirigida, pode transformar a pobreza em prosperidade.

A mais importante de todas, porém, foi a lição que aprendi com o estudo das pessoas que criam algo em suas vidas a partir do nada — nós os denominamos alquimistas — para um livro que Elizabeth e eu escrevemos entre 1997 e 1999. Elas provaram a mim que uma pessoa pode aprender qualquer coisa se realmente quiser. A paixão era o que as movia, paixão por seu produto ou sua causa. Se você se importar o suficiente encontrará o que precisa saber e buscará a fonte do conhecimento ou da habilidade. Ou você fará uma experiência e não se preocupará se ela der errado. Os alquimistas nunca falam de fracassos ou erros, mas apenas de experiências de aprendizado. A paixão como o segredo do aprendizado é uma solução estranha a propor, mas acredito que ela funciona em todos os níveis e em todas as idades. Lamentavelmente, paixão não é uma palavra que se ouça com frequência nas organizações elefante, nem nas escolas, onde pode parecer desordeira.

A liberdade de controlar o próprio tempo é uma das grandes bênçãos da independência. Acostumado a ter de adequar meus períodos de férias às exigências da organização e às necessidades dos meus colegas, foi um grande prazer poder eliminar dias da agenda sem consultar ninguém exceto a minha mulher. A administração do tempo de uma pessoa, todavia, requer que ela saiba estabelecer prioridades, fazer escolhas e aprenda a dizer "não". Isso, em contrapartida, exige que você defina o que o sucesso significa, algo que não pode fazer sem trazer à tona seus verdadeiros valores e crenças sobre a vida e o propósito dela. Algo que começa como uma escolha entre dois compromissos termina em uma busca quase religiosa.

Uma das vantagens da vida numa grande organização havia sido a de que a busca podia ser deixada de lado. Dinheiro, posição e identidade acompanhavam o emprego. Ao vender tempo para a corporação, um indivíduo estava aceitando implicitamente a definição dela de sucesso, ao menos durante esse período de sua vida; um período que, para muitos de nós, aumentou nos anos mais recentes. O problema vem mais tarde quando você tem de definir a si mesmo sem o apoio de uma corporação. Tínhamos muitos amigos quando morávamos e trabalhávamos no Castelo de Windsor e recebíamos numerosos convites para eventos sociais glamourosos, convites que desapareceram misteriosamente depois que saímos. Pareceu que, para muitas pessoas, deixamos de existir.

— Como chamará a si mesmo quando se tornar independente? — perguntou-me uma amiga. — Não poderá se denominar "ex-diretor" por muito tempo.

— Apenas continuarei sendo Charles Handy — falei.

— Isso é corajoso — comentou ela, de modo não muito convincente.

Realmente, levei algum tempo para ter orgulho do fato de que, em conferências e coisas do gênero, eu não tinha afiliação institucional ligada ao meu nome. Eu me senti nu. Minha esposa não conseguia entender meu problema. Ela nunca teve um título de cargo, nem nunca sentiu a necessidade de um. As mulheres, penso com frequência, crescem mais cedo do que os homens, mas talvez, sem a proteção dos elefantes, os homens também crescerão um tanto mais cedo.

Todos temos habilidades de algum tipo. O complicado é transformar essas habilidades num serviço ou num produto pelo qual as pessoas paguem bom dinheiro. O dinheiro pode não ser a coisa mais importante na vida, mas ela é bastante difícil sem ele. Atores tem suas habilidades especiais e sua vida é uma sucessão de trabalhos de curto prazo com intervalos do que, com eufemismo, é chamado de "descanso", ou os quais nosso filho considera de uma maneira mais prática como tempo para pesquisa e aprimoramento pessoal. Acredito que, para muitos de nós, a vida será bastante semelhante.

Atores dispões de empresários, entretanto, para promovê-los, negociar seus contratos e lidar com a parte dos negócios de suas carreiras, de modo que possam se concentrar no exercício de suas habilidades profissionais. Pulgas precisam de empresários também, embora possam ser chamados por outros nomes, como agências de emprego, empresas de consultoria, ou até sindicatos. Tenho sorte. Conto com editores que se interessam em me transformar numa espécie de marca e minha esposa atua como minha empresária. Noto, na verdade, que a maioria dos eletricistas, encanadores e outros trabalhadores autônomos, cujos serviços contratamos ocasionalmente, têm um parceiro que atua como administrador de seus negócios.

Este livro abordará todas essas questões. Para ser franco, ele é uma mistura de lembranças e preconceitos, embora prefira chamá-los de ideias e crenças. São as lições da minha vida, porque acredito que só se aprende realmente vivendo — e, então, refletindo sobre o que se viveu. Não significa que todas as lições estão corretas, é claro, mas, reunidas, elas se tornaram o meu credo, meu modo de olhar para os diferentes mundos aos quais me uni, minhas esperanças e medos para o nosso futuro e minha filosofia de vida.

Tenho, entretanto, consciência de que, ao tentar extrair lições da minha própria vida, posso me tornar alvo de comentários do tipo "Foi fácil para você", ou "Quem dera que todos tivéssemos tanta sorte", ou "Tudo dá muito certo para alguns, mas não para a maioria de nós". Não pareceu fácil, e ainda não parece, mas, é claro, comecei com o que alguns chamaram de vantagem de uma educação privilegiada e, mais importante, me casei com uma mulher incomum, cuja forte crença de que podemos e devemos moldar nossas próprias vidas me deu a coragem para me tornar uma pulga quando poderia facilmente ter-me acomodado numa carreira tranquila, me aposentado cedo e, sem dúvida, morrido cedo após uma vida entediante. De qualquer modo, a maioria das pessoas não invejaria minha vida atual como escritor e orador. Pode ser algo solitário e assustador ao mesmo tempo. Não sigam meus exemplos literalmente, portanto, mas considerem este livro como um encorajamento para escrever seu próprio roteiro para um papel no mundo bem diferente à nossa frente.

2

De volta ao início

Seria agradável achar que o futuro é uma tela em branco onde poderíamos traçar nosso destino. A realidade, como Ernest Hemingway uma vez disse, é que as sementes da nossa vida estão presentes desde o início — caso nos dermos ao trabalho de olhar. Ao usar minha própria vida como um estudo de caso, precisei começar a reconhecer que "o passado é prólogo", como Shakespeare colocou.

Há uma grande pintura a óleo pendurada na sala de estar de nosso chalé no campo. As visitas param diante dela, intrigadas. Por que estou vestido como um clérigo vitoriano? Não sou eu, porém, apenas meu bisavô, arcediago de Dublin, no final do século dezenove. Nosso filho olha para o quadro com desânimo. Inevitavelmente, ele terá aquela aparência também? Eu o tranquilizo. É um ancestral da minha mãe, não do meu pai. Ele sabe que a família da minha esposa tem boa aparência, é inglesa e, ao contrário da minha, não perde o cabelo.

Assim mesmo, o retrato é uma lembrança constante de que somos em parte o produto de nossos genes. Há coisas que não podemos mudar. Meus antepassados do sexo masculino, de ambos os lados, eram clérigos na maioria. Minhas tias-avós eram todas professoras. Clérigos e professoras; isso deveria ter-me dito alguma coisa.

Outros começos da vida também importam, o primeiro ambiente e os primeiros anos. Nem sempre fui dessa opinião. Ou, ao menos, esperei que eles não importassem, porque durante algum tempo na minha juventude quis escapar dos meus. Eles me definiam bem demais. Agora penso diferente. Os começos sempre importam. Podemos lutar contra eles, torná-los construtivos, ou apenas aceitá-los, mas não podemos ignorá-los ou fingir que nossas vidas começaram mais tarde do que foi realmente. Nosso passado faz inevitavelmente parte do nosso presente e também do nosso futuro. Descobri um tanto tardiamente na vida que precisava ser verdadeiro comigo mesmo se fosse trabalhar por conta, ser uma pulga. Não adiantaria fazer de conta que era outro alguém ou outra coisa. Certo, mas quem era eu?

Quando o estresse do meu trabalho me levou a um psicoterapeuta, ele não conversou sobre meus problemas enquanto não lhe contei a respeito do meu começo de vida.

— Meus primeiros anos não são relevantes para aquilo sobre o que quero conversar — falei, irritado. Estava com pressa e queria a ajuda dele para esclarecer minhas dúvidas sobre a vida e os problemas no novo emprego. Não precisava lhe contar o meu passado. Mas, é claro, aqueles começos foram terrivelmente relevantes, como ele, eventualmente, me ajudou a ver.

Pequenas coisas primeiro. Cresci no vicariato de St. Michael, em Sallins, no condado de Kildare, onde o meu pai era o pároco de duas pequenas paróquias do campo, nas planícies a oeste de Dublin. Ele se mudou conosco para lá quando eu tinha dois anos e foi onde permaneceu durante quarenta anos. Foi o único mundo que conheci no início. O vicariato era nosso lar, mas também o escritório dele, o lugar onde as pessoas iam para vê-lo. Foi, sem que eu o percebesse, a minha primeira escola de vida.

Quando a campainha da porta tocava, tínhamos sempre de abri-la, aprendi. Era provavelmente alguém precisando de ajuda. Todos, passei a compreender, tinham algumas qualidades boas, todos deviam ser respeitados, ajudados, a ninguém se dava as costas, nem se mandava embora. Eram boas coisas e ainda acredito nelas, mas foi uma das razões, sugeriu o psicoterapeuta, pelas quais eu estava achando impossível me livrar de uma equipe incompetente que havia herdado naquele novo emprego ou até fazer com que seus integrantes enxergassem suas inadequações para seu trabalho. Todos os meus instintos insistiam para que eu ouvisse as queixas deles, para os consolar e encorajar sendo que, como seu gerente, eu não precisava confortar, mas desafiar, lembrar as exigências da organização e de seus clientes, como também as necessidades do indivíduo diante de mim. Até hoje, acho difícil, inclusive errado, negar um pedido. Se alguém precisa de nós, sinto, que direito temos de recusar ajuda? E é por isso que agora temos uma regra de que é minha esposa que sempre atende o telefone.

O fato de sempre termos de dizer a verdade, não importando quanto seja inconveniente, foi outra lição do vicariato. Deus ou seus anjos verão a mentira, disseram-me, mesmo que consigamos escondê-la de meros mortais. Jamais nos livraremos se enganarmos os outros. Aprendi isso da maneira mais difícil. Eu devia ter cerca de cinco anos. Estávamos de férias no vicariato do nosso tio-avô no litoral e eu havia apanhado um bolo na cozinha e o saboreado com secreta alegria no meu quarto. Esperei que talvez pensassem que foi o gato que o pegou e neguei saber algo a respeito. Desconfiada, minha mãe me confrontou e eu confessei. Ela me passou um sermão, disse-me para rezar pedindo perdão, para me desculpar com a minha tia-avó por ter mentido para ela e para ir para a cama sem o jantar. Chorei até adormecer naquela noite, convencido de que a minha vida estava arruinada, tudo por causa de um maldito bolo. Que estranho, porém, lembro-me de ter pensado, que não fosse a perda do bolo que aborreceu a todos, mas o fato de eu ter mentido a respeito. Foi uma lição que pessoas desde John Profumo a Bill Clinton ainda têm de aprender. Mentiras não valem a pena, disse a mim mesmo. Elas voltam para nos atingir feito um bumerangue.

Até hoje, sou péssimo para negociar e pechinchar, não consigo passar pela alfândega com mercadorias não declaradas sem ser parado, não consigo dizer que as coisas estão melhorando quando sei que estão afundando, ou convocar pessoas para uma causa que temo que possa estar perdida. O pior de tudo para os negócios da vida é que presumo que os demais são como eu e dizem a verdade o tempo todo, embora a dura experiência me diga que estão, muitas vezes, mentindo na minha cara e sorrindo enquanto o fazem. Acredito que todos os supostos criminosos que declaram sua inocência estão dizendo a verdade, até que confessem a culpa. Não é aconselhável me colocarem num júri. Esse respeito pela verdade, descobri, pode ser uma grande desvantagem. Como gerente, aceito todas as promessas e comprometimentos com incumbências como autênticos e fico bastante desapontado quando se comprova que estavam me fazendo de tolo.

— Mas, com certeza, não acreditou em mim, não foi? — perguntou-me um corretor imobiliário, espantado, quando o acusei de ter voltado atrás em sua palavra. Sacudiu a cabeça, pesaroso, perplexo com a minha inocência, quando respondi que jamais duvidei dele.

É difícil quando tais virtudes óbvias como respeito por todos os indivíduos, quaisquer que sejam seus defeitos, e como a verdade a qualquer preço, acabam sendo desvantagens. Levei muitos anos para aprender a conviver com as consequências das minhas origens e para aceitar que, se não podia mudá-las, se não queria particularmente mudá-las, era melhor encontrar um estilo de vida e uma ocupação onde elas não me fossem prejudiciais. Foi assim que me tornei uma pulga, com menos responsabilidade por organizar os outros, e um escritor livre para dizer a verdade como a via.

Houve outras coisas também, escondidas naquelas origens, coisas que precisei trazer à tona para entender a mim mesmo. Meus pais acreditavam que o casamento era para o resto da vida, quaisquer que fossem as dificuldades. Atualmente, posso ver boas razões para as pessoas se divorciarem, ou não sentirem o menor interesse em se casar para começo de conversa. Os casamentos vitorianos duravam apenas quinze anos em média — até que a morte, de fato, separava os casais —, assim, talvez nossas expectativas de relacionamentos que durem mais do que aqueles de nossos antepassados não sejam realistas. Casamentos infelizes podem ser bem piores para todos os envolvidos do que separações civilizadas.

De qualquer maneira, eu não conseguiria fazer isso. O divórcio simplesmente não fazia parte do modo de vida dos meus pais, nem faz do nosso. Tirar o divórcio do esquema de vida em definitivo altera as perspectivas de uma pessoa, acho eu. Significa que, quando nossas vidas mudam, não podemos procurar novos parceiros, mas novas formas de parceria entre nós mesmos, algo que se tornou de importância crucial quando me tornei independente. Notei, porém, que filhos de pais divorciados parecem ter mais probabilidade de terminarem seus casamentos em divórcio, talvez porque isso tenha estado bastante óbvio no modo de vida da família em sua infância.

Nós não vivíamos trocando beijos, abraços e nem chorávamos muito no vicariato. As emoções deviam ser mantidas sob controle. Nunca vi meus pais se abraçarem. Se meu pai estivesse aborrecido ou zangado, ele se recolhia a seu escritório, onde tratava de lidar com o mau humor sozinho até se sentir melhor.

Faço o mesmo; guardo tudo no peito, como diz minha esposa. Julgava-se egoísmo, talvez, impor as próprias emoções aos demais, caso eles não as quisessem. Nem mesmo hoje em dia minhas irmãs e eu nos beijamos na face quando nos encontramos. Lamento esse aspecto do meu começo de vida, devo dizer, e me alegro demais com o fato de ter sido algo que não foi transmitido aos nossos filhos.

Não pode ser por mero acaso também que hoje o nosso lar é também meu escritório, como o vicariato era para o meu pai, que as pessoas vão até lá para nos ver, que é onde fazemos nossas reuniões e onde eu, como ele, leio e escrevo, embora não faça as orações — ao menos não o tipo de orações como fazíamos na época. Todas as manhãs, às oito e meia, ele caminhava os duzentos metros pela rua para dizer as matinas, sozinho em sua igreja. Os cães o acompanhavam, mas esperavam do lado de fora. Eram os momentos de quietude e privacidade dele no início do dia. Não era o final das orações, entretanto. Havia, então, as preces da família, obrigatórias para todos nós, e as fazíamos no vicariato. Elas aconteciam em torno da mesa do desjejum antes de comermos, ajoelhados junto a nossas cadeiras. Meu pai recitava interminavelmente as preces do dia, enquanto os cães lambiam nossos rostos, as torradas queimavam e o telefone tocava. Nos meus tempos de adolescência secular e agnóstica, eu me encolhia de constrangimento quando meus amigos da escola ou da faculdade iam dormir em casa. Fingia que o desjejum começava quinze minutos mais tarde para que eles não presenciassem o momento das preces, apenas para descobrir que adoravam essa volta até dias melhores e a experiência de uma família orando junta.

Essa tradição passou há muito para mim agora, mas alguns vestígios permanecem. Faço uma caminhada todas as manhãs antes do café da manhã, sem cães, mas com Elizabeth. Dias sem uma caminhada logo cedo não parecem começar direito. É uma forma de meditação em movimento, de uma pessoa se centrar antes de começar o trabalho. E não consigo ficar na cama depois das nove da manhã. Pareceria errado, como se seu estivesse perdendo algo que não devesse. Os que começam o dia juntos, permanecem juntos, gosto de pensar.

Essas foram algumas das tradições que ficaram. Outras partes dos nossos começos podem, contudo, desencadear uma reação oposta, uma determinação em fazer as coisas de modo diferente, em se opor à tradição. Não éramos ricos. Meu pai tinha um estipêndio, não um salário. A diferença é a de que um salário é supostamente um reflexo do valor de uma pessoa medido pelo mercado para o seu tipo de habilidades e talentos, ao passo que um estipêndio é a provisão de apenas o dinheiro suficiente para assegurar a uma pessoa executar o seu serviço. Nossa casa era provida pela paróquia, mas não sua mobília, iluminação e aquecimento. O modesto estipêndio devia cobrir essas despesas, além da nossa comida e roupas. Uma pessoa não se tornava pastor para ganhar mais dinheiro do que o necessário. Não posso dizer que sofremos de modo algum, mas cresci sabendo que o dinheiro era precioso e devia apenas ser gasto em coisas duradouras, não em coisas efêmeras como comer fora, ir ao teatro ou viajar nas férias; esses eram raros mimos para ocasiões especiais.

Ansiei, portanto, por uma vida em que o dinheiro pudesse ser gasto no efêmero. Ainda me delicio com a chance de esbanjar dinheiro num restaurante, num hotel de luxo ou numa boa garrafa de vinho — coisas que, no máximo, deixam apenas lembranças. Gosto de alugar ou contratar, não de comprar; isso faz com que sobre mais dinheiro para ser gasto a curto prazo. Felizmente para a nossa tranquilidade financeira, casei com uma mulher que reagia do modo oposto em decorrência de um pai um tanto esbanjador. Ela considera dinheiro gasto em coisas que deixam apenas lembranças como dinheiro desperdiçado. Um investimento, por outro lado, encara como dinheiro guardado para o futuro. Nossa vida é um equilíbrio precário, portanto, entre meu desejo de esbanjar e o dela de ser precavida; ambos tendo se originado de revolta contra nossas origens.

Talvez tenha sido uma reação inicial à óbvia necessidade de economia de dinheiro da minha família que me levou a fazer algo que ainda me intriga e me envergonha. Quando tinha sete ou oito anos, comecei a pegar, furtar, na verdade, moedas que encontrava caídas pela casa, troco das compras da minha mãe, ou, mais vergonhoso ainda, as moedas da bolsa da minha avó quando ela ia nos ver (era velha e senil demais para notar, eu tinha certeza). Eu não fazia nada com essas moedas, apenas as juntava numa gaveta do meu quarto. Não eram para gastar, segundo recordo, apenas para serem olhadas. Era uma forma moderada de cleptomania, talvez; ou um amor incipiente pelo dinheiro propriamente, o tipo de coisa que, mais tarde, eu descobriria ser mais comum nos Estados Unidos. Fui para uma escola interna aos nove anos e, algumas semanas depois, recebi uma carta da minha mãe. "Encontrei um monte de moedas numa gaveta no seu quarto", escreveu ela. "Não sei como foram parar lá e, assim, coloquei-as na caixa de coleta para a missão dos leprosos". O assunto nunca mais foi mencionado.

Pergunto-me, agora, se não estava inconscientemente imitando o meu pai. Ele era um guardador, um cuidadoso guardião de dinheiro, tanto o seu quanto o dos outros. Seguia o conselho do personagem de Shakespeare, Polônio, de "nunca emprestar nem tomar emprestado". O tio dele vendeu uma pequena fazenda perto de Londonderry em 1946, por 14.000 libras, uma quantia razoável na época. Como homem que não constituíra família própria, deixou o dinheiro num fundo para mim, com os rendimentos revertendo para si mesmo e, depois, para o meu pai, por quanto tempo vivessem. Dois anos antes de morrer, meu pai precisou desse dinheiro para comprar uma casa para a sua aposentadoria. Ele me mostrou as contas do fundo, orgulhoso com o fato de ainda haver uma soma de 14.000 libras. Senti-me tentado a comentar que ele interpretara mal a parábola dos talentos, mas teria sido uma grande falta de tato. Ele não era um especulador.

Nem tampouco eu o sou. Cursei a faculdade de administração; sei que a maneira de enriquecer é ganhar dinheiro tendo-se um retorno mais alto do que o custo do investimento. Tomar emprestado é uma espécie de "alavancagem"; um meio de se agilizar. Instintivamente, porém, prefiro juntar o dinheiro primeiro e, depois, gastá-lo, em vez de tomar emprestado e pagar de volta, exatamente como o meu pai, o qual, eu costumava pensar, considerava um saque a descoberto como um pecado apenas ligeiramente menos grave do que o adultério. É por essa razão, reconheço ironicamente, que eu jamais seria um empresário bem-sucedido ou enriqueceria. Como, pergunto-me agora, fui achar um dia que eu poderia ser um homem de negócios?

Houve outra lição a ser extraída da minha gaveta de moedas secretas, refleti anos mais tarde: dinheiro guardado, parado e não sendo necessário, é dinheiro desperdiçado. Dê-o, ou ele será tirado de você de algum modo. É uma lição que os grandes filantropos dos Estados Unidos — Carnegie, Rockefeller e outros —, aprenderam e colocaram em prática pelo bem de sua sociedade. É uma das minhas grandes esperanças para o futuro a de que a filantropia privada acabe por redimir alguns dos extremos do capitalismo, permitindo àqueles que juntaram muito mais moedas do que seria concebível precisarem darem-nas antes que sejam tiradas deles.

Nós íamos à igreja, todos os domingos, em todas as datas festivas importantes e em todos os serviços com hinos e cânticos. Era uma igreja incomum para a área rural irlandesa, com o interior todo revestido de mármore com arcos em estilo românico e mosaicos intrincados. Foi inspirada numa igreja italiana que impressionou o benfeitor que proveu o dinheiro para que fosse erguida um século antes. Eu adorava a construção, mas reagia contra a doutrina e os dogmas que ela representava. A ideia de que o Filho de Deus me seguia por toda parte, colocando-se ao meu lado ou acima de mim, pronto para ajudar ou criticar, parecia bizarra e claustrofóbica. Sei agora que isso era uma caricatura do cristianismo, mas era como eu me sentia na época. Na adolescência, fiz um juramento secreto de que, quando fosse livre, eu jamais voltaria a ser pobre, nem iria mais à igreja. Ainda assim, trinta anos depois, eu me vi vivendo com um salário proveniente do clero e frequentando a igreja, não apenas aos domingos, mas diariamente. A vida, às vezes, dá muitas voltas para retornar ao ponto de partida. Só podemos esperar que não sejam em círculos, mas subindo numa espiral.

O que realmente ficou de toda essa frequência à igreja na minha juventude foi a linguagem. Jeremy Paxman tem uma seção interessante sobre a Igreja Anglicana em seu fascinante livro *The English*. A dissolução dos monastérios em 1536 não apenas destituiu a Igreja Católica Romana de seus poderes terrenos, diz ele, mas também foi um enorme ato de vandalismo coletivo que envolveu a destruição de milhares de obras de arte. Com isso, uma tradição medieval inteira de pintura e escultura que sobreviveu no restante da Europa foi, na Inglaterra, apagada do mapa. Em seu lugar, entretanto, nasceu uma nova tradição literária introduzida pela *Bíblia* de William Tyndale, a primeira em inglês, e o livro de orações de Cranmer. A versão autorizada da *Bíblia* chegou em 1611 e o *Book of Common Prayer* em 1662. Esses dois "receptáculos de linguagem" despertaram nos ingleses, afirma Paxman, um amor pelas palavras.

Fizeram o mesmo por mim. Domingo após domingo, orações matinais após orações matinais, as frases sonoras e belas cadências foram se enraizando na minha memória. Meu pai as dizia lindamente. Ainda valorizo a pura emoção verbal dos serviços de comunhão das manhãs de domingo com ele presidindo, embora me sentindo culpado enquanto eu dizia as palavras, mas negava seu significado. "Que o Senhor nos impeça em tudo que fizermos", rezava eu, mas pensando "É bem típico da religião, pedir a Deus para impedir tudo o que quero fazer", alheio na época ao fato de que, em 1662, a palavra impedir — ou mais precisamente sua equivalente "prevent", em inglês arcaico — significava "precede" (preceder), ou "lead" (conduzir, guiar).

Anos mais tarde, quando mostrei à minha mãe algo que eu havia escrito, ela me advertiu quanto ao meu uso de jargões.

— Achei que você conseguiria encontrar as palavras para descrever qualquer coisa que quisesse dizer em alguma parte do *Book of Common Prayer* ou nas obras de Shakespeare.

De fato, e o ritmo também. Tentei me lembrar dos conselhos dela desde então. Entendo por que as igrejas querem reescrever sua liturgia e atualizar as traduções da Bíblia, mas fico feliz em ter tido acesso às versões mais antigas. Elas me ajudaram a me tornar o que sou hoje, um lapidador da palavra. Um crítico comentou sobre o meu primeiro livro, um livro didático, que não havia nada nele que não tivesse sido dito antes — a diferença era que muito daquilo ainda não fora lido. Gostei disso.

Shakespeare foi outra espécie de bíblia, mal interpretado por mim da mesma maneira na minha juventude, mas igualmente uma parte da minha vida e uma fonte de magia verbal. Bastava fazer os versos deslizarem em torno da minha língua, não importando o que significassem ou para quem tivessem sido criados. Ocasionalmente, passava parte das férias com meus primos e uma horda de tias e tias-avós solteironas. A Irlanda, a Irlanda protestante de classe média do sul, estava, então, repleta de mulheres solteiras de duas gerações, pois os homens com os quais poderiam ter-se casado tinham morrido nas duas guerras mundiais. Certa vez, contei catorze tias-avós solteiras. Não havia televisão na época. Assim, à noite, podíamos ler uma peça de Shakespeare em voz alta juntos, com trechos devidamente censurados pela tia-avó Augusta. Desconfio que gosto mais disso agora, em retrospecto, do que gostava na época, mas a linguagem ressoava naqueles tempos e agora também.

Todas aquelas tias! Cresci na companhia de mulheres, duas irmãs mais novas, sem irmãos, sem meninos por perto. Meu pai era um homem quieto, não gostava de esportes, exceto por um pouco de pescaria de trutas nas férias, em agosto. Nunca aprendi a velejar, esquiar, jogar futebol, atirar, caçar, nem pescar. Essas coisas se aprendem melhor e mais facilmente quando somos novos e se fazem parte do estilo de vida à nossa volta. Quanto a cavalos, eram abundantes naquela parte da Irlanda e, por algum tempo, tive meu próprio pônei, Mavourneen, mas eu não levava jeito para controlar a besta, não gostava dela, ficava envergonhado por causa da destreza das minhas irmãs e logo acabei desistindo. Mais tarde, aprendi a jogar golfe e tênis pessimamente e rúgbi ainda pior, mas sempre lamentei que meus primeiros tempos não tivessem sido mais fisicamente ativos.

O problema é que os pecados e as omissões dos pais acabam sendo passados para os filhos, "inclusive até a terceira e quarta gerações". Pelo fato de eu não ter feito essas coisas, nossos filhos, por sua vez, saíram perdendo. Nosso início de vida é responsabilidade dos nossos pais, mas os pais, na maioria, não viveram por tempo o bastante na época para terem entendido como seus próprios começos moldaram seus finais. Talvez assim seja melhor. Não há, afinal, meio de se prever como seus filhos reagirão aos começos que você pode formar para eles. Tente demais condicionar seus jovens e você poderá apenas instigar rebelião. Todavia, a atmosfera que nós, pais, criamos, os valores pelos quais vivemos, as prioridades que estabelecemos, formam o único mundo que a criança conhece. O lar é a primeira escola para todos nós, uma escola sem currículo estabelecido, sem controle de qualidade, sem provas e sem professores treinados. Não é de admirar que o meu primeiro pensamento, quando vi nossa filha nascer, tenha sido: "O que é que eu fui arranjar?" Tarde demais!

Até recentemente, não havia recordado minha infância durante muitos anos. Talvez eu estivesse tentando esquecê-la. Conforme retrocedi meus passos para este livro, comecei a me perguntar se as coisas realmente aconteceram como as relembro. Todos mitificamos nossas histórias pessoais, mas, como Gabriel García Márquez, o mágico contador de histórias, diz na introdução de sua autobiografia, "o que importa na vida não é o que acontece a você, mas o que você se lembra e a maneira como se lembra".

Qualquer que fosse a verdade em relação às minhas origens, quis deixá-las. Precisava enriquecer e ficar longe de igrejas. Foi preciso um choque para que me lembrasse das minhas raízes ocultas. Em 1981, recebi um convite da rede de televisão BBC para participar de uma série que exibiam nas noites de sábado, chamada *A Luz da Experiência*. Pediam a alguém que enfrentara uma experiência crítica para falar a respeito diretamente para a câmera, lendo um texto que a própria pessoa escrevera, o depoimento intercalado com fotografias particulares dela. Havia uma mulher que estivera numa prisão tailandesa por contrabando de drogas, uma advogada que se casara com o assassino que defendera no tribunal, outros que haviam passado por crises ou acontecimentos incomuns que mudaram suas vidas.

Minha experiência era diferente, disse ao pessoal da BBC. Era bastante comum, até universal. Era a morte do meu pai. Será bom, asseguraram eles, ter algo mais comum, se estiver preparado a dizer por que não foi comum para você. Talvez precipitadamente, concordei. Falei e escrevi sobre a morte dele em outras ocasiões, mas isto é a essência do que disse na época.

> "Meu pai era um homem pacato. Foi pároco da mesma paróquia em Kildare, na Irlanda do Sul, durante quarenta anos, até que se aposentou aos setenta e dois anos. Compreensivelmente, já estava cansado àquela altura. Durante os últimos catorze desses anos, também foi o arcediago da diocese. Morreu dois anos depois.
>
> Eu me encontrava em Paris, numa conferência de negócios, quando soube que ele estava morrendo. Peguei um avião para Dublin, mas ele estava inconsciente quando cheguei lá e morreu no dia seguinte. Seu funeral, como todos os funerais na Irlanda, foi providenciado para o dia posterior, uma discreta cerimônia para a família, na igreja no campo à qual ele serviu por tanto tempo.
>
> Gostava muito do meu pai, mas me sentia desapontado com ele. Ele havia recusado paróquias na cidade grande e se acomodou a uma vida enfadonha nos mesmos confins. Sua vida pareceu uma sequência de reuniões e visitas entediantes, pontuadas pelo ritmo imutável dos domingos com a velha sra. Atkinson e Eddie aparecendo para o almoço no vicariato em seguida. Determinei-me a ter uma vida diferente.
>
> Na época em que ele morreu, eu era professor da nova London Business School, tomando parte em conferências, consultoria, almoços, jantares, beirando o auge do êxito profissional. Um livro havia sido publicado, e artigos se multiplicavam. Tínhamos dois filhos pequenos, um apartamento na cidade e um chalé no campo. Mais do que isso, eu vivia tremendamente ocupado, com a agenda lotada de compromissos. O sucesso!
>
> Com esses pensamentos em mente, segui o cortejo fúnebre pelas estradas da área rural até o funeral do meu pai; um final pacato para um homem pacato, refleti. Era uma pena que ele nunca tivesse realmente entendido o que eu estava fazendo. Quando

me tornei professor, a reação da minha mãe foi a de perguntar se aquilo significava que eu teria mais tempo para passar com os meus filhos.

De repente, notei que parecíamos ter uma escolta policial. A polícia local decidira, sem que lhe pedíssemos, abrir caminho durante os últimos quilômetros até a igreja. Um belo gesto de consideração para com um pastor protestante na rural Irlanda católica e muito bem-vindo porque era difícil abrir caminho entre as filas de carros que tentavam chegar à pequena igreja no campo. O lugar estava apinhado, transbordando de gente. Como todos tinham ouvido a respeito? Ele morrera apenas dois dias antes e houvera apenas uma nota num único jornal.

O coro parecia estranho também. Seus integrantes vestiam as sobrepelizes de garotinhos que eu me lembrava dos domingos de muito tempo antes, mas com rostos mais velhos. Lembrei de alguns deles. Meninos e meninas do coro novamente reunidos a partir de todos os cantos da Irlanda e da Inglaterra também. Haviam largado tudo para estar ali. O arcebispo, que deveria estar no hospital e ainda apoiado numa bengala, estava presente para dizer a todos nós quanto meu pai havia sido especial, quanto todos sentiriam sua falta e quanto seria lembrado para sempre por tantos cujas vidas havia tocado.

Enquanto estava parado junto ao túmulo dele, cercado pelas pessoas que ele ajudara a casar, cujos filhos ele batizara e, então, vendo-os casar, por sua vez, na igreja dele, enquanto eu via as lágrimas nos olhos das centenas de pessoas que tinham vindo de todas as partes para dizer adeus àquele homem "pacato", eu me virei para o lado e comecei a pensar.

Quem, me perguntei, iria ao meu funeral com lágrimas nos olhos? O que é sucesso e quem era o bem-sucedido, eu ou o meu pai? Para que serve a vida de uma pessoa e qual a razão da nossa existência neste mundo? Não são perguntas novas. Estudei filosofia. Conheço as teorias. Nunca as apliquei a mim mesmo antes. Não seriamente.

Voltei à Inglaterra. Foi um verão longo e quente o daquele ano. Resolvi mudar minha vida e minhas prioridades. Achei que talvez ingressasse na faculdade de teologia, que talvez pudesse ser ordenado pastor como meu pai. Por sorte, penso agora, os bispos com quem falei me disseram para não ser tolo. Se eu queria servir a Deus, como colocaram, poderia fazê-lo muito melhor como professor de administração do que no clero.

Eles me encorajaram a me candidatar ao cargo de diretor da St. George's House, no Castelo de Windsor. Esse pequeno e seleto centro de estudos foi fundado pelo príncipe Philip e pelo, então, decano de Windsor, Robin Woods, para ser um local de encontro para pessoas de influência da Igreja e de outros setores da sociedade. Ele promovia conferências sobre assuntos como justiça, o futuro do trabalho, poder e responsabilidade na sociedade — conferências nas quais importantes empresários, líderes sindicais, diretores de escola, funcionários públicos e políticos se reuniam e debatiam com bispos e capelães e uns com os outros. Era um local de recolhimento e reflexão para pessoas ocupadas num mundo ocupado, situado num pátio atrás da capela de St. George. Ele se tornaria meu lar e local de trabalho ao longo dos quatro anos seguintes."

Minhas origens haviam me alcançado, finalmente. T. S. Eliot disse "voltar ao lugar onde você começou e conhecê-lo agora pela primeira vez"; foi o que aconteceu comigo. Meu novo emprego em Windsor, porém, não era fácil. Descobri que era um homem sujeito à autoridade dos meus superiores e lembrei do que um antigo chefe me dissera uma vez sobre a minha incapacidade de trabalhar sob ordens. Eu tampouco era o chefe firme e forte que o lugar precisava. Sentia-me infeliz e estressado, o que havia me levado ao psicoterapeuta para começar. Apenas nessa época descobri que precisava que ele me explicasse que a razão dos meus problemas talvez fosse porque eu não havia entendido completamente que tipo de pessoa eu era. "Conheça-te a ti mesmo" era a máxima dos antigos gregos, inscrita acima do templo de Apolo em Delfos. Agora, acredito que é algo difícil de se fazer enquanto a pessoa não passa pelo processo de saber quem ela não é. Isso leva tempo, mas, por volta dos meus quarenta e cinco anos, eu estava quase lá, tendo eliminado vários papéis e carreiras da minha lista.

Elizabeth, minha mulher, me conhece melhor do que eu mesmo.

— É tempo de você sair das organizações — aconselhou-me após quatro anos naquele castelo em Windsor.

— Mas o que vou fazer? — perguntei. — Como ganharemos dinheiro?

— Você gosta de escrever, não é, e seu primeiro livro parece ser um sucesso. Então, por que não ser escritor?

— Não se fica rico escrevendo livros — queixei-me.

— Por que quer ser rico? Podemos nos manter. Posso trabalhar tão bem quanto você. E, provavelmente, você poderá lecionar ocasionalmente em cursos de administração, se precisar.

— É arriscado.

— É a vida. E estou cansada de viver com um zumbi estressado.

Assim começou a minha vida como um profissional independente, como uma pulga.

Durante alguns dos anos seguintes, levava um pequeno cartão no bolso. Ele tinha duas colunas, "Entrada" e "Saída" para as minhas previsões sobre rendimentos e gastos para o ano pela frente. A coluna "Saída" sempre parecia a maior no início do ano, mas a "Entrada" geralmente a excedia até o final. Deveria ter ficado preocupado, mas não fiquei. Era um alívio tão grande não ter de olhar por sobre o ombro em busca de aprovação, estar no completo comando da minha própria vida pela primeira vez, não ter de fingir ser algo que eu não era, conhecer a mim mesmo, enfim, e me sentir bem com que eu era.

Alguns chegam lá mais depressa do que eu. Alguns nunca chegam, talvez porque não queiram.

Houve coisas das quais senti falta, naturalmente, quando deixei o mundo das organizações. Senti falta do conforto de fazer parte de algo maior do que eu mesmo, da sensação de que caso ficasse doente ou ausente, o mundo seguiria em diante. Como um profissional independente, se você não fizer as coisas acontecerem, elas não acontecerão. Isso deixa você de sobreaviso, mas, às vezes, seria bom apenas seguir junto com a corrente e deixar os outros assumirem o controle. Senti falta da infraestrutura de apoio. Na Shell, era imensa. Eles até preenchiam os formulários do meu imposto de renda para mim. Em Windsor, a ajuda era mínima, mas ainda havia alguém que fazia a contabilidade, alguém que mantinha os registros e os arquivos, uma secretária que cuidava da minha agenda e ajudava a facilitar meu trabalho. Agora, eu teria de fazer isso tudo sozinho.

O que mais senti falta foi dos meus colegas. Não que sempre tivesse concordado com eles, ou que tivesse gostado especialmente de todos, mas eram pessoas com quem dividir problemas, pessoas cujas preocupações com o trabalho se equiparavam às minhas, pessoas que formavam uma comunidade, cujas vidas estavam parcialmente interligadas com a minha; pessoas com quem fofocar, trocar ideias, reclamar do mundo em geral, companheiros de jornada por algum tempo na vida.

Todos precisamos pertencer a algum lugar. Existe uma solidão em prosseguir por conta própria, que é o outro lado da liberdade. Como lutei para lidar com tais dilemas é o tema de outro capítulo. Na escala da felicidade, porém, não há dúvida: a liberdade sempre vence.

Escrevo este livro porque acredito que o mundo em que entramos é cada vez mais o mundo do indivíduo, da escolha e do risco. Nem sempre será um mundo confortável, e os riscos são altos, mas há agora maiores chances do que nunca para moldar nossas próprias vidas, para sermos inteiramente nós mesmos. Temos uma vida mais longa agora. Podemos ter pelo menos umas três vidas dentro de uma vida inteira e uma delas terá de ser, tenho certeza, a vida de uma pulga. Descobri que essa é a melhor entre as minhas diferentes vidas.

Mas isso tudo veio depois. Primeiro, tive de ir à escola, aprender o que todos presumiam que seria a vida ideal em algum tipo de organização. Eram assim as coisas antigamente.

3

Escolas para um mundo antigo

Quem quer que tenha afirmado que seus tempos de escola foram os mais felizes de sua vida ou foi um masoquista ou tinha péssima memória, ponderei quando deixei minha última escola no último dia de aula. Esperei, fervorosamente que não fosse verdade, ou, do contrário, eu teria uma vida bem triste.

Saí convencido de que o mundo até então era injusto, punitivo e desagradável. A melhor maneira de sobreviver era descobrindo quais eram as regras, manter a cabeça baixa e passar nos testes que as autoridades impunham o mais eficazmente possível. Não era o melhor meio de uma pessoa se preparar para uma vida independente, mas isso era a última coisa em que eu estava pensando. Ia para uma nova instituição, uma universidade, a qual, acreditava, me daria as credenciais para outras instituições, onde me empenharia para seguir as regras e passar nos testes deles até que a morte me levasse ou a aposentadoria chegasse.

Essa foi minha reação a uma sucessão de estabelecimentos coercivos. Outras pessoas de diferentes personalidades talvez tivessem reagido distintamente. Minha esposa frequentou onze escolas, na maioria das vezes incompetentes, antes de completar dezesseis anos. Começou a acreditar que as regras existiam para serem desafiadas, que os que detinham a autoridade costumavam entender as coisas do jeito errado, e que uma pessoa tinha de lutar por si mesma neste mundo, porque talvez ninguém mais o fizesse. Mas estava predestinada a ser uma pulga desde o início.

Deixei a escola certo de uma coisa: não acabaria me tornando professor. Mas, é claro, foi exatamente o que aconteceu, embora de uma maneira que eu não poderia ter previsto. Dez anos depois, eu estava instruindo gerentes para a Shell, e a minha vida a partir daí esteve envolvida em educação, de uma maneira ou de outra. Eu havia me determinado a fazer as coisas de maneira melhor e diferente do que aquelas que vivenciara. Nem sempre tive êxito, mas minhas experiências foram o ponto de início para as opiniões que desenvolvi e nas quais ainda acredito que sejam relevantes e importantes, embora as escolas tenham mudado muito em comparação àquelas onde estudei.

Não havia maternal, nem jardim-de-infância na Irlanda rural. Tive preceptoras, em vez disso, primeiro Phoebe e, depois, Joan — ou foi ao contrário? Não faço ideia de como meus pais puderam arcar com o custo. Posso apenas supor que essas jovens mulheres o fizeram em troca de casa e comida e alguns trocados, mais ou menos como as *au pair* de hoje em dia. Tenho apenas lembranças boas e vagas desses anos. Foram elas que me ensinaram a ler, escrever e contar? Imagino que sim, pois sabia essas coisas razoavelmente bem quando fui para a minha primeira escola de verdade, a escola local primária ou "nacional", a quase um quilômetro de estrada, aos seis anos de idade.

Fazia um frio de amargar naquela sala de aula, disso eu lembro bem, com apenas uma estufa a carvão para nos aquecer. Frieiras, uma palavra que meus filhos não conhecem nesse contexto, faziam meus dedos inchar, a inflamação deixando-os com coceira e esfolados. Não posso entender, apesar do amor pelos estudos, como escolas possam, muitas vezes, ser lugares tão desconfortáveis, aparentemente projetados para mortificar a carne. Sentávamos em bancos duros de madeira, enquanto estudávamos a tabuada, recitávamos trechos de poemas ou salmos que tínhamos sido obrigados a decorar como lição de casa, e repetíamos ao estilo de papagaios algumas frases da língua irlandesa, que era matéria obrigatória. Do que se tratava tudo aquilo e para que finalidade, não faço ideia. Era apenas o que se fazia quando criança, parecia, uma forma de purgatório antes de se alcançar o paraíso da vida adulta. Ajudou um pouco o fato de que eu era bastante bom nessas coisas. Significou pude escapar com certa frequência da palmatória.

Descobri que o que se aprende através do medo raramente permanece. Eu queria esquecer as lições juntamente com as lembranças dos momentos desagradáveis. Aprendemos mais e melhor quando queremos aprender. Desconfio que os livros de Harry Potter e as mensagens de texto nos celulares contribuíram mais para encorajar os jovens a ler do que qualquer número de horas de leitura na escola.

Se a sala de aula era péssima, o pátio do recreio era pior. Eu havia crescido até então na companhia de mulheres. Além da minha mãe e das preceptoras, tinha duas irmãs mais novas, mas, naquela remota área rural irlandesa, não conheci outros meninos enquanto não fui para a escola. Algo incomum para uma escola primária, ela também servia de internato para uns vinte meninos, que não dispunham de escola local própria. Eles eram os donos do pedaço, é claro, a turma residente, ao passo que eu era o tímido intruso. Eu era mais um alvo de zombarias do que de intimidações e receio nunca ter aprendido a revidar. Em vez disso, eu tentava conquistar popularidade, querendo desesperadamente que gostassem de mim, ser incluído. Suspeito que eu me menosprezava, lisonjeava os garotos maiores insincera e desnecessariamente, tentando imitá-los e ansiando por fazer parte da turma deles; porque isso foi o que me senti tentado a fazer a maior parte da minha vida desde então.

Nasci assim, pergunto-me agora, ou aqueles primeiros tempos de escola me marcaram para o resto da vida? E o sr. Crawford, o bondoso mas um tanto distante diretor, percebia que o que acontecia naquele pátio de concreto estava exercendo mais impacto em mim e, presumidamente, em todos os demais, do que as lições na sala de aula? A escola é, para a maioria de nós, a primeira experiência que temos de uma sociedade maior do que a nossa própria família, nosso primeiro contato com a autoridade formal, com hierarquias tanto formais quanto informais, com grupos de colegas e turmas, com uma forma de lidar com pessoas com as quais não temos parentesco, que não nos conhecem e talvez não nos queiram por perto. Precisa ser, desde que consigamos lidar bem com ela, uma experiência positiva. Sim, é claro que devemos aprender a ler, escrever e contar numa fase inicial porque essas poucas habilidades básicas são os portões de entrada para o resto da vida, mas não é bom estarmos aptos a abrir esses portões se não conseguirmos lidar com os sistemas humanos por trás deles. As futuras pulgas, de modo particular, precisam deixar suas primeiras escolas com a autoconfiança intacta. Não foi o meu caso.

Não fiquei triste em deixar aquele lugar aos nove anos de idade, embora fosse para outra instituição medieval — uma escola preparatória para meninos, longe de casa, onde seria um aluno interno, indo para casa apenas nas férias. Lembro-me, como outros que foram para esses lugares devem lembrar, de ver meus pais se afastando, enquanto eu era conduzido escadaria acima pela esposa do diretor para o meu novo mundo, tentando esconder minhas lágrimas. Apesar de ter sido estranho e solitário em princípio, foi, na verdade, um progresso em relação ao que acontecera antes. Ao menos, havia outros como eu e, numa instituição maior, havia espaço para se ter a própria turma.

Dito isso, a sala dos professores parecia ser um refúgio para desajustados sádicos. Essa era uma das poucas escolas preparatórias protestantes para os números cada vez menores da gente anglo-irlandesa. Eram tempos de guerra e, embora a Irlanda fosse oficialmente neutra, a maioria dos anglo-irlandeses aptos fisicamente foi se reunir ao exército britânico, deixando-nos o pouco restante. Tive má sorte o bastante para ser membro da classe mais elevada quando o diretor decidiu bater em todos nós, seis golpes com uma vara no traseiro despido, porque um menino da classe mais baixa havia roubado uma barra de chocolate. Éramos responsáveis, alegou ele, por não darmos um melhor exemplo. Ele tinha sua razão, reconheci mais tarde na vida; os que estão no topo das organizações, de fato, estabelecem a cultura; mas, na época, apenas achei que foi algo tremendamente injusto.

As surras eram um estilo de vida lá, como também os banhos frios, para os quais ficávamos em fila todas as manhãs, pelados e tremendo, sob o olhar severo do diretor. Aquilo era para supostamente nos fortalecer, mas não posso evitar agora suspeitar de motivos mais diabólicos. Sem dúvida, o estabelecimento seria fechado nos dias de hoje, mas, com franqueza, não posso dizer que nos afetou muito. Aceitávamos tudo como parte integrante daquele mundo em que vivíamos e presumíamos que eram meios de nos alertarem sobre a arbitrariedade da sociedade do lado de fora. O que, em certo sentido, provavelmente era. Minha queixa seria a de que não estavam nos ajudando a lidar com os desafios da sociedade, apenas a suportá-los. Mantenha a boca fechada e fique fora do caminho foram duas das lições que levei comigo.

Aconteceu algo, então, que influenciaria minha vida e carreira para sempre. Um amigo, outro Charles, estava prestes a fazer o exame para uma bolsa de estudos no Winchester College. Teria de aprender grego para tanto, mas a escola ensinava apenas latim. Foi-lhe providenciado um tutor especial, um clérigo idoso e excêntrico de Dublin. Charles me perguntou se eu poderia assistir às aulas com ele, para lhe fazer companhia. Concordei, mais para o bem dele do que para o meu, sem pensar muito a respeito — eu tinha apenas doze anos. Gostei daquelas aulas. Nosso excêntrico clérigo ensinou-nos grego antigo como se fosse um idioma estrangeiro normal, encorajando-nos a falá-lo em voz alta e a pensar como gregos e, ao mesmo tempo, apresentando-nos os mitos e a história dessa civilização. Aquilo de que gostamos geralmente fazemos bem. Quando eu, por minha vez, tive chance de concorrer a uma bolsa de estudos, foi óbvio que devia fazer os exames de latim e, especialmente, de grego. Eu passei.

E foi como me tornei, por acaso, um mediano estudioso dos clássicos. Sob o sistema inglês de educação através do qual você se sai melhor concentrando-se nas suas duas ou três melhores matérias, continuei sendo definido como um classicista diretamente até o final dos meus anos na universidade. Como resultado, nunca tive uma única aula de ciências, não tive chance de explorar meu interesse em matemática porque a grade não permitia tal mistura de matérias e tive de abandonar outros idiomas aos quinze anos de idade. Sempre me pergunto o que teria acontecido sem aquele convite para aprender grego.

Descobri mais tarde na vida que fui treinado como um ouriço quando, na verdade, era uma raposa. Lembre-se do ditado do poeta grego Arquíloco da maneira célebre como foi dito a Isaiah Berlin por lorde Oxford: "A raposa", disse Arquíloco, "sabe muitas coisas, mas o ouriço sabe de uma grande coisa". Os ingleses persistem em criar ouriços quando o mundo precisa de uma mistura de ambos para se manter flexível como também especializado.

Eu não pediria a ninguém que decidisse seu futuro com quinze anos de idade, quanto mais com doze, como eu fiz. A vida é longa. Devemos manter nossas opções em aberto pelo máximo de tempo possível. Um sistema educacional que julga as pessoas pelo desempenho que demonstram numa disciplina em vez de em seu potencial para futuro aprendizado não é razoável. Condena os jovens a decidirem seu futuro com base nas matérias que, por acaso, preferem na metade da adolescência, uma decisão geralmente influenciada por quais professores calharem de encontrar ao longo do caminho, ou pelo que a grade da escola permite.

As consequências para o sistema de educação tradicional inglês são consideráveis se quiserem criar mais raposas. Melhores meios de avaliação precisariam ser desenvolvidos pelos recrutadores das universidades. Os cursos de graduação teriam de ser prolongados para permitirem o estudo especializado, feito previamente nos anos finais da escola. Professores universitários precisariam ensinar matérias num nível inferior ao que estão acostumados. As fontes de provável resistência a quaisquer mudanças são claras. Ainda assim, todos os países da Europa continental, como também os Estados Unidos, mantém um sistema educacional mais aberto e amplo. A Escócia também. A Inglaterra precisa fazer o mesmo ou correrá o risco de aprisionar seus jovens. Por que, eu me pergunto, as universidades exercem tamanha influência no trabalho de nossas escolas quando, mesmo hoje, apenas um terço de cada grupo etário vai estudar nelas? Talvez não seja surpresa alguma que muitos dos alquimistas que minha mulher e eu estudamos para nosso livro tenham optado por escapar do sistema inglês o mais cedo que puderam. Havia bem pouco espaço para experimentos, bem pouca chance de demonstrar potencial em vez de desempenho.

Descobri algo mais, por acaso, naquela escola preparatória. Nasci no final de julho. As escolas da época eram como as de agora que classificam seus alunos por idade no início do ano letivo em setembro. Os nascidos em julho ou agosto ou são seis meses mais velhos, ou seis meses mais novos do que a maioria. As escolas, ou mais frequentemente os pais, têm a escolha de fazê-los entrar adiantados ou atrasados em relação aos demais. Na adolescência de uma pessoa esses seis meses podem fazer diferença. Em retrospecto, tive sorte, pois fiz meus exames mais tarde em vez de mais cedo ao longo dos meus tempos de escola, o que, como resultado, me rendeu um ano extra de estudo. Não é à toa que me saí muito bem. Mas também descobri, no meu último ano daquela escola inicial, que era um tanto mais velho do que os outros. Foi assim que fui designado como monitor por seis meses.

Foi mais como um papel simbólico. Eu tinha a responsabilidade de manter a ordem nos intervalos, sem quaisquer incentivos ou punições para impô-la e para estabelecer padrões de comportamento em geral. Eu tinha de supostamente fazer isso através de força de caráter, algo que eu achava obviamente que não tinha. Acho que não me saí muito bem, mas aprendi que, às vezes, o hábito *faz* o monge, que, espantosamente, as pessoas estão dispostas a aceitar as outras de acordo com a avaliação que fazem delas. À medida que fui me sentindo mais confiante, fiquei surpreso em descobrir que sessenta meninos de uma sala de aula realmente paravam de falar quando eu lhes pedia que o fizessem, mesmo sem elevar minha voz. Isso fez maravilhas com a minha autoconfiança, tudo porque fiquei por mais um ano do que precisava.

Eu me pergunto, consequentemente, por que é que tantos desejam acelerar a educação de suas crianças? Ser um pouco mais velho do que os meus colegas não era causa de vergonha. Duvido, na verdade, que alguém soubesse a respeito. Ainda assim, os meses a mais me deram a maturidade e o tempo extras para estudar. Era um ano mais velho do que alguns quando ingressei na universidade, mas havia muitos lá que tinham prestado o serviço militar e eram, pelo menos, um ano mais velhos do que eu, embora quase sempre tivesse parecido mais. Tenho certeza de que extraíram mais de sua experiência na universidade do que eu. Elizabeth começou a universidade na casa dos quarenta; nossa filha tinha trinta e três anos quando se formou. Como muitos dos estudantes maduros de hoje em dia, elas ingressaram quando estavam prontas para estudar, não porque isso fazia parte da corrida de obstáculos da sociedade.

Em termos mais gerais, deploro a fixação por idade que prejudica tanto a educação. O atual governo britânico, com sua apreciação por tabelas de classificação e padrões de todo tipo, gosta de testar crianças aos sete, aos onze, aos catorze e aos dezesseis anos, a despeito do fato de que todos concordam que crianças, como adultos, aprendem disciplinas diferentes em ritmos diferentes. Testes universais e padronizados em determinadas idades inevitavelmente levam a comparações generalizadas. Uma vez que tendemos a nos comparar mais com os que estão acima de nós do que com os abaixo, os resultados são deprimentes para a maioria.

Para que a pressa toda? Não se requere que todos no Reino Unido passem no exame para tirar a carta de motorista com determinada idade. Se fosse o caso e, então, as pontuações fossem publicadas em tabelas de classificação, provavelmente metade fracassaria em seus resultados. Talvez o trânsito diminuísse nas ruas, mas isso imobilizaria e efetivamente privaria uma boa parte da população de seus direitos. É o que acredito que estejamos nos arriscando com os exames relacionados com idade nas escolas.

Peculiarmente, com a música as coisas são diferentes. As crianças fazem seus exames para mudar de nível em seus cursos de música quando o professor acha que estão prontas, a despeito da idade delas. Em consequência, os exames são geralmente motivo para comemoração e não há queixas sobre declínio nos padrões.

Minha escola pública tradicional britânica foi outra tribulação. A educação, senti, tornava-se um jogo cruel, incessante. Justamente quando você conseguia chegar ao alto de uma pilha, você tinha de começar de novo no início de outra. Se a vida prosseguir desse jeito, lembro de ter pensado, acho que não a quero. Minha nova escola era uma antiga fundação de ensino secundário que se tornara particular e estava imitando as piores tradições de seus irmãos mais velhos. Aqueles que estavam nas duas classes mais baixas eram chamados "douls" — o termo do grego para escravos, como eu sabia bem demais. Os alunos mais velhos, que se tornavam monitores, tinham seus próprios "douls". Eles também podiam fazer um "chamado de doul". Quando lhes dava na veneta, gritavam "doul" pelos corredores e nós, azarados, tínhamos de largar tudo e correr, o último a chegar sendo incumbido da tarefa que o monitor queria que fosse feita, em geral algo completamente corriqueiro.

Havia uma profusão de regras e rituais no lugar, muitos datando dos séculos anteriores sem nenhuma razão aparente. Tivemos de passar as primeiras semanas memorizando-os. A punição em seu grau mais brando consistia de "frases" — escrever cem ou mais frases do maldito livro de regras —, mas também podia significar uma surra dos monitores, vários deles, cada um se revezando para atravessar depressa o vestiário e desfechar um golpe com uma vara no traseiro de alguém. A indignidade desse ritual em particular era pior do que a dor. Aprendi muito sobre o uso irresponsável do poder em meus anos lá. Por outro lado, havia também jovens homens bons e sensatos que abominavam tais práticas, que ajudavam a dirigir as casas que formavam a escola de uma maneira construtiva e que se desdobravam para ajudar os garotos mais novos.

Confinar quatrocentos meninos adolescentes juntos durante meses seguidos não pode ser uma ideia sensata. Tendo começado minha vida cercado de mulheres, eu estava agora mergulhado numa estufa masculina. Não havia televisão na época, não ouvíamos rádio e nem víamos jornais, portanto, estávamos totalmente obcecados por nós mesmos. Um grupo de nós concordou em escrever diários por um período. Encontrei o meu, por acaso, num dia desses e fiquei horrorizado em ver como minha vida era banal, em quanto me preocupava com o fato de estar fora ou dentro desta ou daquela turma. Paixões ilícitas fervilhavam abaixo da superfície. Sexo era o grande tabu, e o sexo ou algo semelhante com qualquer um de ambos os gêneros significava expulsão imediata. Não podíamos manter conversas particulares com ninguém de uma classe acima ou abaixo de nós — apenas por precaução. Inacreditavelmente, os bolsos nas nossas calças eram costurados até chegarmos às últimas séries, em torno dos dezesseis anos, para que não pudéssemos apalpar a nós mesmos. Não é de admirar que eu me sentisse reprimido e confuso.

Isso tudo foi há cinquenta anos, e o lugar mudou a ponto de não ser mais reconhecível, como precisava. Um exemplo é que agora é uma escola mista. Mas o conceito de se dar algumas responsabilidades limitadas a alunos mais velhos parece ter seu valor, desde que haja imposições razoáveis a seus poderes. É um meio de se expor gente jovem a um senso de responsabilidade pelos outros e de compensar o que, de outra maneira, seria apenas uma ênfase à pura realização pessoal, o que pode facilmente levar a um egoísmo descuidado. É uma das tradições das escolas particulares que foi, a meu ver, abolida equivocadamente pelo sistema do estado, provavelmente pelo tipo de excessos que vivenciei.

Em anos posteriores, foi-me encomendado um estudo de comparação de escolas com outras organizações. Visitei muitas escolas de vários estilos e tamanhos. Minha primeira pergunta casual ao chegar à sala dos professores era para saber quantas pessoas trabalhavam lá. Nas escolas primárias podiam ser dez pessoas, nas de ensino secundário, que eram maiores, umas setenta ou oitenta.

— Oh, meu Deus — disse um diretor de educação quando o informei sobre isso —, deixaram de incluir o pessoal da limpeza.

— Não — respondi —, deixaram de incluir as crianças.

Em termos organizacionais, os alunos não eram vistos como membros da organização, mas mais como seus produtos, talvez mais precisamente como o trabalho dela em andamento. E, com frequência, era dessa maneira que eram tratados, passados de estação de trabalho a estação de trabalho, moldados aqui, lapidados um pouco ali, enfileirados para inspeção no final, os fracassos rejeitados mas não reciclados, o restante publicamente determinado para o futuro uso de alguém. Minha escola interna funcionava assim.

Meu conhecimento em latim e grego me ajudou na sala de aula, mas não contribuiu para a minha popularidade. Proezas esportivas eram o que contava, e eu nunca passei da fase de iniciante no rúgbi, nem nunca me sobressaí na equipe de críquete. Mas tive sorte novamente. O supervisor da minha classe, que era também o supervisor da casa à qual eu pertencia, era um grande professor dos clássicos, e um verdadeiro educador, que encarava como sua missão não apenas extrair o que há de melhor em nós, mas nos tornar civilizados, apresentando-nos ao melhor da música, literatura e poesia. Ele entrou na classe numa manhã, onde aguardávamos para analisar mais uns cem versos da *Eneida*, de Virgílio.

— Algum de vocês reconheceu o que o organista tocou na capela esta manhã? — perguntou. Nem sequer tínhamos ouvido, é claro.

— Era uma das maiores obras de Bach — declarou ele. — Venham, é hora de entenderem o que estão perdendo. — Levou-nos para sua casa e passou o restante da manhã tocando a música de Bach para nós e nos contando sua história.

Quando não era Bach, era Wilfred Owen ou William Blake, ou, numa ocasião, uma degustação de vinho como um prelúdio ao engarrafamento da bebida que ele importara da França. As aulas dele eram animadas e enriquecidas por esses interlúdios inesperados, que, apesar de não terem constado no currículo de ninguém, agora eu os recordo muito tempo depois de já ter esquecido os versos de Virgílio.

Nós o chamávamos de "Feitor de Escravos" porque ele nos fazia trabalhar tão arduamente, mas era um apelido carinhoso, porque era evidente que ele acreditava em nós e em nosso potencial. É um ingrediente vital na vida receber uma "semente de ouro" cedo de alguém a quem respeitamos, um elogio ou uma manifestação de confiança em nós que fortaleça nossa crença em nós mesmos. O Feitor me deu a minha. Ainda é, creio eu, o maior presente que um professor pode dar a um aluno, em qualquer idade. Sempre serei grato, se bem que desconfio que minha carreira posterior como executivo do petróleo deve ter-lhe parecido como um desperdício de seus esforços. Ele era tudo o que um grande professor deve ser e, propositadamente, transformou minha vida, insistindo que eu devia tentar obter uma bolsa de estudos em Oxford em vez de no Trinity College, em Dublin, onde meu pai estudara e o pai dele também.

Fui fazer o exame em Oxford, pretendendo usá-lo como um meio de praticar, mas, conforme quis a sorte, consegui uma bolsa de estudos completa do Oriel College. O "pássaro na mão" é a opção mais segura, ponderei, e, assim, aceitei-a, não me dando conta de que, ao fazê-lo, eu estava efetivamente deixando a Irlanda, porque Oxford me redefiniria como uma espécie de inglês. O Feitor tinha razão, entretanto. O sistema de aprendizado de Oxford, de ensino individual, de ensaios semanais e muito tempo livre para usar foi perfeito para mim. Fui extremamente privilegiado, percebo agora, e o sistema individual de ensino para aqueles em formação é caro demais para durar, mas fico contente por ter tido a chance de vivenciá-lo. A educação clássica em Oxford começava pelo idioma, mas prosseguia com o estudo da história da Grécia e de Roma e da tradição filosófica que iniciaram. Fui incentivado a explorar ideias e hipóteses, a ir além do conhecimento e dos fatos até o significado deles. Meus tempos de escola haviam terminado, minha educação começara. Estava começando a pensar por mim mesmo, enfim.

Ainda me sentia inútil, capaz apenas de traduzir do inglês para o grego e vice-versa, mas, conforme o tempo passou, vi que as disciplinas de estudo não haviam sido assim tão importantes — e há muito tempo que as esqueci. O que importava realmente era o processo, a necessidade de resolver as coisas sozinho para variar. Uma vez, quando minha vida social estava movimentada demais, copiei meu ensaio de um livro um tanto obscuro sobre história grega e o li para o meu professor. Ele se absteve de comentário. Num silêncio grave, adiantou-se até sua estante, pegou seu exemplar daquele volume obscuro, encontrou a página e continuou a ler do ponto onde eu havia terminado. Corei até a raiz dos cabelos de tanta vergonha. Nada mais precisava ser dito. Oxford não estava interessada na repetição do trabalho de outras pessoas, a menos que ele tivesse se tornado parte do próprio modo de pensar de alguém.

E, sim, li meu ensaio em voz alta. Era como costumávamos fazer. Na época, eu atribuía o método a preguiça por parte dos professores, embora ache que talvez tenha sido preciso mais energia mental para ouvir do que para ler. O que sei, de fato, é que isso mudou o meu estilo de escrita. Nunca fui capaz de escrever os longos parágrafos cheios de parênteses nos quais os acadêmicos são tão bons. Não se pode lê-los em voz alta. Foi, no mínimo, um excelente treinamento para locutor. Mais tarde, me disseram que as crianças italianas fazem exames orais na maioria das matérias. Não é de admirar que os italianos sejam tão articulados, que prefiram o telefone à internet.

Nossas escolas, julgo agora, precisam de um currículo de processo, além de um currículo de conteúdo. Vinte anos atrás, fiz parte de um grupo que começou uma campanha que chamávamos de Educação para a Capacidade. Afirmamos, num manifesto público, que uma educação bem equilibrada deve, é claro, englobar análise e aquisição de conhecimento. Mas também deve incluir o exercício das aptidões criativas, a competência para assumir e completar tarefas e a habilidade para lidar com a vida diária; como também fazer todas essas coisas em cooperação com os demais.

Para a nossa campanha, me dirigi à equipe de uma das escolas particulares de prestígio do país. O diretor levantou-se no final para me agradecer e disse:

— Tenho a impressão de que o senhor desaprovaria a maior parte do que fazemos nas nossas salas de aula, mas ficaria surpreso em ver como seguimos de perto suas ideias fora da sala de aula, em tudo que nossos alunos fazem, seja nas áreas do recreio ou esportes, nas sessões de teatro ou música deles, em seus clubes, nas oficinas e no trabalho em comunidade.

— Sei que tem razão — respondi. — O problema é que nem todas as escolas têm o tempo e a infraestrutura para tal aprendizado fora da sala de aula e além do estabelecido no currículo.

Se eu estivesse na direção de nossas escolas, ficaria tentado a dividir o dia ao meio; metade para ser passada na sala de aula na aquisição de conhecimento e das habilidades analíticas, e a outra metade do lado de fora, em projetos e atividades que cultivariam habilidades de processo e experiências. Talvez precisássemos de um grupo diferente de professores para cada uma, mas as habilidades de processo poderiam muito bem ser ensinadas por voluntários da comunidade, através do uso dos alunos como aprendizes ou através de sua atuação em projetos em andamento.

Deixei Oxford com um afortunado diploma de primeira classe. Eu estava exultante, meus pais ficaram satisfeitos, mas a verdade é que ninguém nunca me perguntou sobre a classe da minha graduação, não até que me candidatei para ingressar em outro estabelecimento acadêmico. Pergunto-me por que nos preocupamos com todas as nossas notas e avaliações, as quais causam tanto sofrimento, se o que realmente importa é se passamos ou não. Quando nosso filho começou a carreira de ator, mostrou-me a minibiografia que havia elaborado para ser inclusa no programa do teatro. Gostei dela, comentei, mas perguntei por que ele não fizera menção alguma a sua educação e suas notas, das quais achei que tinha razão para se orgulhar.

— Pai — disse ele, um tanto condescendente —, no mundo do teatro, as pessoas não estão interessadas em saber onde uma pessoa estudou ou em quais exames passou. O que querem saber é o que ela fez com tudo isso. — Compreendi.

Fiquei, no entanto, perplexo em descobrir que, como formado, eu fazia parte de uma pequena minoria da Grã-Bretanha dos meus tempos. Naquela época, apenas 8 por cento de cada grupo etário cursava a universidade e isso se evidenciou mais tarde. Quando pesquisei sobre sistemas de educação gerencial nos anos oitenta, descobri que nove entre dez de todas as pessoas acima dos cinquenta em 1980 haviam deixado a escola aos quinze anos e não tiveram nenhuma educação formal desde então. Isso explicou muito sobre a falta de liderança visionária no topo dos negócios britânicos naqueles anos, porque a maioria dos 10 por cento que concluíram os estudos foi para outras profissões ou trabalhar no governo, deixando as organizações com escassez de mentes inquiridoras ou amplamente versadas.

Os franceses querem que 75 por cento de um grupo etário ingressem em algum tipo de educação complementar após a escola. Para que isso aconteça na Grã-Bretanha, é preciso que a educação se torne mais acessível. Cursos de meio período, ensino a distância, como na Open University, e cursos noturnos têm de se tornar a norma para que as pessoas possam ganhar seu sustento enquanto aprendem. As universidades de prestígio se tornarão, então, gradativamente, escolas de graduação, financiadas por verbas de pesquisa e por alunos que possam esperar que seus diplomas paguem o custo de seus estudos.

Quanto a mim mesmo, achei ter encerrado minha educação acadêmica quando me formei em Oxford e ingressei na chamada escola da vida. Agora me arrependo de não ter seguido a alternativa de dois anos no serviço militar. Não apenas teria sido divertido, mas algo que teria me ensinado tudo que não aprendi sobre lidar com as pessoas, resolver problemas e fazer as coisas acontecerem. O problema foi que, como cidadão irlandês, não podiam me obrigar a me alistar, a menos que eu permanecesse para trabalhar na Grã-Bretanha; portanto, a decisão teria de ser minha.

Na época, não me senti atraído pela ideia. Em primeiro lugar, lutar era coisa séria; um amigo fora morto recentemente na Coreia e outro gravemente ferido, combatendo numa terra distante por pessoas sobre as quais eu não sabia nada. Acho, porém, que era outro tipo de covardia que me compelia. Preocupou-me a possibilidade de eu não ter as qualidades necessárias para ser um oficial, o que seria constrangedor. Acabou me custando muito, essa relutância em me alistar. Meu tio-avô, um general veterano do Black Watch, tivera esperança de me ver em seu antigo regimento. Taxando-me de covarde, não injustamente, ele me cortou de seu testamento e morreu em seguida.

Ciente agora do que acho que perdi, sou a favor da prestação de alguma forma de serviço social ou comunitário após a conclusão dos estudos para a maioria das pessoas. Os programas voluntários, Operação Raleigh, CSV e outras opções na Grã-Bretanha, ou o Peace Corps nos Estados Unidos, fazem um trabalho valoroso, mas, como sempre, os que são voluntários são geralmente os que menos precisam disso.

Em vez de me alistar no serviço militar, ingressei no Royal Dutch Shell Group e fui colocado imediatamente num curso de quatro meses. Chamavam-no de treinamento, não de estudos, mas não era muito diferente do que eu frequentara antes, com a exceção de que, agora, estavam me pagando, em vez do oposto. Nosso curso de iniciação nos conduziu página após página através de um volumoso manual de informações sobre o ramo de atividade e a empresa, dados que, na maioria, eu apagava da mente na mesma noite, tendo coisas melhores a fazer. Isso foi seguido de quatro semanas num laboratório, uma experiência nova para mim, onde demonstraram como o óleo era refinado, como sua viscosidade ou espessura era medida e mistérios técnicos do gênero.

Mais informações, excesso delas, mas, uma vez que ninguém sabia ou me dissera para que partes do mundo eu iria, ou que trabalho faria, era difícil saber que trechos de todos aqueles dados seriam úteis, talvez até vitais. Informações sem um contexto tão apenas dados vazios e logo são esquecidos. Durante todo esse tempo, a única atividade que nos foi solicitada foi a de acender um bico de Bunsen, ou fazer uma pergunta ocasional.

Sete anos depois, foi-me dada a chance de fazer algo a respeito. Sem saberem ao certo o que fazer comigo após meu retorno de um período de seis anos no sudeste da Ásia, designaram-

-me gerente assistente do Centro de Treinamento de Gerentes do Grupo, responsável por cursos para gerentes de nível médio do mundo inteiro. Não era algo tão importante quanto parece; tudo o que envolvia era providenciar para que uma sucessão de chefes de departamentos fossem até a sede para falar sobre o trabalho de sua unidades. Mais dados que foram pelo ralo. Concluí que seria muito mais interessante para todos se eles tivessem alguns problemas de verdade nos quais trabalharmos, problemas que acabei extraindo com um pouco de persuasão daqueles chefes de departamento. Isso se deu antes que as escolas de administração fossem introduzidas na Grã-Bretanha e, portanto, não tive ideia de que eu estava reinventando o estudo de caso.

Não foi surpresa que todos, inclusive os chefes do alto escalão que foram ouvir as conclusões dos grupos, tenham achado isso muito mais interessante. E eu também. Na verdade, estava adorando. Havia encontrado a minha paixão — instruir adultos, usando situações da vida real como contexto para seu aprendizado. Desse modo, quando a Shell decidiu que era tempo, conforme colocaram, de eu "molhar os pés" novamente e me enviaram para dirigir a empresa na Libéria, resolvi que era o momento de sair. A nova London Business School queria alguém para iniciar seu principal programa executivo. Eu estava mais do que pronto, especialmente quando soube que queriam que eu passasse um ano no MIT (Instituto de Tecnologia de Massachusetts), em Cambridge, aprendendo um pouco sobre o jeito americano de treinar gerentes.

Às vezes digo, quase a sério, que a única coisa que aprendi na Sloan School do MIT foi que eu não precisava ter ido para lá, acrescentando: "Mas eu tinha de ir até lá para descobrir isso". Fui para os Estados Unidos convencido de que havia uma montanha de conhecimento e sabedoria nas bibliotecas deles que estavam escondendo de nós. Tudo o que eu precisava fazer era assimilar algo do que eles sabiam e levá-lo para a Europa. Foi um choque descobrir que eu já sabia a maior parte de tudo, tendo-o aprendido no decorrer do longo caminho, através da experiência. Eu apenas ainda não havia colocado nomes sofisticados nas coisas. Como monsieur Jourdain, de Molière, descobri que estivera usando linguagem gerencial sem saber. Evidentemente, havia alguns macetes técnicos e ideias que eram autenticamente novos, mas a maior parte consistia em bom senso elevado à teoria acadêmica. Meu tempo não foi desperdiçado. Minha autoconfiança aumentou imensamente. A educação de gerentes ocupados, percebi, só daria certo se fosse ligada às experiências deles.

Regressei para a London Business School, inaugurada apenas um ano antes, encarregado de criar nossa própria versão do programa de tempo integral de um ano de duração para gerentes em meio de carreira, o Programa Sloan, que eu acabara de completar nos Estados Unidos. Teria sido uma tarefa dos sonhos, não fosse por dois fatos: tínhamos bem poucos professores na nova escola e nenhum aluno — a não ser que eu conseguisse persuadir vinte organizações britânicas a liberarem um de seus mais promissores gerentes, com salário integral, durante um ano, e pagarem uma taxa por isso. Descobri na época, enquanto visitava as salas de reuniões de diretorias, que um seminário de um dia era o período mais longo de treinamento gerencial que quaisquer das pessoas em torno daquelas mesas já financiara, quanto mais frequentara. A maioria deles achou que eu estivesse louco.

No final, dezoito executivos se matricularam. Como não fosse uma faculdade de administração convencional, eu estava livre para preencher muitos dos dias deles com minhas próprias ideias para seu treinamento. Levei-os ao teatro. Peças, informei-os, eram estudos de casos da vida real. Havia tanto a aprender a partir da discussão de temas e dilemas em *Rei Lear* quanto de qualquer estudo de um negócio de família, e seria muito mais empolgante como dever de casa. Um amigo dos Estados Unidos, mas, na época, lecionando na London School of Economics, conduziu uma série de seminários que chamamos de "Leituras sobre Poder e Responsabilidade", usando famosos romances e peças como matéria-prima para debate.

Não esquecerei facilmente a expressão nos rostos daqueles jovens e ambiciosos executivos quando entraram na sala de aula na primeira manhã para encontrar dois textos à sua espera, um intitulado "Contabilidade Gerencial" e o outro, *Antígona*, de Sófocles. Valores, crenças e emoções, os aspectos centrais da peça de Sófocles, eram tão importantes, argumentei, quanto todos os números para aqueles responsáveis por gerenciamento. Eram assuntos que podiam ser melhor explorados e trazidos à tona através da grandiosa literatura. São a razão para ainda fazermos filas para ver obras de Sófocles e Shakespeare tantos séculos depois. Deixá-las fora da educação de gerentes é arriscar-se a ignorar a humanidade no coração de cada organização, e ainda acredito que isso seja verdade.

Não há nada, porém, que se compare com a vida real como contexto para aprendizado. Viajei com os executivos para países comunistas e para os Estados Unidos para estudarmos organizações lá, para compará-las e encontrar os contrastes entre elas. Foi o melhor que pude fazer, mas fiquei cada vez mais convencido de que não se pode levar a realidade para dentro da classe; tudo o que se pode fazer lá é aprender a analisá-la e conceituá-la melhor. Pelo fato de todos na nova faculdade terem feito cursos de graduação nos Estados Unidos, adotamos a tradição americana de estudo em tempo integral e ignoramos a tradição britânica de educação profissional usada em áreas tais como medicina, direito e contabilidade. Nessas profissões, a sala de aula estava intimamente ligada à prática sob supervisão. Por que a administração, uma disciplina tão prática, tinha de ser diferente?

A educação de gerentes, recomendei em meu relatório de 1987 para o NEDO (The National Economic and Development Office), deve ser sempre de meio período na sala de aula e acompanhada por experiência orientada no local de trabalho. Fiquei muito mais satisfeito com o curso que ajudei a elaborar que iniciou a Business School da Open University, um curso que forçava os alunos a relacionarem tudo a sua própria experiência atual onde trabalhavam. Apenas as "linguagens" de negócios, coisas como contabilidade e estatística, marketing e informática, poderiam ser eficazmente ensinadas por si mesmas, argumentei, de preferência no início da carreira gerencial. Os cursos em período integral treinariam efetivamente pessoas para serem analistas ou consultores, não gestores. A essa altura, contudo, eu já havia deixado a Business School.

Há uns dois anos, fui convidado para presidir a Conferência de Educação do Norte da Inglaterra, a principal conferência para os que estabelecem políticas e administram o sistema educacional do Estado. Concordei, sob o entendimento de que eu poderia usar a ocasião para promover minhas ideias sobre educação voltada para alquimia ou independência. No meu texto de abertura, comentei que muitos dos alquimistas os quais minha mulher e eu estudamos haviam sido traquinas na escola. Talvez, falei, não devêssemos ter medo de permitir mais traquinagens nas nossas escolas. Foi a palavra errada para o público errado. Eles ficaram horrorizados diante da ideia de uma onda crescente de comportamento desordeiro em suas classes de aula. Minha autoridade presidencial ficou seriamente abalada.

Eles tinham razão, claro. O fato de alguns alquimistas terem sido traquinas não significa que todas as crianças traquinas se tornarão alquimistas. Pretendi estimular o debate. O que deveria ter dito era que, enquanto a ordem e a disciplina são essenciais em qualquer comunidade, também devemos incentivar maior curiosidade, iniciativa e experimentos em nossas escolas, sem nos preocuparmos demais se alguns dos experimentos não derem certo. Eles, sem dúvida, teriam feito um gesto de assentimento — e esquecido.

Continuo convencido de que devemos usar nossas escolas como áreas de testes seguras para fazer experimentos com a vida, para descobrir nossos talentos — todos os possuímos, mesmo que eles não se revelem nos exames — para assumir responsabilidades por tarefas e por outras pessoas, para saber aprender o que precisarmos e quando, e para explorar nossos valores e crenças sobre a vida e a sociedade. Para mim, esse é um currículo mais empolgante do que um recheado de fatos.

Também devemos dar a eles sementes de ouro. Sir Ernest Hall, músico, homem de negócios e empreendedor social, diz que Pablo Casals escreveu uma vez:

> "Por que não ensinamos às nossas crianças na escola o que elas são? Deveríamos dizer a cada uma: "Você sabe o que é? É uma maravilha. É única. Em todo o mundo, não existe nenhum outra criança exatamente como você. Ao longo dos milhões de anos que passaram, nunca houve outra criança como você. Olhe para o seu corpo. Que maravilha ele é; suas pernas, seus braços, seus dedos hábeis, a maneira como você se move. Você pode ser tornar um Shakespeare, um Michelangelo, um Beethoven. É capaz de qualquer coisa. Você é uma maravilha".

PARTE II

Capitalismo – Passado, Presente e Futuro

4

Os velhos e os novos elefantes

Fui educado para um mundo de instituições e corporações e resolvi fazer parte dele. Havia me determinado a nunca mais ser pobre e, da maneira como eu enxergava, o meio de se ter ao menos uma estabilidade financeira era fazendo parte de uma corporação. Não fui o único. Estávamos na era do homem da organização, na qual as empresas ofereciam quase tudo que se podia esperar da vida — segurança, perspectivas de promoções e a oportunidade de realização profissional. Foi uma vida boa enquanto durou, mas conforme as fronteiras do mundo caíram, as comunicações se aprimoraram e a competição aumentou, essas corporações mudariam radicalmente.

O mundo empresarial em que comecei desapareceu para sempre a esta altura. As novas organizações já são lugares muito diferentes e, inevitavelmente, terão de mudar ainda mais. Neste capítulo, olho para o passado, para a maneira como as coisas eram, e também adiante, para os novos desafios que os elefantes do futuro enfrentarão.

A VIDA NOS VELHOS ELEFANTES

Ainda devo estar sonhando, pensei, quando ergui os olhos do meu leito e deparei com uma bela jovem tailandesa, usando um *cheongsam* (vestido tradicional) branco e diáfano, parada diante de mim.

— Meu nome é Donna — disse a visão —, e sou da Shell. Vim para recebê-lo.

Se aquela era uma amostra de como era a Shell, ponderei, a vida seria ainda melhor do que pensara. Eu havia chegado em Cingapura em 1956, a bordo de um transatlântico, para dar início à minha carreira como *trainee* na área de marketing na Shell de Cingapura, que, naquela época, abrangia a Malásia e o Bornéu britânico.

Donna foi apenas o primeiro exemplo da atenção e afeto com que a Shell, naqueles tempos, cobria seus executivos estrangeiros. Ela era uma pessoa enviada para me encontrar e me saudar e que havia sido designada como minha guia e amiga oficial durante os primeiros dias, até que eu tivesse começado a me adaptar. Na verdade, fui despachado quase imediatamente para Kuala Lumpur, onde um apartamento da empresa fora disponibilizado para mim e um outro jovem solteiro. Foi outra surpresa. Eu não fazia ideia de como era um apartamento malaio, mas, por certo, não esperava o último andar de uma bela e antiga casa colonial, situada num jardim, incluindo um jardineiro e uma "ama", ou governanta.

A Shell, eu começava a entender, era o que os sociólogos chamavam de uma "organização completa" — abrangia o todo da vida de uma pessoa. Eles até tinham orgulho em manter o próprio time de rúgbi, que desafiava os vencedores do campeonato interestadual anual. Como o mais novo de cerca de cento e cinquenta estrangeiros na empresa e um dos primeiros *trainees* graduados deles (um eufemismo para alguém que desconhecia o negócio e era inexperiente na vida), eu era como o menino novo que passava despercebido. Isto é, até que, por acaso, garanti a vitória num campeonato de rúgbi local. Na manhã seguinte, o gerente geral me cumprimentou na recepção do escritório:

— Fico contente em ter você conosco, Handy. — Eu havia chegado.

Mas ainda não sabiam o que fazer comigo. Tive sorte, porém. O gerente em Kuala Lumpur era um iconoclasta, visto, percebi posteriormente, como "não muito sensato". Achou que a melhor maneira de eu aprender sobre a empresa e o seu gerenciamento seria se eu agisse como sua sombra durante dois meses.

— Sente num canto, não fale quando alguém mais estiver aqui, ouça e aprenda. Acompanhe-me durante minhas visitas, mas mantenha-se calado. Ocasionalmente, conversaremos sobre o que você pensa em relação ao que viu e ouviu.

Foi uma introdução maravilhosa na vida em um dos elefantes de antigamente. Logo me dei conta de que eu estava herdando uma velha tradição. A Shell, era constantemente lembrado, existia desde a virada do século. A casa do gerente geral em Cingapura era apenas ligeiramente menos esplendorosa do que a do governador-geral (Cingapura ainda era uma colônia britânica). Eu não precisava levar dinheiro no bolso. Era o bastante assinar meu nome e escrever "Shell" abaixo — todos sabiam para onde mandar a conta e tinham certeza de que seria paga. Havia padrões de acordo com os quais se viver. Esperava-se que a Shell fosse melhor do que a média das empresas: meticulosa, segura e eficiente. "Pode-se confiar na Shell", declaravam os anúncios, e a mensagem era dirigida tanto a nós quanto aos clientes. Eu não era apenas um homem de negócios, ao que parecia, mas um representante de uma grande organização. A sensação era boa.

Mas nem tudo tranquilizava. Numa noite, conheci o gerente de um seringal. No decorrer da conversa, revelou-se que ele não era um cliente totalmente satisfeito do nosso único concorrente e poderia ser persuadido facilmente a mudar para a Shell. Relatei isso ao meu mentor, que ficou visivelmente embaraçado. Não podíamos torná-lo nosso cliente, informou-me; a não ser que tivéssemos perdido um contrato equivalente para nosso concorrente. Ainda estávamos, disse, operando sob o velho acordo de que "as coisas ficam como estão" das principais companhias de petróleo, pelas quais a divisão de mercado em algumas regiões era mantida constante. A explicação bastante duvidosa para o que eu suspeitava ser ilegal era que a estabilidade resultante permitia um planejamento melhor de longo prazo e custos mais baixos para todos.

Comecei a me preocupar com esses custos mais baixos uma semana depois quando, com a finalidade de me manter ocupado, meu gerente me pediu para fixar os preços do ano seguinte para todos os nossos óleos lubrificantes. Manifestei minhas dúvidas quanto à minha adequação para tal tarefa.

— Oh, não se preocupe — disse ele. — Basta você obter as alocações dos custos do departamento contábil para cada categoria e acrescentar uma margem de percentagens de lucros que o pessoal de vendas informará a você. É apenas uma questão de aritmética — sorriu ele.

— Mas isso significa... — falei, hesitante, não acreditando totalmente no que estava prestes a dizer — ...que quanto mais elevados forem nossos custos, mais lucros teremos. Não pode ser justo.

— São os negócios — respondeu o gerente. — Você aprenderá.

Não é de admirar que eles tivessem condições de cuidar de mim tão bem e ainda satisfazer seus acionistas. Nem tampouco é de admirar que tudo o que fazíamos era realizado por funcionários da Shell; os motoristas, os fornecedores, até o pessoal de filmagem. Desse modo, nossos padrões podiam ser mantidos. E daí se custasse mais; nossos lucros só aumentavam.

Adam Smith comentou uma vez que, quando dois ou três homens de negócios se reúnem ficam tentados a conspirar, mas ainda me intrigava o fato de que pessoas consideradas decentes pudessem iludir a si mesmas, achando que não havia problema em ludibriar o público em favor, como eu via, de uma vida fácil, ou, como talvez eles tivessem preferido colocar, em favor dos seus acionistas. E era certamente fácil na Malásia nos anos cinquenta e lucrativo — até que o mercado cresceu e novos concorrentes que não sabiam nada sobre o acordo "as coisas ficam como estão" chegaram. Foi, então, que as atividades começaram a ser terceirizadas, os custos subiram e as margens precisaram ser cortadas. Mas eu já havia seguido em diante nessa época.

Desde aquela manhã no escritório de Kuala Lumpur, passei a desconfiar de todos os monopólios e oligopólios em potencial. Vi como era tentador estar numa situação onde se estava livre para estabelecer preços acima dos custos, não importando quanto esses custos pudessem ser altos. Num mercado verdadeiramente aberto, você é obrigado a manter os custos abaixo dos preços, que são determinados pela concorrência. Todos que dirigem um negócio devem ansiar secretamente pela primeira alternativa e por estarem livres de concorrência, mas apenas produtos exclusivos ou superiores podem reivindicar legitimamente a liberdade para estipularem o preço que desejarem; e apenas por algum tempo, até que a concorrência os alcance. Eu estava aprendendo economia da melhor maneira, através de exposição. Mais tarde, passei a entender que o que eu havia vivenciado era a essência da análise de Karl Marx: a concorrência capitalista leva à concentração de capital. Mas eu não o lera até então. Desde aquela manhã, passei a acreditar fervorosamente na livre concorrência e no mercado livre como melhores garantias de justiça em todas as esferas.

Visitei a Hungria nos velhos tempos do regime comunista em que o Estado dirigia tudo. Por que, perguntei, num país tão pequeno havia duas fábricas de fertilizantes quando economias de escala certamente teriam significado custos reduzidos por unidade se houvesse apenas uma? Porque, explicaram-me, se houvesse apenas uma, alguém do governo teria de determinar quanto devia ser o custo ideal para dirigi-la; algo que não saberiam fazer. Com duas fábricas, uma atuaria como controle da outra. Mesmo sob o comunismo, a concorrência era vista como algo que tinha sua utilidade.

É uma pena, costumo pensar, que governos, que frequentemente estão certos ao privatizar monopólios estatais, não atentem mais para essa lição húngara. Monopólios estatais transformados em monopólios privados não fazem bem algum a ninguém a não ser aos novos donos. A privatização britânica das ferrovias nos anos 1990 criou efetivamente uma série de monopólios, deixando que o órgão regularizador cuidasse dos interesses dos usuários que não dispunham de alternativas entre as quais escolher. As empresas de transporte ferroviário ficaram livres para estabelecer preços acima de seus custos, desde que conseguissem justificar esses custos ao órgão regularizador. Não é a melhor maneira de se dirigir uma ferrovia.

Os monopólios não se limitam ao comércio, conforme descobri nos anos seguintes, quando me aproximei mais do setor público numa universidade. Lá descobri que a ideia de adicionar uma margem ao custo como a base de estipulação de preços ou planejamento também era dominante. Organizações do setor público são efetivamente organizações de monopólio, sem verificação alguma em seus custos além da dos inspetores ou reguladores do governo que, não importando quanto possam ser perspicazes, não podem ter fonte independente alguma para verificar se os números que veem são os melhores a serem obtidos. Se é o governo que paga, existe pouco incentivo para se experimentar quais são as maneiras mais baratas de se fazer as coisas. Isso apenas corta as verbas sem nenhuma vantagem discernível. Ninguém do governo agradeceria a um reitor de universidade ou a um administrador de hospital por baixar custos — meramente reduziriam o orçamento de acordo.

A boa notícia para o cliente, se não para as corporações, é a de que a concorrência não pode ser deixada de fora da nova economia emergente, conforme as barreiras de entrada para qualquer arena são rompidas. A concorrência se infiltrará até no setor público, com ou sem a ajuda de governos. Na educação, saúde e governo local, o setor privado possibilitará crescentemente a mais pessoas adquirir melhores serviços, e o setor público terá de reagir de acordo, se não quiser um papel como servidor apenas dos pobres. As novas empresas, a despeito de seu novo tamanho e abrangência, não terão mais condições de manter seus preços da maneira que a minha empresa de petróleo fazia tantos anos atrás. Também não será possível organizar as grandes corporações e dirigi-las propiciando o mesmo conforto daquela época.

Elas eram confortáveis porque propiciavam a nós, funcionários, um grau de previsibilidade sobre o qual quase não se ouve mais hoje em dia. Elas também podiam planejar seu próprio futuro. Eram tempos em que o planejamento a longo prazo estava em voga. Como na agricultura, podia-se planejar o ano pela frente, embora, como também na agricultura, houvesse sempre as pequenas emergências, como o mau tempo, para atrapalhar. Mais tarde, na minha vida, eu as chamaria de organizações "apolíneas".

Apolo, expus em meu primeiro livro sobre organizações, era o deus patrono das grandes organizações. Era o deus da lógica e da ordem, da harmonia, e também, ironicamente, das ovelhas. Achei divertido, na época, descrever as culturas das organizações e os diferentes estilos de gestão comparando-as com os deuses da Grécia antiga. Podia assim, ao menos, usar algo da minha educação clássica, mas a ideia inicial partiu do meu amigo Roger Harrison, enquanto estávamos sentados num bosque do Maine num verão, conversando sobre a taxinomia dele em relação às organizações.

Sempre serei grato a ele, pois os deuses gregos me propiciaram o rumo para uma nova carreira, dando-me o que esperava ser um método muito fácil de descrever como eram as organizações, por que diferiam umas das outras e precisavam fazê-lo, de acordo com suas circunstâncias. O fato de precisarem ser diferentes não deveria ter sido motivo de surpresa, mas quando comecei meus estudos na Sloan School of Management do MIT, fui na esperança de que talvez houvesse alguma teoria de gerenciamento, um conjunto de normas para a tomada de decisões e organização, as quais explicariam tudo e tornariam a gestão uma disciplina que pudesse ser aprendida e aplicada. Eu estava fadado ao desapontamento. Mas, perguntei-me, de que outro modo se poderia controlá-las se não existesse ciência alguma?

Talvez, através de analogias sugestivas, pensei, então, através de metáforas que levassem ao entendimento e, em consequência, à ação. Os deuses gregos proveram as metáforas e as transformei num livro, *Deuses da Administração*. Houve quatro deuses que bastaram aos meus propósitos: Zeus, que representava o líder carismático; Apolo, representando a lógica e a ordem; Atena, a deusa guerreira que simbolizava o trabalho em equipe e, finalmente, Dionísio, a mim o deus que representava o individualista criativo. Cada deus ou deusa tem suas forças. As organizações são sempre uma combinação de todos os quatro. É o tipo de combinação que importa.

Vinte anos atrás, Apolo estava em voga. O organograma da organização, uma série de quadros encimando uns aos outros, era o símbolo dele, o reducionismo, a sua metodologia. Basta pegar o trabalho da organização, dividi-lo nas partes que o compõe, colocar essas partes num relacionamento lógico e hierárquico e, então, se você tem a lógica certa e todos fazem o que seus papéis exigem e o manual estipula, o insumo será transformado em produção com o máximo de eficiência. Será pura burocracia, no mais exato sentido da palavra.

As organizações, acham os apolíneos, devem ser projetadas idealmente como horários de uma ferrovia, onde tudo se encaixa. O pressuposto por trás dos horários é o de que os trens percorrerão itinerários programados e no devido tempo, sem mudanças de rumo interessantes ou iniciativas do condutor. Haveria emergências, evidentemente, e forças tarefas ao estilo "ateniense" para projetar itinerários e trens novos. Precisariam de líderes do tipo Zeus no comando para elaborar o caminho pela frente e até de alguns "dionisíacos" peculiares e criativos de prontidão, mas a força da organização reside nas disciplinas, normas e sistema de planejamento e controle apolíneos.

Essas organizações apolíneas funcionam bem quando o mundo no qual vivem é estável e previsível. O trabalho pode ser planejado, orçado e controlado, porque o futuro não será uma projeção do passado. Oferecem carreiras que podem abranger décadas se não a vida inteira. O treinamento e as experiências podem ser planejados para preparar indivíduos para papéis programados na hierarquia. Elas formam a maior parte de seus próprios talentos e, muitas vezes, geram grande lealdade e orgulho corporativo. A Shell da minha época era assim. Eu costumava compará-la ao exército britânico. Ela, inclusive, tinha seu próprio equivalente a regimentos. Eu estive no regimento do sudeste da Ásia e pude ver que as amizades e contatos que fiz lá teriam frutificado repetidamente em torno do grupo se minha carreira permanecesse na Shell.

Vinte anos atrás, as organizações eram o exemplo perfeito dos princípios apolíneos. Prometiam emprego para a vida inteira, mas, em troca, esperavam obediência, respeito pelos superiores e a aceitação de que a organização era onipotente. Eram muito admiradas, mas não muito divertidas de se trabalhar para quem não calhasse de ser apolíneo por natureza. Eu não o era, mas a Shell, sim. Esse foi o problema. Já nos primeiros meses, me senti deslocado.

Ávido como eu era para aprender como as coisas funcionavam, me incumbi de verificar as providências de transporte para um dos nossos principais produtos, o querosene, usado para a iluminação em todo o país. Fiz uma projeção de que economizaríamos muito dinheiro se criássemos instalações de armazenamento para a carga no interior do país e enviássemos o querosene em grandes trens de carga em vez de pela estrada em pequenos caminhões. Redigi o relatório, coloquei-o numa bela pasta com um resumo de uma página na frente e marchei até o escritório do diretor de operações com uma expressão satisfeita no rosto, sem dúvida.

— Acredito que achará isto interessante, senhor — anunciei. — É uma proposta para um novo sistema de distribuição do querosene.

Ele nem sequer olhou para o material. Em vez disso, perguntou:

— Há quanto tempo trabalha conosco, Handy?

— Seis meses, senhor.

— E há quanto tempo acha que estamos nos negócios aqui?

— Bem... cinquenta anos?

— Cinquenta e cinco, para ser exato. E acha realmente que em seus primeiros seis meses, você tem alguma possibilidade de aprimorar cinquenta e cinco anos de experiência? Agora, vá e arranje algo útil para fazer.

Foi o que fiz. Eu me dediquei à minha vida social, mantive a cabeça baixa no trabalho e deixei de lado quaisquer pensamentos de ideias para contribuir com os poderes acima de mim. Eu era um dionisíaco preso num mundo apolíneo. Estou apresentando uma caricatura da Shell, percebo, mas era como eu via as coisas na época, de baixo para cima. Nem tampouco a Shell era diferente das organizações nas quais meus amigos trabalhavam. Costumávamos especular sobre a peculiaridade de os gigantes do mercado livre serem eles próprios estados totalitaristas controlados centralmente, a antítese de tudo que condenavam politicamente.

Isso foi há quarenta anos. A Shell é muito diferente hoje em dia, assim como o são todos os elefantes da atualidade. Tiveram de mudar para sobreviver. Muitos não conseguiram. A lista da *Fortune 500* das empresas líderes do mundo quarenta anos atrás é uma leitura estranha nos dias de hoje. A maioria daqueles nomes não está na lista atualmente. Desapareceram para sempre, tendo falido ou sido comprados. É um sinal dos tempos por vir o fato de que a Vodaphone, uma empresa que não existia em 1981, foi por um tempo, em 2001, a empresa mais valiosa da Europa, chegando a uma vez e meia o valor Shell.

As organizações apolíneas acham difícil viver num mundo turbulento, como os japoneses descobriram recentemente. Não é que sejam avessos a mudança, mas gostam que as mudanças sejam incrementais, não radicais. Gostam de construir com base no passado, não de ignorá-lo. Apolíneos falam de mudanças planejadas e de se administrar as mudanças, conceitos que outros acharam contraditórios em si mesmos. Gostam de utilizar as pessoas que cresceram dentro da organização para gerenciar a nova organização, buscando alguma continuidade para ajudá-los a atravessar a turbulência.

Nunca dá certo. É difícil avaliar uma questão com distanciamento quando se está dentro dela. *O Cerejal*, de Tchekhov foi escrito cem anos atrás, mas sua moral ainda se aplica hoje em dia. É a história de uma família outrora rica que enfrenta a ruína financeira. Seu único bem, com a exceção da casa da família, é seu grande pomar de cerejeiras, agora sem valor comercial algum. Um amigo do mundo dos negócios sugere-lhes que podem transformar o pomar numa propriedade com casas de veraneio e, assim, manterem seu antigo lar. Eles mal o ouvem, considerando como a ideia lhes soa estranha aos ouvidos e em comparação com seu passado. No final, ele, o forasteiro, compra a propriedade e eles são despejados. Tchekhov chama sua peça de comédia, mas poderia ser mais precisamente chamada de a tragédia dos nossos tempos.

Perguntei-me, no ano 2000, se os executivos da Marks and Spencer assistiram à peça. Naquele ano, a M&S, o anteriormente modelo da virtude no varejo, foi vista perdendo seu rumo. De nada adiantou a mudança na gerência de alto escalão. Uma pessoa de fora, um holandês, foi contratada para assumir a direção. Desconfio, entretanto, que o pomar de cerejas deles, todos aqueles hectares de espaço de varejo, serão comprados eventualmente por alguém de fora e transformados em outra coisa. Mais uma organização apolínea terá se visto incapaz de pensar e agir fora de seu próprio raio de atuação. Na nova mistura de deuses, Apolo precisa de seu lugar, embora ele nunca mais volte a ser o dominante.

As organizações de hoje são lugares muito diferentes. Isso já está claro. Mas, apesar de todas as suas frustrações, a Shell da minha juventude tinha muito a seu favor. Seria uma pena se ideia da corporação como uma comunidade duradoura, o "lar" das horas de trabalho para muitos, desaparecesse.

OS ELEFANTES DE HOJE

Ao longo de quarenta anos, observei os organogramas das organizações mudarem de uma pirâmide de quadros para algo mais parecido com aqueles mapas de itinerário em revistas de companhias aéreas, uma teia de linhas conectando eixos e nós com linhas de cores diferentes representando rotas feitas por outras companhias aéreas. Vi a linguagem mudar, passando de uma baseada em ordens para uma de contratos e negociações. Organizações não são mais vistas como máquinas com peças humanas, mas como comunidades de indivíduos que aspirações bastante individuais. O talento agora vem com um nome individual afixado a ele. Os clientes, também, são pessoas com nomes, não partes anônimas de um segmento de mercado. Apolo não pode mais governar num mundo desses.

Como a maioria, acredito, eu mesmo pintei minha casa — uma vez. Cultivei meus próprios vegetais — por poucos anos. Era pobre e precisava provar a mim mesmo que era capaz de fazer essas coisas. Não as fiz bem. Na verdade, numa avaliação de custos realista, meus vegetais provavelmente custaram mais caro do que os do supermercado local. Para mim, eram tarefas, não atividades de lazer. Eventualmente, percebi que era mais sensato me concentrar no que fazia melhor e pagar outras pessoas para fazer aquilo em que elas eram melhores. Mesmo que elas me custassem mais por dia do que eu conseguia ganhar no mesmo período, ainda me beneficiaria se fizessem o trabalho melhor e mais depressa do que eu o teria feito.

Hoje em dia, não é diferente para as organizações.

Nos tempos em que eu defendia o caso da organização com formato de trevo (aproximadamente um terço de equipe central, um terço de subcontratados e um terço de funcionários de meio período e de consultores profissionais, o chamado contingente de força de trabalho), tomei emprestada uma fórmula que ouvi primeiramente do chefe de uma multinacional bem-sucedida:

— ½ x 2 x 3 = P, metade da minha atual força de trabalho principal num prazo de cinco anos, essa é a minha receita para produtividade e lucros —, disse ele, — desde que estejam trabalhando duas vezes mais arduamente e sendo pago duas vezes mais também, mas produzindo um valor três vezes maior. Desse modo, todos ganham.

— Exceto a metade que vai embora — resmunguei, mas ele não ouviu.

Pode-se ver essa fórmula no trabalho diariamente. Elefantes estão se casando ou engolindo seus concorrentes de antes e, simultaneamente, emagrecendo. Bancos, empresas dos setores do petróleo, farmacêutico, automotivo e de seguros estão todos fazendo isso. A General Electric, o maior elefante de todos, engoliu 1.700 empresas em quinze anos sob a gestão de Jack Welch, culminando na maior aquisição industrial do mundo, a da Honeywell, outro conglomerado elefante. Mas Welch também era conhecido como o Nêutron Jack devido a sua ânsia incansável de cortar hierarquias e números das organizações que comprava.

O faturamento aumenta como resultado das fusões, mas os números dos funcionários também caem, com muitos deles sendo desligados da organização. Os afortunados que permanecem se veem trabalhando mais horas, mas recebendo mais dos frutos da empresa, geralmente com opções de compra de ações ou bonificações para complementar seus salários. Se algum dia as empresas originais dispuseram do tempo ou das informações para olhar para cinco anos atrás, descobrirão que a fórmula aconteceu, apesar de nunca terem ouvido falar nela ou a planejado deliberadamente.

— O que acontece depois de cinco anos? — lembro de ter perguntado ao presidente que tinha a fórmula da força de trabalho.

— A mesma coisa outra vez — respondeu ele. — Só que, dessa vez, em quatro anos.

Ele poderia estar certo?

Provavelmente. As velhas empresas apolíneas descobriram, tardiamente, que não se tem de fazer tudo sozinho se outros podem fazê-lo para você e, além disso, melhor e a custo mais baixo, porque é a especialidade deles.

Digo "tardiamente" porque alguns ramos de atividade antigos sempre trabalharam desse modo. Construtores, por exemplo, sempre contrataram serviços especializados. O setor editorial sempre foi um ramo virtual: exceto pela escolha de autor, tudo mais podia ser terceirizado, e, na maior parte, ainda é. Às vezes digo, brincando apenas em parte, que minha mulher e eu somos um negócio multinacional, produzindo em quinze países na última contagem, vendendo em trinta, sem funcionários na nossa folha de pagamento e sediados num chalé em East Anglia. Evidentemente, não conseguiríamos fazê-lo sem a ajuda dos nossos "parceiros de produção", nossos editores e os "parceiros de produção" destes ao longo do caminho. O que produzimos e possuímos é apenas a propriedade intelectual, encapsulada nas palavras e fotografias que produzimos em conjunto.

"Parceiros de produção" é o eufemismo usado pela Nike para sua rede de fabricantes de baixo custo no sudeste da Ásia. A Nike é o melhor exemplo conhecido de uma grande empresa virtual. "A Nike vende conceitos", afirma Jeremy Rifkin, o crítico social americano, descrevendo o fenômeno da terceirização nos Estados Unidos. Embora a Nike seja a maior fabricante do mundo de calçados esportivos, ela não possui fábricas, maquinário, equipamentos ou propriedades de alguma significância. O que ela tem é um sistema de informações que une tudo.

A Compaq, do mesmo modo, também não fabrica seus próprios computadores. A Ingram, uma empresa em Santa Ana, na Califórnia, sobre a qual poucos terão ouvido falar, fabrica-os para ela, assim como também para a IBM e qualquer outra empresa de computadores que lhes peça. A Ingram também entrega ao consumidor final, inclusive fazendo as cobranças e mantendo uma linha de suporte técnico, tudo sob a marca da Compaq. A Compaq projeta os computadores, cria o sistema de informações que permite ao fabricante produzir cada unidade após o recebimento do pedido, e os divulga através de suas agências de propaganda. Como a minha mulher e eu, a Compaq mantém um controle firme em sua propriedade intelectual, mas tem a satisfação de terceirizar tudo mais, deixando-o por conta dos especialistas.

É claro que a ideia realmente inteligente era fazer com que os clientes trabalhassem para você, tornando-se o que se poderia chamar de seus parceiros de compras, e fazendo-o de graça. Eu trabalhava no departamento de marketing da Shell quando a ideia de postos de gasolina de autosserviço foi primeiramente considerada. Que ideia mais maluca, pensamos todos. Por que alguém desejaria sair do carro, segurar uma mangueira fedida e suja para encher o tanque? Teríamos de oferecer grandes descontos para persuadir as pessoas. Nada disso; os clientes adoraram ter o controle e não precisar esperar para serem atendidos. Descontos não se fizeram necessários.

Do posto de gasolina à internet é um pequeno passo, conceitualmente. Agora, as empresas solicitam a seus clientes para fazer os pedidos através de seus sites. A General Electric estima que aceitar um pedido por telefone custa cinco dólares para processá-lo, mas se for feito on-line, custa apenas 20 *cents*. Obrigado, cliente, mas não espere um desconto. A empresa britânica EasyJet, por sua vez, oferece descontos para reservas feitas através de seu site, mas declara que, em breve, não aceitará reservas de outro tipo. Ninguém reclama.

Parece não haver limite lógico ao que pode ser dado aos outros para fazer. Novas possibilidades de parcerias incomuns são criadas. Empresas de consultoria não apenas se restringem a orientar, mas também oferecem gerenciamento. Como um indício do que está por vir, a EDS propõe-se a dirigir os negócios eletrônicos de seus clientes para eles. Fazem isso em troca somente de uma cota dos rendimentos gerados. O cliente provê o conteúdo, a EDS a tecnologia e a administração. Cada um por si, poderia se dizer, e todos ganham. Ou será que ganham mesmo? Quem, agora, é responsável pelo quê? A nova organização dispersa, subcontratada, e quase invisível é a desculpa perfeita para empurrar o problema adiante se alguém reclamar.

A franquia é, talvez, a forma mais visível da organização dispersa. Tornou-se a mais importante nova forma de organização de negócios desde o advento da corporação moderna, diz Rifkin. A franquia, alega, abrange agora mais de 35 por cento das vendas de varejo nos Estados Unidos. Tudo que você pensar pode ser, e está sendo, franqueado agora — salões de beleza, autoescolas, serviços de ensino, acampamentos de férias... a lista é interminável. Está se tornando rapidamente um mundo semelhante, enquanto os clones se multiplicam em nossas cidades e shoppings. Não é do meu agrado, receio. É, porém, uma maneira através da qual organizações podem crescer exponencialmente sem empregarem mais pessoas ou investirem mais capital. Significa também que milhares de pequenos novos estabelecimentos comerciais são abertos anualmente em todos os países. Franquias podem ser escolas para pulgas, o primeiro passo para se tornarem empreendedoras.

A nova modalidade de gestão é tornar-se virtual de uma maneira ou de outra. Tire os seus ativos físicos de seu balanço e coloque-os no de outro alguém. Faça o mesmo com seus funcionários, tirando-os de sua folha de pagamento e colocando-os na de outro. Ofereça seus requisitos em leilão na internet se quer ter certeza de obter o preço mais baixo. Desvincule a empresa. Fique com uma equipe de projetos e um sistema de informações e não muito mais. Exceto, é claro, com o problema crescente de administrar a nova cadeia de atividades e "parceiros" — a única coisa cujo custo nunca é orçado, porque nunca percebemos quanto isso será diferente e difícil. Durante a maior parte do tempo, a administração se torna uma negociação prolongada entre agendas divergentes. O perigo é que, na pressa de arranjar os especialistas, você se tornou uma daquelas organizações ocas que não passam de um conjunto de contratos, um nome sem uma identidade. Aqueles que não possuem alguma coisa, com frequência demais não se importam. Muitas boas ideias, quando levadas longe demais, tornam-se onerosas.

A realidade, evidentemente, é que as organizações não podem olhar para si mesmas de um modo tão legalista. Gostando ou não, são comunidades de indivíduos com seus próprios nomes, indivíduos que têm necessidades individuais, até contratos individuais. Esses indivíduos não são "recursos humanos", ou, pior, "a força de trabalho". Quando regressei do sudeste da Ásia para um cargo na sede da Shell em Londres, descobri que toda a correspondência partia, não de mim, mas da minha seção, MKR/34. Naquela torre de quadro apolíneo, não importava quem habitava a MKR/34, desde que esse quadro da pirâmide fosse habitado. Notei que meu nome na porta do escritório estava numa plaqueta plástica encaixada abaixo do título em relevo da seção. Na linguagem da teoria da época, eu era claramente apenas um "ocupante temporário de uma posição", não um indivíduo único.

Desanimei. Era de ombros caídos que eu entrava a cada manhã naquele edifício, enfrentando mais um dia de anonimato.

Quanto mais dispersa uma organização se torna, mais importante se torna a confiança entre alguns desses indivíduos únicos. É, segundo dizem, a economia do "R" agora, o R se referindo a Relacionamentos. As perguntas são as seguintes: Quantos indivíduos você pode conhecer bem o bastante para chamar pelo nome, para estar seguro de que pode contar com eles ou confiar neles? Entre cinquenta e cem, talvez? Por certo, não mil. E a que ponto você pode conhecer bem uma pessoa se nunca a conheceu, exceto por e-mail ou numa videoconferência? Fico constantemente surpreso em ser convidado para falar em conferências e encontros sobre gestão. Por que, nesta era virtual, as pessoas precisam arcar com o custo e ter o trabalho de viajar para algum hotel distante para assistir a apresentações em Powerpoint que poderiam ver mais facilmente na privacidade de seu escritório ou em casa e fazer suas perguntas por e-mail? Elas vão até lá mais para se conhecerem do que para me ouvir. Estou lá principalmente para legitimar as despesas de viagem delas.

Cinco anos atrás, fui à Feira do Livro de Frankfurt, algo que os autores não são incentivados a fazer porque é desanimador demais ver trinta e tantos quilômetros dos livros dos outros em exposição! Informaram-me que talvez eu visitasse a última exibição dessa feira, levando-se em conta quanto a comunicação eletrônica estava avançada e que os contratos de livros poderiam ser negociados mais eficientemente de escritório para escritório. Não voltei mais, mas, pelo que sei, a feira está maior e melhor do que nunca. As pessoas, ao que parece, precisam se conhecer pessoalmente se vão ter um relacionamento. Uma sábia decisão, se é verdade que 70 por cento da comunicação dependem do olhar, do tom de voz e da linguagem corporal, restando apenas 30 por cento para as palavras propriamente.

Para que as corporações de hoje em dia trabalhem eficazmente, têm de criar unidades operacionais pequenas o bastante para que todos se conheçam pelo nome. Também precisarão estabelecer contatos frente e frente entre os principais participantes nas diferentes partes daquele mapa de voo. Não é de surpreender para mim, embora seja às vezes para os contadores, que a fatura de despesas de viagens de uma organização não diminua — enquanto a fatura com telecomunicações aumenta —, mas, na verdade, cresça. Você precisa conhecer alguém pessoalmente a fim de saber se pode contar com ele, até ao ponto de entender o que os e-mail por vezes cifrados dele significam.

Fiquei impressionado com a relevância de um ensinamento sufi com que deparei recentemente: pelo fato de entender um, você acha que também entende dois, porque um e um são dois, mas você também tem de entender o "e". As novas organizações dispersas estão descobrindo agora quanto há envolvido nessa pequena palavra de ligação.

Agora, o cliente também tem nome, com necessidades e características individuais. Há dinheiro em um nome. Parece que, crescentemente, pagaremos para ser tratados como um indivíduo único. Os automóveis agora são personalizados, feitos sob encomenda. Você pode visitar um site e ver seu carro sendo feito. Ao fazer o *check in* no hotel Ritz Carlton, entregaram-me um pacote com os dizeres: "Aguardando o retorno do sr. Handy". Continha um nécessaire que eu havia esquecido seis meses antes. Eu poderia ter-me arranjado sem ele, era velho e gasto, mas fiquei impressionado com a evidente consideração, embora tenha me dado conta de que tudo era feito por computadores. A Amazon.com e seus muitos imitadores bombardeiam você com sugestões preparadas de acordo com o seu gosto individual, baseadas em suas compras anteriores.

Essa personalização de tudo é mais do que uma simples jogada. Se você pensar em nós como indivíduos que somos, cada um de nós, como um acúmulo potencial de oitenta anos de dinheiro. As organizações querem uma fatia disso. LTV (Life-Time Value), ou "valor vitalício", é o novo *slogan* de marketing. Se a empresa puder nos ligar a ela, obtém um acesso preferencial a esse fluxo de dinheiro. Saber seu nome é apenas o começo. Há muito tempo bancos tem concedido empréstimos baratos a jovens universitários na esperança de que continuem com eles quando enriquecerem. As companhias aéreas cativam seus clientes com a recompensa pelo acúmulo de milhagens. Cada organização se empenha em criar uma lealdade para com a marca dela, o que manterá você preso a seu universo. Com cada vez mais frequência, oferecerão a você um produto de graça, um software, por exemplo, em troca do seu nome, endereço e ocupação. Você está lhes dando acesso ao seu LTV e ao início do que eles esperam ser um relacionamento pessoal contínuo.

A tecnologia acresceu força às novas ondas de parceria e pessoas, mas isso teria surgido de qualquer modo. O passo da inovação e as pressões de mais mercados abertos e competição mais acirrada forçaram as corporações a ficarem mais enxutas e flexíveis. Ideias e conhecimento também se tornaram mais importantes do que nunca nesse panorama, mas esses residem na mente dos indivíduos ao invés de nas máquinas. A personalização da corporação e a ascensão do indivíduo único são o resultado. Significa que os novos elefantes terão de ser muito diferentes da Shell que conheci outrora e mais difíceis de dirigir.

O velho sempre tem de ir para dar espaço ao novo. Olho de volta agora com certa nostalgia para os meus dias na Shell. Não, eu não me enquadrava. Mas era um lugar amistoso, bem menos político, como descobri mais tarde, do que o mundo acadêmico, que, por sua vez, era mais agradável do que o mundo religioso em que entrei depois. Embora em princípio eu tenha ficado radiante em achar que a Shell cuidaria da minha vida, passei a me ressentir da pretensão deles de que sabiam o que seria melhor para mim, mas foi algo feito de modo benevolente e com a devida consideração. Os velhos elefantes pertenciam a uma era que ficou no passado, mas tratava-se, de muitas maneiras, de uma era mais generosa, mais gentil. Muitos dos que os conhecerem, desconfio, sentirão falta deles.

OS ELEFANTES DO FUTURO

Os elefantes ao estilo antigo podem ter desaparecido para sempre, mas grandes organizações ainda serão necessárias, serão, na verdade, mais poderosas e maiores em seu alcance do que nunca. A maioria de nós ainda estará ligada a elas de um jeito ou de outro, trabalhando com elas ou para elas, vendendo para elas ou comprando delas, gerenciando-as ou sendo gerenciada por elas. Inevitavelmente, o futuro dessas organizações dizem respeito a todos nós.

Elas terão, entretanto, de ser muito diferentes em termos das maneiras e dos hábitos daquelas que costumávamos conhecer. Haverá tempos difíceis pela frente para esses gigantes do comércio e o meio de evitarem isso é se renovando, levando aqueles que trabalham para eles tão a sério quanto aos que as financiam e lembrando que as leis do mercado não têm precedência sobre as exigências da justiça e ética.

Os novos elefantes enfrentam quatro desafios principais:

1. Como crescer, mas continuando pequenos e pessoais.
2. Como combinar criatividade e eficiência.

3. Como ser prósperos, mas também socialmente aceitáveis.
4. Como recompensar tanto os donos das ideias quanto os donos da empresa.

O Primeiro Desafio

Em setembro do ano 2000, Kofi Annan, Secretário-Geral das Nações Unidas, dirigiu-se aos os líderes mundiais reunidos ao término da conferência do milênio em Nova York. Ele concluiu que se havia uma coisa que fora aprendida no século vinte era que "os sistemas planejados de modo centralizado não funcionam". Ninguém saiu. Ninguém fez comentários. Era uma verdade evidente. O mundo aprende lentamente, mas, ao final, aprende; ou melhor, desaprende seus velhos dogmas. Como as organizações. Desaprender, porém, embora seja um bom começo, não diz o que se fazer, então.

O grande problema que os novos elefantes enfrentarão nas décadas pela frente será como administrar a longa cadeia de parceiros de diferentes tipos e tamanhos, aquele mapa de rotas de companhia aéreas em vez da pirâmide de quadros. Some-se a isso o fato de que os aviões dessas rotas são comandados por indivíduos com mentes e aspirações próprias e se tem alguma ideia do desafio que os gestores dos elefantes enfrentam ao tentarem entender o sentido de tudo. A organização resultante é mais do que uma matriz, dizem os consultores; é uma rede, até uma rede complexa. Prefiro chamá-la de uma federação. É a resposta para o primeiro desafio, a necessidade de ser grande e pequena ao mesmo tempo.

O federalismo é uma maneira comprovada de combinar comunidades de escala humana com o tipo de conglomerados de escala imensa que são necessários para lidar com um mundo que é, como nos dizem constantemente, uma só aldeia, um só mercado, uma só ecologia, uma só entidade política. Sinto-me cada vez mais convencido de que o federalismo é uma forma organizacional inevitável se combinarmos nossa necessidade de organizações ou comunidades menores com as quais possamos nos identificar e daquelas com força o suficiente para abranger o mundo. Assim sendo, é importante que todos entendam o que ela é e como funciona. Sou um embaixador assumido do federalismo, seja no governo, nos negócios, ou em áreas como a saúde, educação e o setor voluntário.

Infelizmente, o federalismo é um sistema político que é pouco compreendido na Grã-Bretanha, ou até mesmo nos Estados Unidos, o país que é seu mais avançado praticante e berço dos *The Federalist*, aqueles ensaios do final da década de 1780 que, com tanta eloquência, explicaram seus princípios. É, porém, uma forma de governo que está abrindo caminho até as organizações empresariais enquanto elas buscam englobar o mundo e, ainda assim, permanecer pequenas o bastante para serem atentas em termos locais. Aonde as empresas conduzirem, movidas pela necessidade de serem competitivas, nações e partes de nações as seguirão. O Reino Unido da Grã-Bretanha será, um dia, a Federação Britânica. A Alemanha e a Espanha já são países federativos. Itália e França também se tornarão. A Europa acabará sendo uma confederação, um tipo mais brando de federação, com até setenta e cinco ecorregiões, algumas ainda unidas como nações federativas. Dentro de dez anos? Provavelmente não, mas está a caminho.

O federalismo não é uma receita para o centralismo, como os britânicos parecem temer. É completamente o oposto. Foi a escolha preferida das colônias norte-americanas, que não queriam lembranças da monarquia, e dos novos domínios, Canadá e Austrália. É deliberadamente projetado para haver certeza de que nenhum grupo possa dar ordens aos demais.

O federalismo é, na verdade, centralista e descentralista ao mesmo tempo, mantendo no centro aquelas funções e decisões que podem ser melhor realizadas lá, mas permitindo que tudo mais seja conduzido pelas partes. O complicado é definir qual é qual. Intrigantemente, o centro pode ser disperso, permitindo que algumas das partes assumam algumas das funções do centro em favor do todo. O diretor de pessoal da ABB na Itália era também ao mesmo tempo responsável pelo desenvolvimento do gerenciamento em toda aquela imensa empresa global. Na União Europeia, embora não sejam propriamente federalistas, os países individuais abrigam alguma das instituições pan-europeias, criando um centro disperso.

O federalismo permite que unidades independentes cooperem sem perder sua própria identidade. A ideia de que a soberania é indissolúvel e não pode ser partilhada é falsa propaganda. O Texas é o Texas e também americano; a Baviera tem sua própria identidade e parlamento, mas é também ao mesmo tempo alemã e europeia. Ninguém na minha terra natal da Irlanda se sente menos irlandês pelo fato de o país ser parte integrante da nova Europa. O federalismo é, portanto, o mecanismo ideal para se combinar parceiros de todas as formas, tamanhos e padrões de propriedade num todo coerente.

A federação, no entanto, tem a probabilidade de ficar unida apenas se as partes forem interdependentes de modo a não poderem agir tanto por conta própria quanto podem como parte de uma organização maior. Um conjunto de empresas separadas, um conglomerado, não é uma federação e pode ser dispersado tão facilmente quanto foi reunido. A ITT e a Hanson eram conjuntos presididos por um monarca. Quando o monarca saiu, o conjunto ruiu. A General Electric nos Estados Unidos ainda tem de demonstrar que o mesmo não acontecerá quando seu monarca, o grande Jack Welch, colecionador de empresas notável, sair. A Califórnia é a sexta maior economia do mundo e poderia facilmente se sustentar por conta própria, mas teria, entre outras coisas, de criar suas próprias forças de defesa e seu próprio serviço diplomático. Mantém-se bem melhor como parte dos Estados Unidos.

Algo um tanto impertinente para um estrangeiro, uma vez descrevi os cinco princípios tradicionais do federalismo numa publicação americana, o *Harvard Business Review*, e os interpretei para organizações. É importante mantê-los claros na nossa mente, pois o federalismo só dará certo se os princípios forem respeitados.

O primeiro entre eles é aquele termo feio mas crucial: a subsidiariedade. Ela requer que o poder resida tão perto quanto possível da ação e mantém ser moralmente errado para os que estão acima ou no centro roubar decisões que pertencem devidamente a outros. Gerentes, incluindo a mim mesmo, infringem esse princípio com frequência demais, desmotivando e tirando o poder daqueles a sua volta. É o princípio por trás dos direitos dos estados.

Há também os princípios da dupla cidadania, a ideia de que você pode pertencer tanto à unidade menor quanto à maior e sentir-se comprometido com ambas; o princípio da separação de poderes, para que nenhum grupo possa ser legislador, executivo e juiz ao mesmo tempo; e os princípios de uma lei básica de uma moeda comum que mantenha o todo junto.

O federalismo é um mecanismo político experimentado e testado. Sabemos como funciona e quais são seus empecilhos. Colocá-lo em operação nas organizações de negócios é um reconhecimento de que essas organizações são comunidades e de que a velha linguagem de engenharia não é mais adequada. Comunidades tem de ser guiadas, influenciadas e persuadidas, em vez de comandadas. Seus cidadãos exigem uma voz no futuro deles, querem que confiem neles e que lhes sejam dadas oportunidades de crescimento.

Não é um modelo apenas para organizações de negócios. Depois que deixei a Shell e voltei do curso no MIT, eu me vi, para minha surpresa, numa instituição federal. Tive a chance de vivenciar o fenômeno em primeira mão. A Universidade de Londres é uma instituição federal com cerca de trinta corpo constituintes pertencentes a ela, incluindo instituições distintas como a London School of Economics, o Imperial College, como também a London Business School, onde fui trabalhar. Na Business School, tínhamos grande dose de liberdade, mas, a fim de podermos usar a marca da universidade, seu diploma, precisamos abrir mão de alguns direitos. Alguns foram retidos. Por exemplo, o direito de vetar nossa seleção de alunos, caso eles não estivessem à altura dos padrões gerais da universidade. Na época, como diretor de programa, considerei isso como uma interferência injustificável, mas foi antes de eu ter entendido o federalismo. O entendimento promove a tolerância.

O Serviço Nacional de Saúde da Grã-Bretanha é uma organização caminhando lentamente rumo ao federalismo, com as curadorias de hospitais e prática dos médicos quase autônomas, mas unidas — bastante unidas — por um sistema de normas e uma espécie de moeda comum com a qual seus membros trocam seus serviços. O fato de não funcionar tão bem deve-se principalmente ao fato de que os membros não reconhecem que fazem parte de uma federação, uma forma política reconhecida com um conjunto de princípios.

As instituições nacionais de voluntários inevitavelmente acabam se tornando federativas. Um comando central e um sistema de controle não funcionam quando a maioria dos participantes é de voluntários, querendo alguma voz local ativa no que fazem.

— Eu não conseguiria lidar com todas essas sucursais elegendo seus representantes regionais que, então, elegem a diretoria nacional que diz ao restante o que fazer — declarou a chefe de uma instituição de caridade notavelmente bem-sucedida. — A população local sabia melhor o que tinha de ser feito em sua área. Meu trabalho no centro era o de ajudar, não interferir no caminho das pessoas, ou tentar fazer as coisas por elas. — Ali falou a federalista que o era sem perceber. Precisamos de mais gente como ela.

O Segundo Desafio

A resposta para o segundo desafio — a necessidade de combinar criatividade com eficiência — é uma quantidade indispensável de alquimia, devidamente administrada. Dificilmente precisa ser enfatizado que a inovação e o empreendimento são essenciais para a sobrevivência de qualquer organização em tempos tão turbulentos. Após estudar vinte e uma civilizações fracassadas, o historiador Arnold Toynbee concluiu que a queda delas se deu em consequência de "propriedade concentrada" e de "inflexibilidade mediante a mudança de condições". Olho para os conglomerados crescentes de corporações elefante e me preocupo — as pulgas bem menores podem introduzir flexibilidade e inovação o bastante no sistema para impedir que os elefantes se apoderem de tudo?

Minha mulher é fotógrafa e, em 1997, resolvemos fazer um projeto em conjunto. Ela queria conhecer e fotografar pessoas criativas. Eu queria tentar entender as motivações e as origens dos empreendedores, pessoas que haviam começado organizações, nos negócios, nas artes ou na comunidade. Decidimos chamá-los de alquimistas, o que significa pessoas que criam algo do nada, ou transformam metal em ouro. A palavra soou menos impetuosa do que empreendedor; ela capturava parte do idealismo que vimos nessas pessoas, qualquer que fosse sua área de atuação. O projeto se tornou um livro, *The New Alchemists*, com os interessantes retratos de Elizabeth, complementos perfeitos que combinavam diferentes aspectos da mesma pessoa numa foto, porque, disse ela "há sempre mais de um aspecto em quem somos". Contribuí com um texto breve sobre a pessoa e sua história e objetivos de vida.

Esses alquimistas, me dei conta enquanto olhei para as vinte e sete fotos, eram exatamente os tipos de pulgas que os elefantes precisavam usar para mantê-los na dança. Muitos daqueles que trabalham nos elefantes são pessoas acomodadas, como eu era, para ser franco. Sentem-se contentes em lidar com as coisas que vierem pela frente sem tentar nada novo. Os alquimistas, observei com admiração, não reagiam aos acontecimentos, eles queriam moldá-los, fazer a diferença. Possuíam três características que tornavam isso possível.

Primeiro, tinham paixão. A paixão era uma palavra que se destacava em todas as entrevistas, uma paixão pelo que faziam, quer fosse começar um negócio, criar uma companhia de teatro ou revitalizar uma comunidade em declínio. Essa paixão, a convicção de que o que estavam fazendo era importante, deu-lhes a segunda característica, a habilidade de saltar para além do racional e do lógico e aterem-se a seu sonho; se necessário, lutando contra todas as evidências em contrário. Eles também tinham a capacidade negativa sobre a qual o poeta Keats uma vez falou numa carta aos seus irmãos: "é quando um homem é capaz de enfrentar incertezas, mistérios, dúvidas, sem nenhuma busca impaciente por fatos e razão". Para Keats, essa era a chave da criatividade. É preciso uma certa obstinação, talvez até arrogância, para que alguém se atenha a um sonho mesmo lutando contra todas as evidências em contrário. Isso todos os alquimistas tinham.

Uma capacidade negativa, entretanto, seria de pouca valia sem o atributo final do alquimista: um terceiro olho. Eles olhavam para as coisas de maneira diferente. Meu exemplo favorito nos foi dado por sir Terence Conran, famoso agora como designer e proprietário de restaurantes. Mas ele não começou rico. Jovem e sem dinheiro em Londres, Terence e um amigo resolveram abrir um estabelecimento com comida barata para jovens como eles mesmos. Isso foi nos anos cinquenta, quando a qualidade da comida britânica era péssima. Terence se ofereceu para ir a Paris para trabalhar como lavador de pratos num restaurante a fim de aprender alguns segredos do ramo. Voltando, disse ao amigo:

— Descobri uma verdade universal: *chefs* são uns cretinos!

Usando seu terceiro olho, eles resolveram criar um restaurante sem um *chef*. Surgiu seu primeiro Soup Kitchen de Londres, onde um caldeirão de ótima sopa estava sempre de prontidão, com apenas dois homens, pão francês e o que era ainda, então, a segunda máquina de café expresso de Londres.

Mas onde, perguntei-me, eles encontraram aquela capacidade negativa como também a autoconfiança para lidar com o sistema, para fazer uma tentativa, para ir em busca do próprio sonho? A genética deve ter tido algo a ver com isso, embora não tenhamos encontrado quaisquer antecedentes óbvios de alquimistas nas histórias pessoais deles. Uma infância na qual a experimentação e o empreendimento em pequena escala são encorajados pelos pais também parece desempenhar seu papel.

Mais crucialmente, porém, a maioria das pessoas que foram usadas como amostragem, em algum ponto, recebeu uma daquelas sementes de ouro que o meu professor me deu. Alguém a quem respeitavam — um professor, um primeiro chefe, um clérigo ou um padrinho — identificara um talento em particular e lhes dissera que eram especiais nesse aspecto.

— Quando tirei minhas notas A — contou-me uma alquimista, Dee Dawson —, meu professor de biologia me disse que eu havia obtido as melhores notas na região inteira. Foi, então, que eu soube que era inteligente.

Fortalecida por essa crença, ela se inscreveu na faculdade de medicina aos trinta anos, apesar de ter três filhos pequenos, ingressou, formou-se e fundou a primeira clínica residencial para crianças anoréxicas da Grã-Bretanha.

Finalmente, suspeitamos que os alquimistas tiraram força de uma atmosfera ao seu redor de experimentação e criatividade. Restringimos propositadamente nossa amostragem a Londres, acreditando que era uma cidade dinâmica no final do século XX e onde a criatividade desabrochava. Parece haver agrupamentos de inovação em diferentes partes do mundo — O Vale do Silício e a área da Baía de San Francisco; Barcelona e Dublin, na Europa; Sydney, na Austrália. Algumas das pessoas de nossa pesquisa se mudaram para Londres porque "é onde a ação está".

Na medida em que ouvia os alquimistas, perguntei-me como eles sobreviveriam caso trabalhassem para um elefante. A paixão, senti, originava-se amplamente na propriedade deles da ideia, tanto a psicológica quanto a legal. A identidade deles estava ligada de modo inextricável a seu projeto, que geralmente levava o nome de cada um. As grandes organizações poderiam permitir a indivíduos criativos o espaço para experimentação e, se bem-sucedida, o direito de serem identificados junto com o produto final e de ter algum grau de propriedade legal? Tolerariam o desperdício gerado quando experiências não dessem certo? As organizações são capazes de aprender a plantar sementes de ouro no lugar de suas entrevistas de avaliação de desempenho?

Se a cultura de Apolo ainda prevalecer, a resposta para essas perguntas será, inevitavelmente, "apenas com grande dificuldade". Nessas culturas, a criatividade interfere na eficiência ordenada. Criatividade e experimentação são desorganizadas e indesejadas para a mente lógica. A estrutura federal, contudo, permitir que unidades separadas sejam inovadoras sem afetar a organização inteira, a menos ou até que o êxito tenha sido demonstrado. Uma estrutura federal permite que uma organização aprenda de dentro de si mesma. Agrupamentos de experimentos podem ser cultivados, sementes de ouro podem ser plantadas onde se justifique e jovens encorajados a serem inventivos, tudo sem perturbar o progresso ordenado da organização.

Algumas organizações criam seus próprios agrupamentos para criatividade às margens. A Xerox estabeleceu famosamente seu Parc em Palo Alto, na Califórnia, mas, então, ignorou suas melhores ideias, como, por exemplo, o computador pessoal. As ideias de outras pessoas nem sempre são bem-vindas na base. Outras empresas estabeleceram seu próprio banco interno de capital de risco, concedendo verbas a qualquer grupo que apareça com uma ideia que valha a pena ser explorada. J.P. Morgan, por exemplo, lançou o que chama de LabMorgan, uma unidade de financiamento eletrônico de um bilhão de dólares que apoiará ideias promissoras oriundas de dentro e de fora da empresa. Esperam que ela atraia futuros alquimistas para se juntarem ao que tem sido encarado como uma organização conservadora.

Alternativamente, expandindo ainda mais sua rede, as empresas formam parcerias com universidades de pesquisa a fim de explorar desenvolvimentos científicos de corpo docente e alunos. Nosso próprio estudo das cidades dinâmicas dá a entender que é uma combinação de universidades de pesquisa com suas novas ideias, finanças disponíveis, uma comunidade de artes florescente, arquitetura estimulante e uma boa infraestrutura de comunicações que sustenta os agrupamentos para criatividade. Por si só, as organizações não conseguem criar essas condições, mas podem colaborar com elas.

Em 1998, Elizabeth e eu fomos convidados para ir a Cingapura pelo governo de lá para dar uma olhada no esboço do projeto deles em torno de seus recursos humanos. Um de seus problemas, disseram, era a necessidade de criarem uma cultura mais empreendedora. Entre todas as condições para um agrupamento para criatividade, apenas a parte financeira e a infraestrutura de comunicações existiam. Na cidade de quatro milhões de habitantes, não havia instituições profissionais de artes. A primeira galeria de arte acabara de ser inaugurada, mas ainda não existiam instalações para pesquisas científicas nas universidades. Cingapura era uma cidade atarefada, mas não dinâmica. O único empreendedor autêntico deles, o qual nos mostraram, havia, na realidade, começado seus negócios na Califórnia e em Dublin antes de levar parte deles a Cingapura.

Em seu favor, o governo havia reconhecido o problema e dera o primeiro passo mudando as prioridades de seu sistema educacional, diminuindo o currículo básico em 30 por cento para deixar espaço para a experimentação. Haviam construído um ótimo novo centro para as artes dramáticas, mas ainda não dispunham de atores para colocar lá. Era bom, pensamos, que esse projeto para os recursos humanos estivesse olhando para vinte anos à frente; agrupamentos para criatividade levam tempo para ser construídos.

Um grande problema na maioria dos países é a falta de alquimia no governo, o maior elefante de todos. O governo britânico tem seu grupo central de especialistas em soluções, chamado de diferentes nomes por diferentes administrações, mas a ideia de que possa haver alquimistas nos ministérios é estranha. Funcionários públicos são naturalmente avessos a riscos. Quem não seria quando assumir a responsabilidade significa ser punido por erros em vez de ser recompensado por sucesso e empreendimento? Em vez de um "pulguedo" central, não seria mais produtivo criar-se um núcleo de capital de risco, o qual financiaria projetos experimentais em qualquer área, legitimando, dessa forma, o experimento e espalhando o dinamismo para além do centro? Do modo como as coisas estão, a falta de qualquer alquimia interna significativa proporciona oportunidades para que aqueles de fora comecem as suas próprias fábricas de ideias, mas sem qualquer responsabilidade ou autoridade para a implementação destas, eles comumente são apenas pulgas dançando na brisa.

Organizações inteiras podem se tornar, às vezes, agrupamentos dinâmicos. Os primeiros tempos da Apple, sob a direção de Steve Jobs, foram notavelmente criativos. Era uma organização quase inteiramente composta por pulgas individuais aspirando a mudar o mundo, um agrupamento de vinte e poucos alquimistas. Mudaram muita coisa; o mundo de "apontar e clicar" em que agora vivemos foi criação deles. As coisas deram errado quando o sucesso deles os transformou num elefante. Bill Gates, até então, tinha sido mais bem-sucedido em Seattle, transformando pulgas em milionários, enquanto ainda mantém um dos elefantes mais ricos do mundo um tanto inconstantemente no caminho. O dinheiro, essas pulgas e os alquimistas diriam, não é o que importa, mas, assim mesmo, relutariam em ver outros obtendo todos os ganhos obtidos pela criatividade e motivação deles.

Por essas razões, tem sido, até então, mais fácil para os elefantes comprarem os resultados dos alquimistas quando o êxito foi comprovado, frequentemente descartando o alquimista original e ficando com o produto dele. Desse modo, o alquimista encontra os meios para fazer isso ou algo semelhante outra vez, porque alquimistas não gostam da ideia de se aposentar. Terence Conran aproxima-se dos setenta, mas suas ideias simplesmente se tornam mais ambiciosas. Michael Young, o príncipe dos alquimistas sociais, que iniciou quarenta e nove instituições em sua época, incluindo a precursora da Open University da Grã-Bretanha, está na casa dos oitenta e, três anos atrás, fundou seu mais ambicioso projeto, uma escola para empreendedores sociais.

Alguns procuraram a resposta em Hollywood, não em seus filmes, mas na maneira de a indústria se organizar. Foi algo bem descrito por John Howkins em *The Creative Economy*. Hollywood, diz ele, está centrada em volta de pessoas criativas tanto diante das câmeras quanto atrás delas, a maioria paga pelo estúdio, mas não empregada por ele. Hoje em dia, os estúdios empregam apenas os gerentes do alto escalão e a equipe administrativa. O restante é composto de autônomos, geralmente trabalhando através de suas próprias empresas.

A indústria cinematográfica tem de ser infinitamente alquímica. A essência de seus negócios requer que eles produzam uma interminável sucessão de ideias extraídas do nada e que possam ser transformadas em produtos. Não existe uma situação de estabilidade num estúdio de Hollywood. Os produtores esquadrinham o mundo em busca de possíveis assuntos para seus filmes, levando as pulgas consigo por algum tempo, para trabalharem num projeto, talvez numa empresa temporária, ou como funcionários eventuais, convocados apenas quando são necessários. Hollywood também cultiva um agrupamento dinâmico. Ela abriga, segundo aponta Howkins, não apenas a maior indústria do cinema, mas também as maiores produtoras de tevê do mundo, que, juntas, sustentam um setor inteiro de talentos, fornecendo de tudo, desde os astros a animais e advogados.

Não é de admirar que, quando dois elefantes japoneses, Sony e Matsushita, se mudaram para Hollywood, comprando a Columbia

Pictures e a Universal Studios respectivamente, viram-se fora de seu elemento nesse mundo de pulgas e alquimistas. Conforme Barry Diller, o bem-sucedido empresário do entretenimento, colocou: "A questão da propriedade corporativa é irrelevante. O que importa é a energia, o caráter e a capacidade empreendedora dos indivíduos. O resto é bobagem". Outros elefantes deveriam tomar nota.

O Terceiro Desafio

Na medida em que os elefantes aumentam de tamanho, também se tornam mais evidentes. Deparam, então, com as exigências conflitantes de lucratividade e aceitação social. Não basta mais alegar que pagam seus impostos e que o restante é responsabilidade do governo.

Os elefantes podem ter emagrecido, estando até ocos, em seus núcleos, alongados e expandidos pelo mundo, mas ainda parecem colossais aos observadores externos. Em novembro de 2000, minha velha amiga Shell anunciou que seus lucros apenas para o último trimestre foram de 2 bilhões de libras. A Vodaphone, o mais novo mamute, igualou a cifra poucos dias depois, mas a BP venceu com resultados trimestrais de 2,5 bilhões de libras. Na semana seguinte, no parlamento britânico, o Ministro da Fazenda anunciou que tamanho foi o êxito da economia britânica que ele poderia, no ano seguinte, devolver 2 bilhões de libras aos contribuintes de algumas maneiras.

Estritamente falando, os números não devem ser comparados porque nações não declaram lucros, mas é fácil ver por que muitos observadores acham que as grandes corporações são agora mais ricas e poderosas do que muitas nações. A Nokia vale mais do que o PIB de seu país de origem, a Finlândia. As pessoas se preocupam que esses novos estados corporativos não tenham de responder a ninguém exceto seus financiadores, que possam trocar de países por capricho, deixando fábricas vazias ou armazéns para trás, que seu poderio financeiro deixe os governos em dívida com eles e que as preocupações que professam pela comunidade ou o meio ambiente sejam meros gestos vazios. As pessoas têm a sensação de que os elefantes possam estar fora do controle de todos.

É em parte uma ilusão. Para começar, a fatia na economia global das cinquenta maiores empresas vem caindo, não aumentando. Sofreu uma queda de 30 por cento para 28 por cento nos cinco anos de 1993 a 1998 e está previsto que caia para 15 por cento até 2020. Com frequência, também, as chamadas multinacionais não são multinacionais em absoluto, mas companhias nacionais com operações e parcerias no exterior. Talvez apenas a ABB, o incomum sueco-suíço gigante da engenharia com mais de 1.500 empresas operantes na maioria dos países do mundo, poderia realmente ser chamada de uma organização multinacional. Até a Shell ainda é uma empresa britânica e holandesa em sua essência. Elas ainda estão enraizadas em sua terra natal e pagam a maior parte de seus impostos lá. Continuam no raio de alcance dos governos e povos de sua terra.

O que preocupa muitas pessoas, inclusive a mim, é a maneira como os elefantes estão se casando ou engolindo uns aos outros, fundindo suas identidades e se tornando meros amontoados de iniciais, exatamente como a ABB. Há muito esquecemos que ABB quer dizer Asea Brown Boveri, os nomes de pessoas de verdade outrora. As empresas costumavam carregar os nomes de seus fundadores e donos. Representavam algo, além de seus lucros. Quando elas se convertem em suas iniciais, estão deliberadamente se distanciando de seu passado. No processo, geralmente perdem sua personalidade, tornam-se anônimas e desaparecem da tela de nossos radares.

Algumas, como a IBM ou a GE, reconstruíram-se como uma marca, mas é algo que leva tempo. É difícil para que o público em geral confie em organizações que decidem se denominar AXA ou RSA, Vivendi ou Diageo, nomes vazios, tem-se a sensação, para comunidades vazias. Não são apenas, nos perguntamos, conglomerados ou empresas, reunidos por conveniência econômica, e com a probabilidade de tornarem a se separar quando a conveniência for recalculada? Onde está a responsabilidade final para com o restante de nós em meio a todas essas uniões e separações?

Igualmente perturbadores são os efeitos culturais da clonagem dos elefantes, as organizações de franquias, a maneira fácil para que os negócios de varejo cresçam. O paradoxo aqui é que, na busca de uma maior aproximação com mais clientes, a onda da franquia conduziu ao desaparecimento da pequena organização pessoal. Nossos municípios tornaram-se cópias uns dos outros, os mesmos clones de estabelecimentos enfileirando-se lado a lado. Estamos transformando o mundo numa Starbucks. As manifestações contra a globalização em 2000 foram tanto em relação à contaminação cultural que a globalização provocou quanto ao poder de instituições internacionais como a Organização Mundial do Comércio, ou o Fundo Monetário Internacional.

Justificadas ou não, as percepções importam, conforme tais manifestações provaram. Clientes e potenciais empregados estão se tornando seletivos. Em 2001, havia mais de cem sites na internet censurando ferrenhamente corporações. A Monsanto se viu alvo de uma enxurrada de insultos quando tentou vender suas "sementes suicidas", que não se reproduzem, para os agricultores do Terceiro Mundo, o que significava que eles não poderiam mais guardar sementes para o ano seguinte, mas teriam de comprar novas. A Monsanto perdeu a batalha e seu bom nome. As reputações contam e marcas são coisas frágeis, conforme a Shell descobriu à própria custa nos anos noventa depois de ter sido acusada de poluir o meio ambiente no Mar do Norte e de desrespeitar os direitos humanos na Nigéria. Quem teria esperado que motoristas da Alemanha disparassem balas nos postos de gasolina da Shell para protestar contra as atitudes da empresa no Mar do Norte e na Nigéria?

Os gerentes que conheço da Shell e de outras empresas são pessoas decentes; não saem por aí deliberadamente para explorar nada, nem ninguém; são pessoas que, em suas vidas particulares, partilham a preocupação com o meio ambiente e com os pobres do mundo. Mas "olhamos duramente para nós mesmos como uma empresa", declarou a Shell corajosamente, "e não gostamos muito do que vimos". Eles entenderam que têm de trabalhar mais arduamente não apenas para não serem bons, mas para serem vistos como bons. A responsabilidade social tem de ser redefinida pelas grandes corporações. Não é algo que envolve dar um pouquinho de seus lucros aos pobres. Não é quanto dinheiro você ganha e o que faz com ele que está em discussão. É como você dirige seus negócios e como equilibra os requerimentos de diferentes grupos de interesse.

Auditorias ambientais e sociais levadas a público e uma tripla conclusão de resultados que mede progresso segundo critérios ambientais e sociais, além do financeiro, estão se tornando a prática padrão entre as empresas líderes. Impelida, aparentemente, por um grupo de seus jovens executivos, a BP/Amoco anunciou que BP agora significa Beyond Petroleum. Um toque bom demais para ser verdadeiro, talvez, e a BP ainda tem de colocar algo substancial por trás de suas belas palavras, mas é uma indicação de que a nova força de trabalho quer um propósito para seu tempo e seu trabalho que seja mais do que o aumento do valor das ações. Querem pensar que estão ajudando a tornar o mundo um lugar melhor. As empresas não podem mais comprar respeitabilidade com um pouco de filantropia. Cada vez mais, queremos saber *como* elas ganham seu dinheiro, além de quanto ganham. Elas não podem controlar tanto dinheiro quanto países inteiros e esperar não ser responsabilizadas pela maneira como o fazem.

Recentemente, o governo britânico solicitou a administradores de fundos de pensão a declararem seus valores éticos em seus relatórios e talvez inclua um requerimento semelhante numa lei comercial revisada. Esse tipo de atribuição de responsabilidade formal só pode ajudar aqueles no comando das empresas a lembrar que elas são mais do que apenas uma máquina de fabricar dinheiro. Também são uma comunidade dentro de outras comunidades e têm de conquistar o direito de operar. Os líderes corporativos que conheço acham tais requerimentos legais bem-vindos porque eles colocam o ônus em seus concorrentes de agirem como eles.

Ao final, contudo, as corporações serão responsabilizadas por suas ações públicas mais por seus clientes e funcionários do que pelos acionistas, ajudados por grupos que exercem pressão como o Greenpeace — e pela consciência de seus líderes. Na Grã-Bretanha, existe anualmente um dia chamado "Leve Sua Filha para o Trabalho". A ideia é a de se dar às filhas uma mostra do que significa trabalhar, mas pode funcionar do modo oposto. Conversando sobre o dia de ambos juntos, uma filha, uma inteligente garota de catorze anos, disse que havia ficado surpresa com algumas das prioridades de seu pai. "Não foi da maneira como ele teria se comportado em casa", comentou ela. O pai ficou atônito, mas admitiu que a pessoa que ele era no escritório nem sempre era a mesma de casa. "Talvez", riu ele, "eu devesse contratá-la para me fazer ser sempre eu mesmo". Não deveríamos precisar das nossas filhas para ter certeza de levarmos nosso eu verdadeiro para o trabalho.

O Quarto Desafio

A propriedade intelectual — as ideias, habilidades e o conhecimento que impulsionam a empresa — é, agora, reconhecida como o ativo principal da maioria das organizações. Não podemos mais esperar que os donos desse patrimônio, os funcionários individuais, estejam tão prontos a conceder todos os seus direitos de propriedade para a empresa em troca de um contrato de emprego. Os direitos deles devem ser contrabalançados com os direitos dos proprietários legais da empresa, os acionistas.

O velho mundo sabia o que a propriedade significava. Era algo que se podia ver e medir. Que se podia vender, alugar, usar e até destruir — se você a possuísse, quero dizer. Não se pode fazer todas essas coisas com a propriedade intelectual, mesmo que ela tome a forma de uma patente ou direito autoral. Não posso destruir a sua ideia, mesmo que a compre de você, porque você ainda a tem. Como os contadores bem sabem, o único meio de se poder colocar um valor financeiro em ativos intelectuais é subtraindo o valor dos ativos físicos do valor de mercado total estimado da companhia. Definir coisas através de lacunas como outras coisas nunca é muito satisfatório; dá a entender que essas coisas não existem de verdade, que são apenas fantasmas numa máquina. Essa invisibilidade pode ser responsável pela confusão em torno do novo tipo de propriedade, pois como pode alguém alegar que possui algo que, em geral, não pode ser visto ou contado? Como W. Edwards Deming, o guru da qualidade total, apontou, 97 por cento do que importa nas organizações não podem ser contados.

Não que as pessoas não estejam tentando atualmente. David Boyle, em seu livro *The Tyranny of Numbers*, lista alguns dos mecanismos — GIPS, TOMAS, EFQM e BREAM são apenas alguns dos acrônimos. Existem alguns novos padrões de auditoria: SA8000, GRI e AA1000. Alguns acadêmicos tentaram, inclusive, medir a cultura numericamente com onze sistemas métricos. Podemos suspeitar, no entanto, que todas essas tentativas bem-intencionadas só provarão que Deming está certo. O que realmente importa não pode ser contado, ou, como Thomas Stewart, da *Fortune* coloca: "É mais fácil contar as garrafas do que descrever o vinho". Essa nova propriedade não apenas é intangível como também é frágil. "Reputação, reputação, reputação", exclamou Otelo depois de seu desastroso erro. "Oh, perdi a parte imortal de mim mesmo e o que resta é bestial." É um lamento que empresas como Union Carbide após a Bhopal, ou, de fato, a Monsanto e a Shell, devem ter proferido com o erro ou desastre que abalou a reputação delas — e o valor de suas ações.

Assim sendo, a propriedade intelectual em todas as suas diferentes formas se tornará um assunto primordial entre os novos elefantes nos anos por vir se, de fato, tentarem desenvolver seus próprios alquimistas. Em particular, os criadores de ideias vão exigir uma fatia dos resultados. Por que, perguntarão, todos os lucros têm de ir para os acionistas que apenas contribuem com seu dinheiro, não com seu tempo, nem habilidades? Por que um contrato de trabalho deve necessariamente significar que tudo que eu elaborar durante o período desse contrato pertence ao empregador?

Imagino os alquimistas sendo tratados mais como eu mesmo como autor, requerendo e obtendo uma participação nos rendimentos provenientes de seu trabalho, talvez expressa como uma cota dos lucros ou como opção de compra de ações, mas negociadas com antecedência. Pessoalmente, eu preferiria ter uma cota nos rendimentos dos meus livros do que apostar no preço das ações dos meus editores futuramente, algo que não posso influenciar de nenhuma maneira. Calcula-se que 30 por cento do capital das empresas americanas já estejam atrelados a opções de compra de ações prometidas. Essa é uma remuneração barata porque não é cobrada como um custo nas contas do negócio. É, contudo, uma maneira arriscada e duvidosa de recompensar talento.

Como o economista John Kay apontou, Bill Gates detém atualmente 25 por cento das ações da Microsoft e seus funcionários outros 15 por cento ou mais. Se as ações subirem 10 por cento acima de seus níveis atuais, os funcionários acionistas veriam o valor de suas ações subir em cerca de 7 bilhões de dólares, quase exatamente o equivalente dos lucros da Microsoft. Se essa soma fosse concedida como remuneração de funcionário, os lucros desapareceriam. Se o preço de recompensar a alquimia significar muitas mais dessas opções de aquisição de ações gratuitas, os proprietários, os devidos acionistas, que pagaram dinheiro de verdade pelo risco que correm, podem começar a se revoltar.

Mas, afinal, o que significa dizer agora que acionistas "possuem" um negócio quando muitos de seus ativos são intangíveis e invisíveis, frequentemente contidos nas mentes das pessoas que podem ir embora com eles de um dia para o outro? Quando a diretoria da Saatchi & Saatchi demitiu Maurice Saatchi da empresa que ostentava seu nome, ele saiu obedientemente, mas levou consigo as contas da British Airways e da Mars, como também alguns funcionários chave. O valor das ações prontamente caiu pela metade, e os acionistas da Saatchi & Saatchi descobriram que só possuíam realmente metade da empresa. Nunca ficou muito claro, de qualquer modo, o que a propriedade por parte dos acionistas significa. Possuir ações na Shell não significava que eu poderia exigir para usar seus escritórios, ou pedir que me emprestassem dinheiro numa emergência. Nem podia significar que eu devia algo às pessoas na empresa. Não são meus escravos, nem de ninguém mais, apenas funcionários com direitos definidos por leis trabalhistas e um contrato.

Meu palpite é que, eventualmente, teremos de abandonar o mito de que os acionistas são os donos de uma organização. Serão mais como credores de hipoteca, com direito a receber uma renda por seu dinheiro, nesse caso uma renda variável dependendo dos lucros, mas sem direitos de vender a empresa ou fechá-la, a não ser que ela fique inadimplente. Os acionistas contribuem com seu dinheiro. Outros contribuem com tempo, habilidades, ideias e experiência. Estas coisas, também, tem direito a uma renda, fixada de maneira diferente. Ninguém é dono de nada. A própria ideia de que um conjunto de pessoas transformando ideias em produtos é uma propriedade que pode ser de alguém acabará parecendo absurda.

A economia por si só será, como sempre, a alavanca para a mudança. Já existe uma abundância de capital. Em 1999, as empresas dos Estados Unidos receberam 50 bilhões de dólares em capital de risco, vinte e cinco vezes mais do que em 1990. As empresas cujas ações foram oferecidas nas bolsas de valores receberam 70 bilhões de dólares, um ganho financeiro de quinze vezes o valor de 1990. Uma razão para a rápida expansão do mercado de ações americano nos anos 1990 foi a abundância de dinheiro à procura de um lar. Mesmo que os mercados de ações do mundo caíam, esse dinheiro ainda estará lá. Como consequência, os acionistas não terão tanto poder. As ideias, não o dinheiro, serão escassas.

Nesse meio tempo, mais e mais pessoas se darão conta de que seu conhecimento tem um valor de mercado. Relutarão em vendê-lo em troca de um contrato por um determinado tempo, benefícios ou um salário. Vão querer cobrar uma taxa ou *royalties*, uma porcentagem dos lucros. A diferença é que um salário é dinheiro pago por tempo gasto, ao passo que uma taxa é dinheiro pago por trabalho produzido, independentemente do tempo gasto nele.

Funcionários recebem salários. Profissionais independentes, ou autônomos, cobram taxas. Os autônomos vendem o resultado de seu conhecimento, mas não o conhecimento propriamente. O funcionário, vendendo tempo não resultados, vendeu implicitamente o conhecimento necessário para transformar esse tempo de maneira lucrativa. Tenho certeza de que veremos mais e mais autônomos cobrando taxas de organizações a fim de reterem o controle desse conhecimento. Mais dessa propriedade intelectual intangível pertencerá, então, às pulgas e será apenas emprestada aos elefantes.

Ricardo Semler dá aos funcionários de sua empresa precursora, a Semco, no Brasil, a escolha de onze diferentes maneiras para receberem, que vão desde um salário fixo até uma diversidade de planos de royalties, comissões, opções de aquisições de ações e bonificações por cumprimento de objetivos, sendo que essas maneiras podem ser combinadas em uma grande variedade de possibilidades. A Semco, na verdade, embora empregue 2.350 pessoas é realmente uma federação branda de grupos de pulgas, com o centro atuando como uma mistura de capitalista de risco, incubadora e consultor. A empresa deposita sua fé nas pessoas até o ponto que alguns julgariam extremos impraticáveis, porém mais e mais organizações terão de seguir seu exemplo e tratar as pessoas como indivíduos separados, não como recursos humanos homogêneos, e pagá-los de acordo.

O mecanismo poderia ser a incorporação de indivíduos. John Birt, quando ingressou na BBC como diretor geral, entrou sob um contrato assinado por sua companhia particular, não como um funcionário assalariado. Estava à frente de seu tempo. A corporação e o mundo externo ficaram horrorizados. Num prazo de dez anos, será uma prática normal para todos que acreditem que tem um talento ou habilidade de mercado. Haverá contratos individuais para indivíduos negociados por suas empresas particulares, sem dúvida através de seus agentes ou advogados. O que já é a norma para atores, e até para autores, será lugar-comum; talvez um pesadelo para organizações, mas uma satisfação para advogados. Num mundo onde as pulgas detém a propriedade que importa, os elefantes terão de se adaptar se quiserem manter as melhores. Semler comemora que a rotatividade de funcionários em sua empresa nos últimos seis anos tenha sido de menos de 1 por cento.

Organizações como federações de grupos de pulgas? Alguns acreditam que todos queremos trabalhar e viver desse modo, independentes, mas, ainda assim, pertencendo a algo maior do que nós mesmos. Nigel Nicholson, professor da London Business School, argumenta em seu livro *Managing the Human Animal* que estamos "hardwired" (cabeados, conectados) por nossa herança de nossos ancestrais pré-históricos a querermos nos comportar de certas maneiras. "Pode-se tirar o gestor da Idade da Pedra, mas não a Idade da Pedra do gestor" é a maneira como descreve a situação. Nessa visão neodarwinista do mundo, a organização ideal teria pequenas unidades, liderança e hierarquia flexíveis, trabalhando principalmente em projetos de equipe, mas dando reconhecimento ao indivíduo; seria diversa, mas com alta confiança e grande envolvimento; autocrítica, mas com recompensas que reconheceriam as realizações pessoais. Não é o que todos gostaríamos?

Talvez tenhamos uma propensão natural para sermos pulgas de um tipo ou de outro, confinados contra nossos instintos em quadros lógicos por nossas organizações, persuadidos por nossa educação a elevar a razão acima da natureza humana. Se é o caso, as pressões econômicas que obrigarão os elefantes a tratar mais e mais de seu pessoal como unidades econômicas individuais acabarão alinhando nossas organizações ao caráter da natureza humana, para o benefício de todos. A menos que algo assim aconteça, talvez vejamos a mesa virar e os detentores da propriedade intelectual, os funcionários chave, mantendo as corporações reféns. De um modo bizarro, o desejo e a profecia de Marx de que os trabalhadores deverão controlar os meios de produção, terão se realizado.

5

A nova, ou não tão nova, economia

Todos nós, tanto elefantes quanto pulgas, atuamos tendo como pano de fundo o que acontece na economia como um todo. A internet, e as possibilidades às quais ela deu origem, tentou muitas pessoas a prever um novo tipo de economia, dotada de flexibilidade interminável e crescimento ilimitado. Por algum tempo, o inexorável crescimento da economia americana, impulsionado pelo desenvolvimento de novas tecnologias, pareceu confirmar as ideias dessas pessoas. A realidade, como de costume, é menos utópica. A nova economia acaba seguindo algumas regras antigas: o lucro não pode ser adiado indefinidamente e os preços das ações tanto sobem quanto descem. As novas tecnologias, contudo, nos proporcionaram muitas novas facilidades e empolgantes novas ferramentas. Parte do que estamos vendo é o velho mundo com nova roupagem. São coisas que podem nos interessar por um certo tempo, mas que não mudarão o mundo. Parte é realmente novo e tem implicações radicais.

A ECONOMIA NÃO TÃO NOVA

Existe um fundo de verdade na observação de que quaisquer mudanças na tecnologia que ocorram antes de termos cinco anos de idade são consideradas a norma. Mudanças antes dos trinta e cinco anos de idade são vistas como empolgantes, abrindo caminhos para novas possibilidades, mas mudanças após os trinta e cinco podem ser incômodas, perturbadoras. Crianças pequenas, portanto, tiram de letra a utilização de computadores e celulares. A *e-revolution* (revolução eletrônica), se é do que ela se trata, tende a ser conduzida por empresários na casa dos vinte, enquanto a geração mais velha geralmente se mantém mais desconfiada.

Como alguém no final da casa dos sessenta anos, é improvável que eu seja um dos entusiastas incontestáveis da nova tecnologia. Não podemos, nem devemos, parar as mudanças tecnológicas porque são um dos frutos da criatividade humana e não são reversíveis. Muitas dessas mudanças, entretanto, assimilaremos em nossas rotinas, após um breve período de fascínio ou empolgação, e continuaremos vivendo e trabalhando como sempre fizemos. Geladeiras que se auto-organizem serão comuns, sem dúvida, como relógios que não apenas informem a hora, mas também onde uma pessoa está e como chegar a seu destino; mas não mudarão nossas vidas.

Há quarenta e quatro anos, comecei minha carreira nos negócios em Kuala Lumpur como assistente de marketing da Shell. Passaram-se três anos até que eu tornasse a rever a Grã-Bretanha, porque a jornada era longa demais. Quando chegou o Natal, achei que seria bom telefonar para casa na Irlanda. Não era um procedimento simples. Era necessário agendar o telefonema com algumas semanas de antecedência e, quando chegava o momento e você era informado a pegar o telefone, ouvia a ligação passando de telefonista a telefonista através do mundo. "Bombaim chamando Cairo — tenho um telefonema para Londres para você" e assim por diante, até que a ligação chegou à nossa agência de correio local na área rural da Irlanda e eu ouvi a sra. Jones, a agente do correio, entrando na linha.

— É o sr. Charlie? — perguntou ela. — Os seus pais sabem que vai telefonar. O tempo está péssimo aqui. Como está aí onde se encontra, onde quer que seja?

— Por favor, sra. Jones — disse eu —, é ótimo ouvi-la, mas só me concederam cinco minutos e quero muito falar com os meus pais.

Ela passou a ligação a contragosto. Não era todo dia que tinha a chance de conversar com alguém do outro lado do mundo.

Atualmente, nossa filha trabalha na Nova Zelândia. Nós lhe enviamos e-mails quase diariamente, nos falamos por telefone uma vez por semana durante meia hora a um custo de apenas uma libra e nos encontramos duas vezes por ano pelo menos, aqui, lá, ou no meio do caminho. É apenas quando olho de volta para aquelas minhas origens que me dou conta da extraordinária revolução que ocorreu nas comunicações. O notável é a facilidade com que todos nós nos acostumamos às mudanças na tecnologia, e presumo que, um dia, será tão comum fazer uma viagem pelo espaço quanto é hoje saltar num Eurostar em Londres para o almoço em Paris. A tecnologia encolheu o mundo, mas realmente o mudou?

Também fui atraído por essas mudanças tecnológicas. Pelo fato de algo existir nos sentimos tentados a usá-lo. Pelo fato de ser possível agora voar de Kuala Lumpur para Londres para uma reunião, as pessoas o fazem. Pelo fato de podermos enviar uma cópia de uma mensagem para metade da organização ao toque de duas teclas, nós o fazemos. Pelo fato de ser possível fazer negócios em torno do globo vinte e quatro horas por dia, fazemos isso. E ficamos exaustos. Meu primeiro cargo independente foi dirigir a empresa de marketing da Shell em Sarawak. Não havia linha telefônica para contatar a sede regional e os meus chefes em Cingapura. Nós nos arranjávamos porque era o que tínhamos de fazer.

E talvez fosse melhor, porque não havia outro meio de poderem me julgar a não ser pelos meus resultados. As coisas tinham de ser bastante preocupantes para que alguém passasse dois dias viajando para ir me ver naquele que não era o mais luxuoso dos lugares. Eu era jovem — vinte e quatro anos — e mal sabia a diferença entre gasolina e querosene, mas aprendi depressa. Se cometesse um erro, ao menos tinha a chance de corrigi-lo antes que alguém o notasse. Isso talvez não fosse possível hoje sem muita autodisciplina por parte dos superiores. Menos erros talvez, porém menos aprendizado, menos responsabilidade.

Os primeiros tempos do e-tailing (comércio pela internet), ou B2C (*business-to-customer* — negócios entre uma empresa e um cliente), não foram extraordinariamente bem-sucedidos como os especialistas em tecnologia deram a entender que seriam. Se são informações ou orientações que você está comprando, ou se são serviços como fornecimento de passagens aéreas, reservas de hotéis ou transações com ações, coisas que podem ser feitas através de sua tela, então o sistema funciona razoavelmente bem, embora ainda haja dúvidas em relação a sigilo e privacidade que têm de ser abrandadas. Se é algo que tem de ser entregue fisicamente, descobrimos que somos atirados de volta no velho mundo de pessoas empacotando coisas em caixas, dirigindo furgões, aparecendo ou não pontualmente. Não será diferente das encomendas feitas ao estilo antigo pelo correio, ou dos tempos no vicariato irlandês dos meus pais, quando minha mãe telefonava para o dono do mercado em Dublin uma vez por semana e o carro de entrega dele chegava todas as sextas-feiras de manhã, geralmente com pelo menos um item faltando por "não haver no estoque" e com outro trocado.

Por trás do brilho e do entusiasmo inicial, os verdadeiros problemas de gerenciamento das primeiras firmas virtuais acabaram se revelando os mesmos que as empresas novas sempre enfrentaram. Criar um site é um novo tipo de diversão, mas os fundadores da empresa ainda têm de transformar sua ideia inicial num plano de negócio adequado. Terão de divulgá-lo a patrocinadores em potencial, a bancos e capitalistas de risco que se mostrarão céticos, cautelosos e relutantes em abrir mão de uma boa soma por um sonho, exatamente como sempre foram. Isso alcançado, há as etapas necessárias de propaganda e marketing para a divulgação do site, os problemas ainda mais amedrontadores de armazenagem, distribuição e centrais de atendimento para resolver; tudo envolvendo as velhas e tradicionais áreas de recrutamento, gerenciamento de logística e treinamento.

Conversei com um dos fundadores do inicial site de leilões britânico, QXL, que disse que o verdadeiro problema não estava relacionado à ideia do negócio ou à tecnologia. Ele vivia frustrado porque a equipe não chegava ao escritório no horário pela manhã. Um outro dono de comércio virtual me contou que sua principal dificuldade estava em motivar os jovens que cuidavam da central de atendimento no norte da Inglaterra, os quais se viram fazendo um trabalho enfadonho num ramo de atividade glamouroso, mas onde o glamour jamais passava perto deles. Uma rotatividade de funcionários de 30 por cento por ano custa dinheiro, dinheiro esse que não estava no plano de negócios original. Ou como outro dono de empresa virtual me disse:

— Meu erro foi pensar que o entusiasmo juvenil poderia compensar a falta de experiência. Tive de me livrar de todos com os quais comecei.

Outra pessoa que obteve êxito logo de início não soube me dizer quais partes do negócio estavam gerando lucros e quais davam prejuízo. O controle financeiro, disse-me ela, era algo que simplesmente tinham estado ocupados demais para fazer. Seus apoiadores, queixou-se, viviam falando da "*burn rate*" dela, ou taxa de "queima", o prazo em que o capital dela acabaria antes de começar a ter lucros.

— Eles não têm confiança no nosso futuro ou em mim.

Tive a impressão de que eles talvez tivessem razão em se preocupar. O gerenciamento de pessoas e de dinheiro continua sendo a condição indispensável, essencial, para o êxito no "e-world" ("mundo eletrônico"). *Plus ça change, plus c'est la même chose* (por mais que haja mudança, mais tudo continua na mesma). O novo mundo novo precisará das velhas habilidades como também de algumas próprias.

A revista *The Economist* terminou um levantamento sobre o e-business com uma revisão das dez habilidades necessárias para gerenciar os novos negócios do "e-world", com base, segundo disseram, em muito material existente sobre o assunto. Para resumir algo já resumido, eram as seguintes:

1. Rapidez. Tudo acontece mais depressa. A burocracia sufoca decisões.
2. Boas pessoas. Tem de haver menos, mas melhores.
3. Franqueza. A transparência recompensa.
4. Cooperação. As equipes são os blocos da construção.
5. Disciplina. Protocolos e procedimentos padrão são a chave da eficiência.
6. Boas comunicações. As pessoas precisam saber de tudo que acontece.
7. Gerenciamento de conteúdo. Oitenta por cento das informações são desnecessárias.

8. Foco no cliente. Tratar cada cliente como alguém especial.
9. Gerenciamento de conhecimento. Partilhe o que sabe.
10. Liderança por exemplo. Pratique o que prega, fique on-line.

Não fiquei impressionado com a lista. A ordem pode ter variado um pouco, mas era a mesma lista que eu estivera recomendando persistentemente a organizações e seus gestores durante trinta anos. O gerenciamento no "e-world" permanece como uma questão de bom senso. Fazê-lo é o difícil.

Enquanto ponderava sobre quão novo tudo aquilo era, ouvi Tom Standage, autor de *The Victorian Internet*, enquanto ele apontava num debate na Royal Society of Arts que já havíamos vivenciado isso antes. Na década de 1840, o telégrafo elétrico foi inventado. A rede telegráfica resultante, que foi comparara a uma teia de aranha, cresceu a uma velocidade exponencial. Abrangeu novas firmas e modelos de negócios e levou a uma aceleração no ritmo da vida das empresas que não havia sido igualada desde então. As empresas não tiveram escolha a não ser abraçar a nova tecnologia. Houve queixas sobre excesso de informações e de intromissão na vida familiar. Novas formas de crime surgiram, o que levou ao desenvolvimento de códigos e cifras. Telegrafistas se reuniam em salas de bate-papo, contando anedotas, espalhando mexericos e jogando xadrez. Inevitavelmente, romances desabrocharam entre operadores em cidades distantes.

Não havia, disse Standage, falta de propaganda enganosa em relação ao telégrafo.

— Todos os habitantes da terra... — declarou alguém — ... seriam reunidos numa só irmandade intelectual.

"Autoridades" no assunto proclamaram uma nova era de paz:

— É impossível que antigos preconceitos e hostilidades continuem a existir — declarou uma delas —, enquanto tal instrumento foi criado para a troca de pensamento entre todas as nações da terra.

Infelizmente, as coisas não transcorreram dessa maneira. O mundo logo se adaptou ao seu novo queridinho e prosseguiu praticamente do jeito de sempre. Hoje, pode-se dizer que estamos apenas vendo um aprimoramento na tecnologia das comunicações, um que também acabaremos tirando de letra. Os vitorianos, concluiu Tom Standage, ficariam impressionados com aviões, mas considerariam a internet como algo já familiar. Considerando-se tudo, como o próprio Bill Gates foi sincero o bastante para admitir, em comparação com o que é essencial, como saúde básica e nutrição, o acesso universal à internet está bem abaixo na lista de prioridades.

Havia um anúncio na *The Economist* de um grupo de banqueiros privados de Genebra. Assim começava: "Trabalhamos on-line há 200 anos; em outras palavras, falando diretamente com nossos clientes". Prosseguiam proclamando: "Nem é preciso dizer que dominamos as mais atuais informações e tecnologias de comunicações... Mas essas inovações tecnológicas apenas estão aqui para reforçar os valores de relações humanas de confiança, proximidade e receptividade, que são a própria essência do nosso negócio".

A implicação por trás da propaganda deles é importante. Em boa parte, a nova tecnologia reforça o que já acontece. Ela não o substitui. A maioria das ocupações com as quais estamos familiarizados nos dias de hoje ainda existirão daqui a vinte anos. Evidentemente, estarão aprimoradas pela nova tecnologia. Haverá navegação por satélite nas cabines de cada caminhão, por exemplo, mas ainda haverá caminhões — mais deles, provavelmente, entregando todas aquelas mercadorias que pedimos pela internet sentados em nossa cadeira em vez de ir até a loja da esquina ou ao shopping para comprá-las. Por trás do site de cada comércio virtual tem de haver um armazém e um sistema de entrega e atrás de cada e-book baixado por download ainda há um autor. Encanadores e eletricistas poderão estar mais tecnológicos, mas ainda existirão, como também médicos, enfermeiros e, naturalmente, advogados, juntamente com a maioria das profissões atuais. Nossas cozinhas poderão também se tornar tão automatizadas que o preparo de refeições requintadas poderá ser iniciado através de uma mensagem em código do nosso celular, mas desconfio que ainda comeremos fora, pois quanto mais ricos ficamos, mais compramos o prazer das experiências além do das mercadorias.

A economia da experiência, como é chamada, o dinheiro que é gasto para se ir ao teatro, em viagens de lazer, em restaurantes ou para se ir assistir a um jogo de futebol, já está competindo há muito com a economia física. Em 1980, cerca de 287 milhões de pessoas fizeram viagens internacionais. Até 2020, acredita-se que 1,6 bilhões ou 20 por cento da população mundial o estará fazendo. O marketing inteligente busca tornar até a atividade mais corriqueira uma experiência. A ida às compras (no shopping, por exemplo) é, agora, um pretexto para um passeio de família. As companhias aéreas não se limitam a se oferecer apenas para transportar os executivos atarefados de lá para cá, mas a lhe oferecer um espaço relaxante para dormir, trabalhar ou se entreter. "Venha e desfrute a experiência de viajar conosco", dizem, porque as firmas da economia da experiência vendem lembranças, não mercadorias. Sob o pressuposto plausível de que tenhamos mais renda disponível daqui a vinte anos, parece provável que essa economia da experiência cresça, enquanto procuramos algo além de meros objetos em que gastar nosso dinheiro.

Ela poderá ser aperfeiçoada pela nova tecnologia, mas sempre será uma parte da economia de serviços centralizada nas pessoas. De fato, a tendência é a de que, quanto mais você pagar pela experiência, maior será o número de pessoas que precisarão estar envolvidas. Hotéis de alto padrão vangloriam-se do número de funcionários de que dispõe por hóspede para atender a todas as vontades deles. Se a tecnologia tornar nossas sociedades mais ricas, poderemos, paradoxalmente, ter mais pessoas empregadas em relações pessoais do que antes, fazendo praticamente o que serviçais sempre fizeram, mas, agora, com maior dignidade porque é feito na forma de um negócio que visa lucro e não por dever. Cem anos atrás, cozinheiros, motoristas, faxineiros e jardineiros eram classificados como "empregados domésticos". Formavam o maior grupo nas estatísticas de emprego. Não existe mais essa categoria nas estatísticas, mas os motoristas, cozinheiros e faxineiros ainda estão disponíveis para quem possa pagá-los, só que agora encontram-se na forma de negócios independentes: "Cozinheiros S/A" ou "Choferes de Aluguel".

Conforme as sociedades enriquecem, também retrocedem até produtos mais orgânicos e atitudes mais amistosas em relação ao meio ambiente. O que é feito à mão se torna mais caro e prestigiado, o tradicional é bom. Os artesãos e artistas do novo estilo podem usar seus celulares para se comunicar com sua base, ou até para pesquisar os preços de seus materiais, mas o trabalho que fazem é o mesmo que sempre foi ao longo dos séculos e penso que continuará sendo e que até reverta para o que é ainda mais antigo. Tomemos como exemplo o pequeno anexo que estamos construindo no nosso chalé no campo. Por boas razões ambientais, estamos erguendo as paredes com cânhamo. Misturado com cal, propicia ótimo isolamento térmico e proteção contra fogo, além de absorção de barulho. Além disso, tem um aspecto bonito, com uma textura natural e, pelo fato de crescer no campo, é ecologicamente puro. A mistura de cânhamo e cal, porém, tem de ser prensada manualmente entre suportes de vigas de madeira até endurecer. É algo que requer trabalho árduo e ao estilo antigo, um processo de construção não muito diferente do que os Tudor usavam para erguer suas casas com estrutura de madeira no século dezesseis.

Alguns fabricantes até concluíram que o meio de acesso aos bolsos das pessoas, e provavelmente mais fácil de ser alcançado, é proporcionando-lhes uma experiência de serviço com tudo incluso no pacote do que através do marketing direto de seus produtos. Os produtos escondem os rostos por trás das ofertas de serviços pessoais. A Hewlett Packard oferece orientação e consultoria, arrimando-se em suas caixas de equipamentos de computadores. A Unilever está fazendo uma experiência com um serviço de limpeza de residências como uma maneira de levar seus produtos de limpeza às casas. A Shell montou uma lavanderia experimental a fim de incrementar as vendas de seus produtos químicos. Você é encorajado agora a alugar seus tapetes, assim como seus automóveis. Não compre um aparelho de ar condicionado, mas um serviço de ar condicionado. Ser proprietário é um incômodo, o que importa é o acesso, diz Jeremy Rifkin em *The Age of Access.*

Os computadores acrescentam brilho à experiência personalizando tudo, de modo que qualquer mensagem de qualquer pessoa, quer seja na sua tela, ou no seu e-mail, contenha o seu nome, mas ninguém se deixa enganar; para tornar a situação realmente pessoal tem de haver uma pessoa em contato com outra pessoa. Além do mais, por trás de cada experiência tem de haver um bocado de algo sólido. O teatro seria uma experiência vazia sem uma peça, ir ao shopping uma frustração se não houvesse nada para se comprar. O conteúdo é a chave, dizem, e, na era da informação, onde o conhecimento e as ideias proverão a maior parte do conteúdo, precisaremos de indivíduos que forneçam esse conteúdo. As organizações elefante podem controlar a tecnologia, onde economia de escala e bolsos abastados são necessários, mas sem conteúdo são, ao final, inúteis. A AOL não era nada além de um meio de acesso à internet até que comprou a Time Warner e todo o conteúdo que essa empresa possuía, conteúdo que precisava de um meio de alcançar o mundo. O conteúdo consiste em ideias que são tornadas tangíveis, e ideias originam-se de indivíduos, sozinhos ou em grupos.

O talento, portanto, é valioso, como sempre foi, mas, no futuro, o será ainda mais. Os bônus oferecidos para atrair excelentes profissionais estão aumentando; ainda assim, não é toda pulga talentosa que desejará vender sua propriedade intelectual para um elefante. Quatro homens jovens, que escapuliram de uma corporação tradicional, lançaram uma empresa virtual inovadora em Londres, mas descobriram que, para que atingisse seu completo potencial, precisava de finanças além de seu alcance. Precisavam vender o negócio para uma organização de grande porte. Uma empresa lhes disse que não estava interessada no negócio, mas apreciaria que os quatro fossem trabalhar para ela. A empresa propôs pagar-lhes meio milhão de libras logo de início se aceitassem, sendo que precisariam de parte da quantia para pagar os apoiadores originais. Os quatro recusaram. Sua liberdade era mais valiosa.

É, inclusive, possível que a e-revolution tenha sido prestigiada em excesso. Houve, sem dúvida, um grau de "exuberância irracional" nos primeiros tempos de lançamento das empresas virtuais. Isso esfriou num prazo de um ano ou pouco mais, quando o mercado de ações concluiu que as vendas anuais multiplicadas pela taxa de crescimento não eram a melhor maneira de se avaliar um negócio se, ao final, não se materializassem os lucros. A Nasdaq, o mercado de ações americano para as ações de alta tecnologia, dobrou em 1999, apenas para decair no ano seguinte, anunciando, ao que pareceu, o final do longo período de grande prosperidade dos Estados Unidos. Apenas as empresas que ofereciam inovações tecnológicas genuínas sobreviveram ao baque e até mesmo estas tinham sido afetadas. A Cisco, a empresa mais valiosa do mundo em 1999, viu o valor de suas ações despencar em 80 por cento dois anos depois. Seu CEO observou na época, quando anunciou o corte de 17 por cento de seus funcionários:

— Isto pode ter sido o mais rápido que qualquer empresa do nosso tamanho já desacelerou.

Além disso, conforme as pessoas estão lentamente se dando conta, não são todos que precisam ou querem mudar de celular ou de laptop a cada vez que um novo modelo surge. Os mercados ficam saturados como sempre ficaram. As novas tecnologias não são imunes.

Em 2000, as operadoras de telefonia móvel da Grã-Bretanha e da Alemanha competiram num leilão pelo direito de licenças para a terceira geração de celulares, os telefones WAP, com ofertas de mais de 20 bilhões de libras nos dois países. Isso equivale a um custo inicial de talvez 2 mil libras por assinante, o que terá de ser recuperado com juros. A *The Economist* avaliou que as empresas de telefonia da Europa arcavam com um investimento total de cerca de 300 bilhões de libras para lançar novos telefones, tal soma a ser eventualmente recuperada através de seus clientes.

Ninguém sabe se as pessoas acostumadas a ligações que custam uma ninharia por minuto, por meio dos telefones existentes, estarão preparadas para pagar muito mais pelo privilégio de navegar na rede enquanto caminham. Nenhuma das empresas, contudo, achou que podia se permitir ficar de fora do que talvez seja o futuro, mas que talvez ainda prove ter sido um risco até então. Pode parecer ser conveniente ter a internet no seu bolso numa tela minúscula, mas, quando todo o entusiasmo esfriar, ainda continuará sendo uma tela minúscula. Uma das consequências inesperadas das novas tecnologias foi transformar a telefonia num negócio de commodities, um mundo de margens baixas de lucro onde as marcas não importam.

Entrementes, já assimilamos a tecnologia existente e a tiramos de letra. É difícil acreditar que a internet tenha apenas dez anos de existência. Quem teria pensado que as vovós estariam navegando pela internet e ficariam exultantes em enviar e-mails para sua prole — sem medo agora de interromper os entes queridos em momentos inconvenientes, com respostas quase garantidas, até mesmo dos netos mais vagarosos.

Nos tempos de hoje, recebo cartões de visita com apenas um endereço de e-mail e um site, pois algumas pessoas parecem viver num ciberespaço, uma palavra desconhecida até vinte anos atrás (ela foi inventada por William Gibson, em 1984, em seu livro de ficção científica, *Neuromancer*). Você pode se tornar um modelo no site da Gap, vestir-se com roupas de sua escolha e até se virar para se observar de costas. Dispomos agora de um catálogo digital de pedidos pelo correio com infinitas possibilidades, se assim desejarmos comprar.

Também temos uma rede mundial de amizades para nos juntarmos ou deixarmos conforme nos aprouver. O amor pela internet é livre de sofisticação e de riscos. Adultério sem dor, nem mágoa! Podemos ingressar em clubes sem medo de sermos barrados, ser o tipo de pessoa que apenas podemos sonhar em ser no mundo físico, reinventar nossa personalidade repetidamente, viver dez vidas em dez dias, se desejarmos. É a reencarnação em demanda!

Uma amiga na casa dos sessenta passa seus dias se conectando com uma rede mundial de defensores dos direitos dos animais, tudo sem sair de seu chalé numa cidade do campo inglês.

— As pessoas falam com mais franqueza através de e-mails — garante ela. — Fiz tantos amigos no mundo inteiro!

Mais do que isso, podemos dizer aos nossos políticos o que pensamos deles, literalmente enquanto eles falam, colocando as pessoas realmente no poder, a democracia se tornando real, enfim. O mundo inteiro literalmente na ponta dos dedos de uma pessoa é uma ideia magnífica, libertadora, elucidativa, divertida. Mas, uma vez que a empolgação inicial tiver passado, desejaremos mesmo a responsabilidade e a carga de trabalho que acompanham a oportunidade?

As organizações estão descobrindo que a internet não é somente um novo meio de comunicação. É um mercado, onde podem encomendar com base em ofertas; é um jornal instantâneo para seus funcionários, é uma instalação perpetuamente aberta para que seus clientes façam pedidos, além de um inventário continuamente atualizado do que esses clientes gostam ou não. Na teoria, ela reduz o custo de todo o processo de negócios que envolve informação, seja um planejamento, uma propaganda, um conjunto de contas, um pedido de suprimentos ou uma programação de entregas. As organizações não têm mais de ter a posse de tudo; podem ser virtualmente integradas em vez disso, conectando as diferentes partes através desse novo veículo. O B2B, ou negócios entre empresas, é, segundo dizem, o verdadeiro futuro da internet e transformará nossas organizações, com empresas como a Oracle e GE falando em economizar até 10 por cento de seus custos ao longo de dois anos. Pergunto-me, entretanto, se não estão subestimando o custo do "e" naquela máxima sufi, pois os que fazem lances mais baixos nem sempre são os melhores parceiros.

AS NOTÍCIAS NÃO TÃO BOAS

São os primeiros tempos. Levou cerca de trinta anos após a invenção da eletricidade para que os efeitos totais aparecessem. Até então, a e-revolution trouxe uma porção de novos brinquedos e alguma melhoria na eficiência, mas nem tudo são boas notícias. Para começar, há um excesso de tudo! Uma empresa de consultoria americana descobriu que muitos de seus executivos estavam recebendo cento e cinquenta e-mails e mais de cem mensagens de voz diariamente. Trezentos e-mails por dia não é algo incomum, e, na maioria, os recebedores querem vê-los eles mesmos, embora levem uma hora por dia para isso. Ausente-se por uma semana e mil dessas coisas o estarão aguardando em seu retorno. Não é de admirar, então, que tantas pessoas levem seus laptops para a praia ou que "camelos do sono", como são chamam no Vale do Silício os que só dormem nos finais de semana, estejam se tornando mais comuns.

A Comissão Europeia calcula que o "spam", lixo de e-mails não solicitados, está custando aos usuários da internet seis bilhões de libras por ano, na maior parte em tempo perdido.

— Nosso pessoal parou de pensar — queixou-se outro alto executivo a mim. — Anda ocupado demais respondendo.

As secretárias podem estar desaparecendo do conjunto de escritórios executivos, apenas para serem substituídas por um novo tipo de guardiões de informações. Mas nem mesmo eles podem manter invasores insidiosos longe. Um vírus apagou meu arquivo de endereços num dia desses e me fez perder metade de um trabalho. E as mensagens que, de fato, conseguem passar pelos guardiões, humanos ou eletrônicos, parece exigir uma resposta imediata. Amigos me telefonam para perguntar se recebi seus e-mails do dia anterior porque não receberam resposta.

David Grayson, do Britain's Business in the Community, elaborou um resumo preciso do ritmo das mudanças. Todo o comércio do mundo em 1949 acontece num único dia atualmente; todas as operações de câmbio de 1979 acontecem agora num único dia, como também ocorre com todos os telefonemas dados pelo mundo em 1984. Um ano num dia é exatamente a sensação que se tem às vezes. Diminuam a velocidade desse mundo digital, grito às vezes, ou, ao menos, me deem uma botão de pausa.

Por outro lado, nem rapidez, nem quantidade são garantia de qualidade, ou da verdade. Através da internet, revela-se idade e sexo, o que pode ser politicamente correto, mas se você não conhece quem está digitando ou falando, a veracidade dos dados pode ser duvidosa. Meu amigo queria uma definição médica da morte. Em vez de olhar no dicionário, enviou uma mensagem pela rede.

— Espantoso — comentou. — Numa questão de uma hora, recebi dez respostas.

— Eram todas as mesmas? — perguntei.

— Não — respondeu meu amigo —, é claro que não. É uma pergunta perigosa e incerta.

— Então, como você sabe qual é a melhor, uma vez que não conhece nenhuma das pessoas que responderam?

A resposta foi nenhuma!

Mais assustadoramente, a internet pode ser um playground para pedófilos. Um homem de quarenta e sete anos foi condenado na Inglaterra por manter relações sexuais com uma garota de treze com a qual se correspondeu primeiramente através da internet, escondendo sua idade até o dia em que ela concordou em conhecê-lo. No mundo financeiro, qualquer um pode agora alegar ter o conhecimento interno sobre empresas e tentar mascarar o preço de uma ação a fim de obter lucro rápido. É a má prática do "pump and dump", como os americanos chamam, de se aumentar o valor de ações por meio de subterfúgios e, então, vendê-las quando ainda estão em alta. Em fevereiro de 2000, uma pequena empresa britânica de torrefação de café denominada Coburg Group, avaliada em 2,5 milhões de libras, viu o valor de suas ações se multiplicarem várias vezes graças ao rumor de que estava prestes a lançar um empreendimento na internet. Quando a diretoria negou o rumor, o preço caiu de volta, mas até então os especuladores provavelmente já haviam colhido seus lucros e se livrado das ações antes de entrarem em queda.

Ou veja os produtos: você pode ler a respeito e ver os itens no catálogo, mas não pode tocá-los, sentir seu cheiro ou prová-los. Gosto de apertar os abacates antes de comprá-los para ter certeza de que estão maduros. Se fizer uma encomenda pela internet, terei de confiar na palavra da loja. Já parecemos confiar mais em marcas do que em pessoas porque não temos chance de conhecê-las bem.

Os europeus amam seus celulares porque, ao menos, parece haver um ser humano do outro lado da linha. Mas os celulares também anunciam uma mudança na maneira como nos organizamos porque, agora, um telefone pertence a uma pessoa, não a um lugar. A visão alegada pela Motorola de um mundo onde cada criança recebe um nome e um número de telefone ao nascer não está assim tão longe. A filha de um mês de idade da minha sobrinha já tem um endereço de e-mail e terá o seu próprio número de celular também, tão logo puder falar.

Agora, que esses telefones podem enviar e receber e-mails ou podemos navegar através deles na internet enquanto andamos pela rua, quem sabe, ou precisa saber mais, onde um determinado alguém está? Mas como podemos controlar as pessoas se não sabemos onde estão ou o que estão fazendo? Os escritórios costumavam ser uma espécie de estábulo com baias para as pessoas que vendiam seu tempo para a organização, mas, agora, os cavalos estão todos à solta e talvez não haja caubóis o suficiente para levá-los de volta quando necessário.

As escolas, teoricamente, não precisarão receber seus alunos todos os dias, ensinando-os, em vez disso, pela internet, e pode-se imaginar os governos atraídos pelo tipo de economia possível com as escolas virtuais. Poderão colocar todos os livros didáticos que forem precisos num e-book com 150 mil páginas de texto. Mas nem todos os adolescentes são alunos dedicados da Open University, dotados de autodisciplina e organização pessoal. Pais cansados não vão mais suspirar de alívio vendo os filhos entregues em segurança no interior da escola. Veremos, portanto, uma identificação eletrônica substituindo a lista de chamada na sala de aula? E será algo bom?

A propriedade, também, se torna confusa para nós. Nesse mundo novo, ideias, informações e inteligência são fontes novas de riqueza. Mas essa riqueza é diferente. Posso dar a você tudo o que sei, mas continuo com o conhecimento mesmo depois de tê-lo dado a você, o que não acontece com terras ou dinheiro. A inteligência, do mesmo modo, é algo difícil de se definir. Não podemos entregá-la ou redistribuí-la, nem podemos taxá-la porque o que não pode ser medido não pode ser taxado. Às vezes, queremos que todos saibam sobre nossas ideias, mas, em outras, queremos guardá-las para nós. De que modo, porém, patentear ideias se não tomarem forma visível?

Crescentemente, portanto, será mais difícil sermos donos do que produzimos, algo que dará aos advogados muita diversão e, sem dúvida, lucros de sobra. O acesso em vez da posse será o que importará e, de certas maneiras, um mundo de propriedade sem dono poderia impulsionar economias porque permitiria que aqueles não possuem nada participassem. A lei americana tornou possível recentemente patentear genes. Empresas ou organizações que detém essas patentes podem, então, cobrar uma taxa de quem desejar usar esses genes para pesquisa ou para desenvolver novos tratamentos. Cobrarão por acesso a conhecimento que alegam ter descoberto. Se essa lei for aprovada, ela confundirá a distinção entre descoberta e invenção. Esses genes não foram inventados; sempre estiveram lá, apenas não isolados ou nomeados.

Até agora, patentes eram apenas concedidas a invenções. Felizmente, as primeiras pessoas que depararam com as ervas de chá nunca pensaram em patentear as plantas. Se isso tivesse sido feito, é possível que houvesse bem menos pessoas tomando chá no mundo hoje, porque todos os plantadores de chá teriam de pagar royalties. Se acabar se tornando possível reivindicar posse a partes da natureza recém-descobertas, sejam genes ou flora, aquela visão de um mundo de propriedade sem dono estará condenada. Alguns enriquecerão, mas o mundo como um todo será mais pobre.

Alguns têm esperança de que um mundo de informações e conhecimento quase gratuitos dará igualdade de oportunidades a todos, e, portanto, não devemos colocar tal possibilidade em risco cobrando o acesso. O sonho dos liberais poderia se tornar verdade, ou ser liquidado para sempre, dependendo de como tratarmos o conhecimento como propriedade. Mantendo-se o conhecimento gratuito, aldeões da Índia poderiam ter acesso ao mundo externo tão facilmente quanto o homem rico em seu reduto californiano. Os monopólios são rompidos quando qualquer um pode acessar os centros de compras estabelecidos pelas alianças corporativas, tais como as empresas da indústria automotiva, que colocam seus produtos ao lado de pessoas importantes para fins de comparação. O conhecimento pode ser do pobre e do rico, do próximo e do distante, do mesmo jeito. A educação para todos se torna uma possibilidade real.

Outros, contudo, temem que essa nova fonte de informações irá, como todas as fontes de riqueza que surgiram antes, separar o rico do pobre. Mesmo que o novo conhecimento seja gratuito, somente as organizações ricas têm condições de comprar os portais que dão acesso à internet, de modo que quando, dois anos atrás, eu quis encontrar algumas informações financeiras na Netscape, deparei primeiro com a divulgação do conjunto de produtos do

Citibank. Sendo preguiçoso, não me senti tentado a olhar mais adiante. E dizem que o Citibank pagou 40 milhões de dólares na época para ter essa vantagem sobre os concorrentes.

Alguns especialistas acreditam que não demorará para que 80 por cento do comércio on-line seja feito apenas por trinta empresas. Os ricos terão abocanhado tudo. Acontece simplesmente que os novos ricos podem ser diferentes dos antigos ricos, como sempre aconteceu em revoluções, quer tenham sido com armas ou com tecnologia. Em todo caso, teremos de esperar uma geração ou duas, sem dúvida, até que o novos ricos comecem a aprender lições de *noblesse oblige* (impostas pela nobreza), ou melhor de *richesse oblige* (impostas pela riqueza), e passem a fazer o que puderem para ajudar os novos pobres.

Há também aqueles que temem que o ato de colocar nossos registros, nossas palavras e nossas finanças no ciberespaço destrua o conceito todo do direito à privacidade. Se quiser manter qualquer informação para si, terá de escondê-la atrás de uma armadura de criptografia, cara e complicada para reles mortais. Inversamente, outros temem que, atrás dessa mesma armadura, todos os tipos de alianças ruins poderiam florescer sem ser detectados.

Mesmo sem a criptografia, alianças improváveis poderão surgir do nada. No final do verão de 2000, uma dessas alianças improváveis, entre caminhoneiros e fazendeiros, fez a Grã-Bretanha parar durante três dias com o bloqueio dos terminais de petróleo. O governo não conseguiu encontrar organização alguma com a qual negociar e ficou de mãos atadas. Os protestos em Seattle contra a Organização Mundial do Comércio e a globalização anteriormente naquele ano também foram planejados e divulgados pela internet como uma aliança sem um centro evidente. Isso significa que a democracia está se deslocando dos parlamentos e congressos e indo para a internet e as ruas? Se for o caso, isso tornará o governo ainda mais difícil do que já é. Políticos terão de lidar com redes de pulgas, em vez dos elefantes sindicalizados de antigamente, que podiam ser obstinados, mas ao menos se sabia quem eram e onde estavam.

O novo "e-world" tem, portanto, os prós e os contras. Muito será obtido mais depressa e, em geral, de forma mais barata, com, entretanto, alguns efeitos colaterais. Mas o maná dos céus não poderá ser devolvido apenas porque não cai de maneira igual, ou porque você não aprecia o gosto. Temos de aprender a abraçar o inevitável, não ignorá-lo, nem ficarmos encantados demais com ele. Ao final, nos adaptaremos, como os seres humanos sempre fizeram, e ao final também, o amor e o riso perdurarão, mesmo que a parafernália seja mais exótica e mais digital do que a que estávamos acostumados. A primavera ainda terá o mesmo perfume agradável, talvez até melhor uma vez que a informação causa menos mal ao meio ambiente do que o aço ou carros poluentes, e as peças de Shakespeare ainda terão ressonância porque lidam com amor e ciúme, ambição e avareza, orgulho e compaixão, morte e o sentido da vida, e essas coisas não acabam.

A REALMENTE NOVA ECONOMIA

É tão fácil desdenhar da nova tecnologia como algo superficial quanto é ser seduzido pelo que ela parece prometer. A verdade está no meio do caminho. Muitos tipos de trabalho continuarão, como antes, ainda que aprimorados pelos computadores, mas alguns desaparecerão, para nunca mais voltar, e muitos novos serão inventados. Urbanistas, arquitetos e designers podem usar computadores para transformar suas ideias em modelos de projetos, movendo-se sobre eles pela tela, mas ainda existirão urbanistas, arquitetos e designers daqui a vinte anos, mesmo se os chamarmos por nomes mais sofisticados até lá.

— Eu me formei arquiteta — disse-me uma jovem —, mas agora me denomino uma terapeuta de espaço.

Mais importante, nos foi dado uma maneira completamente nova de comunicação, de obter e trocar informações de todos os tipos, e estamos apenas no início de uma longa fileira de possíveis efeitos que mudarão significativamente a maneira como trabalhamos. Nesse sentido, a internet ainda pode corresponder às expectativas depositadas sobre ela e acabar se revelando uma daquelas "tecnologias de ruptura" que mudam o mundo para sempre. A primeira dessas mudanças já está aparecendo: o reajustamento de setores inteiros, com, muitas vezes, consequências catastróficas para as organizações envolvidas. Más notícias para uma organização são, em geral, no entanto, uma boa oportunidade para outra. A criatividade nasce do caos, mesmo que seja difícil vislumbrar as possibilidades no meio da confusão.

As partes intermediárias de ramos de atividade inteiros estão desaparecendo. O setor em que estou envolvido mais de perto, o mundo editorial, é um exemplo. No momento, há uma longa cadeia de processos e organizações entre mim, o autor, e você, o leitor. Há também, geralmente, o agente literário e a editora. A editora, por sua vez, tão logo o livro é preparado e revisado, contrata um diagramador e uma gráfica para produzir o trabalho final. O livro terminado, então, vai para o depósito de um distribuidor e, dali, para uma livraria, onde, espera-se, alguém o comprará e lerá.

Tudo nessa cadeia de distribuição encontra-se, agora, numa posição incerta, exceto o começo e o final, o autor e o leitor, mas a maneira como o primeiro se conecta ao último está, atualmente, em aberto para uma grande variedade de opções. Poderíamos dispensar a livraria física, com a alternativa concentrando-se na

Amazon.com e seus imitadores. A editora poderia optar por colocar de lado atacadistas e livrarias, virtuais ou físicas, e publicar o material eletronicamente.

Ou, se eu fosse intrépido o bastante, como o autor eu poderia largar a todos e colocar meu material num site para que os que desejassem fizessem um download, ao custo de uma taxa. Seguindo um pouco adiante, não haveria nada, então, que impedisse alguém de acrescentar seus comentários ao material e passá-lo para a frente, similarmente a como acontecia com os manuscritos medievais que recebiam anotações enquanto circulavam ou, no mundo da alta tecnologia, da maneira como o sistema operacional Linux foi desenvolvido. Quem, então, seria o dono do livro resultante? Ou teria de ser gratuito, como é o Linux, para que todos o usassem à vontade? E como, então, eu seria pago?

Recebe o belo nome de desintermediação, esse fenômeno do desaparecimento dos intermediários em setores inteiros, o que sempre permite a recém-chegados se inserirem nas lacunas. Quando algo adquire tal designação técnica, você pode, ao menos, ter certeza de que, de fato, está acontecendo. Qualquer serviço que envolva informações corre o risco de desaparecer como intermediário. Agentes de viagens, os intermediários entre o viajante e as empresas de viagens, são desnecessários agora que você mesmo pode obter todas as informações disponíveis apertando algumas teclas. Jornais e boletins informativos poderão não ser necessários, já não sendo usados por muitos nos Estados Unidos, uma vez que se pode obter as notícias, no formato que se desejar, mais imediatamente, na sua própria tela de computador, ou até no visor do celular.

O setor inteiro da televisão está prestes a vivenciar a desintermediação com a chegada de duzentos ou mais canais como opção e o PVR, ou Personal Video Recorder (Gravador Pessoal de Vídeo). Algum dia, através desse sistema, uma pessoa terá condições de gravar centenas de horas de seus programas favoritos e, depois, assisti-los num horário de sua escolha com ou sem os comerciais. Tony Garland, da Universal Studios Networks, chamou isso de "assistir com horário marcado". Significa, por exemplo, que as emissoras talvez tenham de pagar a você para assistir aos intervalos comerciais, cobrando-lhe, digamos duas libras por um filme sem os comerciais, mas apenas 50 pence por um com os comerciais — um mundo de ponta-cabeça que alguns do setor acharão difícil de administrar.

Não estarão sozinhos nisso. Um problema para os elefantes será o de como reagirem depressa o bastante a um mundo que é tão radicalmente diferente daquele ao qual se acostumaram e onde obtiveram êxito. É difícil para os indivíduos abandonarem hábitos de uma vida inteira quando tais hábitos os serviram tão bem. Cada empresa terá de reexaminar sua ideia fundamental de negócios para ver se ainda é relevante, se ainda podem ganhar dinheiro como costumavam.

A indústria fonográfica é outro exemplo. Ela teme que seus CDs, que são os intermediários entre o estúdio de gravação e o ouvinte, não sejam mais comprados, agora que qualquer um pode fazer download de suas músicas favoritas na internet através da Gnuttella, ou de um de seus sucessores gratuitamente, trocando suas gravações diretamente com amigos virtuais. O processo agora tem um nome genérico, P2P, ou "*peer-to-peer*" (par-a-par, ou "entre colegas").

O P2P é mais uma daquelas tecnologias de ruptura que poderiam destruir o coração de mais setores. O projeto Free World Dial-UP interliga telefones particulares no mundo inteiro. Você disca localmente, o sistema envia a ligação através da internet para o outro país, onde o telefone particular de outra pessoa faz outra ligação local para o número que você deseja. Você terá dado um telefonema internacional pelo preço de dois locais, sendo que ambos, em certos países, seriam gratuitos. Como, então, as empresas de telecomunicações ganharão seu dinheiro?

O desaparecimento dos intermediários segue em diante. Corretores de ações não são mais necessários agora que você pode comprar e vender suas próprias ações diretamente através de seu computador ou telefone. As salas de leilões seguirão o caminho das bolsas de valores, mudando-se para a tela do computador. Talvez até os médicos acabem se tornando desnecessários se acharmos mais fácil descrever nossos sintomas a um site anônimo e obter um diagnóstico autorizado que nos permita conseguir receitas médicas ou consultas no hospital.

Os políticos descobrirão que os parlamentos nacionais ficam comprimidos entre assembleias locais mais poderosas e a crescente importância de blocos econômicos regionais. Gritarão alto, protestando contra a perda da soberania nacional, conforme já acontece, mas a desintermediação é uma daquelas consequências não intencionais mas inevitáveis da maneira como as novas tecnologias fazem com que tudo seja mais local e ao mesmo tempo mais global, perdendo os intermediários no processo.

O mais intrigante, e importante, intermediário a desaparecer pode muito bem ser o sistema bancário. Cartões inteligentes estão a caminho para criar uma forma de dinheiro privado. Muitas empresas operam planos de crédito de modo mais barato e melhor do que bancos. A Ford, dizem às vezes, é, na verdade, um banco disfarçado por trás dos automóveis, um produto que ela poderia ser tentada, às vezes, a usar como líder de perdas. Os sistemas de compensação particulares, alguns já existentes, eliminariam, conforme David Howell demonstra em seu livro *The Edge of Now*, a necessidade de bancos centrais manterem reservas a fim de firmarem transações interbancárias. A economia fora de controle? Talvez ela já esteja, com a quantia de dinheiro negociada diariamente nos mercados financeiros de Londres sendo de trinta vezes mais do que a produção total do país em mercadorias e serviços em um ano, tornando inútil qualquer tentativa do banco central de controlar as taxas de câmbio. Esses bancos centrais terão alguma função no futuro além da de promoverem uma reunião periódica para decidir o nível das taxas de juros?

Pensando de maneira radical, quase todos poderiam ser considerados um intermediário entre a fonte e o cliente final. Quase todos os empregos poderiam ser parte dos intermediários que desaparecerão nos próximos vinte anos. Com todas as informações do mundo nas pontas dos dedos, não existem limites para as possibilidades do "faça você mesmo" auxiliado pelo computador. Compre seu carro pela internet, venda o seu antigo num dos sites de leilões, não é necessário ir a uma agência de carros. Por que, então, precisaremos dos vendedores?

O motivo é porque informações sem interpretação são apenas dados. Para transformá-las em conhecimento que seja útil é necessário análise, um entendimento do contexto, e uma conscientização técnica do setor em questão. Isso leva tempo e energia. A maioria de nós não terá tempo, nem inclinação para se educar na maior parte das áreas da vida. Os intermediários de muitos setores, portanto, ainda serão necessários, mas de uma nova forma. As organizações de entregas serão substituídas por uma variedade de guias, intérpretes e professores — indivíduos ou pequenas firmas, a maioria operando eletronicamente, adaptando a riqueza de dados às nossas necessidades. O trabalho continuará lá, com os intermediários, mas será diferente e, se a história passada serve de base, sendo executado por pessoas e organizações diferentes.

Mais amplamente, os intermediários a desaparecer em setores tradicionais abrirão oportunidades para que esses espaços sejam preenchidos de novas maneiras. Entretanto, a maioria dos que estão envolvidos atualmente nos ramos de atividade tradicionais, provavelmente não reagirá rápido o bastante às mudanças pela frente, o que deixará grandes lacunas para que os recém--chegados preencham. Isso se dá porque você tem de ficar do lado de fora da caixa para ver como ela pode ser redesenhada. Em geral, os recém-chegados que preencherão as lacunas virão de fora do setor e passarão despercebidos pelos donos das incumbências até depois de terem chegado. A mudança vem por uma passagem secundária, levando vantagem sobre os jogadores estabelecidos conforme eles continuarem em sua direção de costume.

A direção da *Enciclopédia Britânica* permaneceu convencida de que as pessoas sempre desejariam que sua coleção de volumes magnificamente encadernados, custando vários milhares de libras, se mantivesse em exibição nas estantes de suas salas. Sem ação, viram seus lucros despencarem quando a primeira *Grolier Encyclopaedia* foi publicada em CD-ROM por 385 dólares e, então, em 1993, a *Encarta* da Microsoft, que também incluía multimídia, tornando-se disponível por 100 dólares. Num prazo de um ano, a *Britânica* havia ruído e a empresa foi vendida. Desde então, é ressuscitada por seus novos proprietários como um serviço de informações gratuito on-line financiado por anúncios, mas a marca foi prejudicada. Tudo isso é óbvio em retrospecto ou para os observadores externos, mas retrospecto só tem utilidade para os que escrevem obituários. Elefantes precisam de pulgas que façam sua pele coçar a fim de ajudá-los a enxergar o óbvio antes que seja tarde demais.

O desaparecimento de intermediários ocorrerá na sociedade, como também nos negócios, conforme nos adaptarmos às consequências de um mundo que está cada vez mais se desmaterializando e se tornando virtual. As fronteiras nacionais se apagarão lentamente, perdendo sua importância, juntamente com os parlamentos nacionais, num mundo mais virtual. Se faço o download de algo no meu computador, nem imagino de que país está vindo. Qual, então, é o significado da cláusula de direitos territoriais no contrato da minha editora? O *Mein Kampf*, de Hitler, foi banido da Alemanha, mas os alemães podem comprá-lo na Amazon.com. Em 2001, posso ser um dos 40 por cento na Grã-Bretanha com um computador em casa, mas muito antes dos próximos vinte anos, acredita-se que nem sequer os chamaremos de computadores. Serão simplesmente aquelas telas penduradas na parede que tocaremos, ou talvez às quais apenas peçamos, verbalmente, o que desejarmos. A maioria do que comprarmos ou vendermos será através dessas telas, e quem conseguirá rastrear as transações e contá-las?

Da maneira como as coisas estão, algumas partes dos meus rendimentos já são desmaterializadas ou virtuais. Vêm na forma de "direitos" que editoras de outros países pagam para reproduzir meus livros. A menos que eu conte aos departamentos do governo britânico Inland Revenue (responsável por coleta de imposto de renda entre outros) e HM Customs and Excise (HMCE — responsável pela gestão da importação e exportação de bens e serviços), não há meio, que eu saiba, de que alguém pudesse descobrir a respeito. Porque, lamentavelmente, tratam-se de quantias pequenas, as quais me sinto feliz em ser sincero a respeito, e as declaro todas, mas posso ver que talvez fosse tentador não fazê-lo se fossem significativas. Cada vez mais, os arrecadadores de impostos terão de depender da franqueza dos cidadãos para recolher os impostos que são devidos sobre nossa renda.

Tradicionalmente, o imposto de renda tem sido o tributo mais fácil de se recolher, isso sendo feito com a ajuda das organizações empregadoras que o deduz na fonte. À medida em que mais e mais trabalho é contratado de fora, de organizações menores ou de trabalhadores autônomos, esse departamento de arrecadação de impostos deixará de ser tão útil. Países como a Itália passaram progressivamente de tentar recolher tributos de rendimentos invisíveis a tributar as coisas que podem ser vistas e contadas e que, de preferência, não se desloquem, tais como uma casa. Mas os impostos sobre propriedades têm seus limites, e impostos sobre vendas como o VAT são regressivos — atingem mais os pobres do que os ricos — e inevitavelmente fazem a inflação subir, o que atinge a todos.

Os políticos estão ficando cada vez mais astutos em encontrarem novos "impostos furtivos", os que ninguém nota em princípio, mas terão de se tornar ainda mais astutos, talvez taxando aqueles fluxos de dinheiro através das operações cambiais. Mas isso precisará de acordos internacionais para garantir que todos os países estejam em pé de igualdade nisso, segundo se diz. Em outras palavras, uma maior harmonização de impostos entre países é provavelmente inevitável. Alternativamente, esses políticos terão de encontrar mais meios de tornar o pagamento de impostos aceitável para nós, possivelmente através de hipotecas, uma palavra feia que significa que os impostos estão atrelados a certos usos. O imposto de renda seria desmembrado num imposto de saúde, um imposto de educação, um imposto de polícia, um imposto de defesa e assim por diante. Os governos odeiam hipotecas porque elas os deixam de mãos atadas e os forçam a ser mais abertos sobre como gastam nosso dinheiro, mas poderá ser o único meio de extrair dinheiro de nós sem uma utilização cara e invasiva de inspeção eletrônica do fluxo do nosso dinheiro.

Não é a minha intenção aqui reinventar o sistema tributário. Estou usando seus dilemas futuros apenas para ilustrar quanto a sociedade como também as organizações serão individualizadas no mundo que nos aguarda pela frente. Cada vez mais, seremos pulgas privadas sobre as quais as instituições da burocracia do governo terão cada vez menos controle. Sem a nossa cooperação voluntária, a sociedade poderia começar a desmoronar. Acredito que é provável que estejamos mais preparados para contribuir com o local do que o nacional, com as organizações e estruturas às quais sentimos que pertencemos do que com burocracias que não compreendemos para propósitos sobre os quais não temos controle algum. A democracia, em suma, terá de se tornar muito mais local para poder funcionar. A nação como Estado, dentro de uns trinta anos ou mais, poderá muito bem ser um dos intermediários que estão desaparecendo.

Os empregos também mudaram, enquanto as organizações arcam com as consequências do desaparecimento de tais intermediários. O fato de que, já na Grã-Bretanha, menos da metade da população que trabalha tem empregos fixos de tempo integral nas organizações deve nos alertar para o tamanho das mudanças que ocorrem à nossa volta, mesmo que ainda não tenham nos atingido pessoalmente.

Quando ingressei no Grupo Shell após a universidade, fiquei muito aliviado com o simples fato de conseguir um emprego, quanto mais numa organização de tamanho prestígio e abrangência global. Escrevi para os meus pais: "Minha vida está resolvida". Quis dizer que, dali em diante, a Shell cuidaria do meu treinamento e desenvolvimento, me colocaria em cargos em que eu poderia dar o melhor de mim e aprender o máximo, que atenderia razoavelmente às minhas necessidades financeiras e as de uma futura família e, em termos gerais, planejaria minha carreira para mim. Eu provavelmente não deveria ter acreditado em tudo que dizia o material de recrutamento da empresa, mas essa era, sem dúvida, a intenção deles. Todos que conheci na Shell naqueles primeiros anos estavam na empresa desde o início da carreira e não pensavam em ir para outro lugar. Olhando para trás, admiro-me com o fato de ter estado tão disposto, até ansioso, a entregar minha vida a uma organização, tendo apenas conhecido uns poucos de seus funcionários, que nem estavam entre os mais importantes.

O tipo de carreira organizacional que a Shell propiciava na época mudou para além do que posso lembrar. As organizações não a oferecem mais, nem os indivíduos a esperam, nem a querem. Nas sociedades pós-industriais, o trabalho está sendo rapidamente reinventado. "Empregabilidade" significa "pensar como um profissional independente" e é entendida desse modo por muitos dos trabalhadores. "Flexibilidade" significa que ninguém pode garantir nada por muito tempo. Hoje em dia, a lealdade de um indivíduo vem em primeiro lugar para consigo mesmo e o próprio futuro, em segundo lugar para com a sua equipe ou projeto e apenas finalmente para com a organização. Os que trabalham para os elefantes atualmente pensam em si mesmos como os novos profissionais, de maneira semelhante aos arquitetos, advogados e profissionais das antigas profissões com possibilidades de carreira que vão além da organização onde estiverem trabalhando. "Cosmopolitas", não "locais", é como um sociólogo os chamaria. O novo entusiasmo, na Europa agora como também nos Estados Unidos, por mestrados de MBA, embora de tipos e qualidade variados, favorece essa nova definição para a administração de negócios e o gerenciamento como quase profissões oficiais.

Além disso, os novos empregos, até os mais duradouros, que são cada vez mais escassos nas grandes organizações, não garantirão o tipo de aposentadoria que nossos pais desfrutaram. As novas carreiras, onde ainda existem, já são mais curtas. Na França, por exemplo, apenas 38 por cento dos homens entre cinquenta e cinco e sessenta e quatro anos estão em empregos remunerados, e os números estão caindo até esse patamar por toda a Europa. Os empregos normais acabarão para a maioria aos cinquenta e cinco anos, quando, com sorte, eles ainda terão de sobra mais trinta anos para viver. Nenhum plano de aposentadoria, estatal ou privado, é atualmente capaz de prover uma vida confortável durante esses anos extras. A dura, ou talvez boa, verdade é que teremos de continuar trabalhando depois que os empregos normais terminarem, mas serão trabalhos desmembrados, conjuntos ou "portfólios" de trabalho em vez da continuação de qualquer emprego normal. O trabalho ajudará a nos manter saudáveis, úteis e sem precisar contar com a geração após a nossa, a qual mal conseguirá financiar nossa chamada aposentadoria, uma palavra que poderá ter-se extinguido algum dia.

Paradoxalmente, porém, as organizações estão agora preocupadas com a possibilidade de que a vida fora de uma empresa esteja se tornando tão atraente para os espíritos livres e independentes que exista um perigo verdadeiro de perderem seu melhor e mais inovador pessoal. Não pretenderam que a flexibilidade fosse tão longe. O presidente de uma grande multinacional me disse em particular:

— O que me preocupa é que não posso ver por que qualquer pessoa jovem e ambiciosa iria querer entrar na minha empresa, ou ficar por muito tempo caso entrasse. Minha tarefa mais importante é mudar isso o mais depressa que puder.

A fim de manter seus melhores atores no seu elenco, as organizações de negócios começaram a oferecer oportunidades de desenvolvimento tentadoras que vão além das necessidades imediatas do emprego. Reconhecem, por exemplo, que o que alguns de seus funcionários mais talentosos querem é poder tirar licenças. Dois amigos nossos, casados recentemente, tanto ele quanto ela em empregos de alto escalão em organizações exigentes, decidiram que queriam usar o primeiro ano de seu casamento para viajar pelo mundo. Iriam vender o apartamento novo, segundo me disseram, deixar os empregos e partir, sem planos e com passagens ao redor do mundo com datas em aberto.

— São corajosos em deixar seus empregos nessa fase de suas carreiras — comentei.

— Oh, não há problema — asseguraram. — Ambas as organizações em que trabalhamos prometeram nos aceitar de volta sem perdermos nada em nossos cargos quando retornarmos.

A vida será mais fracionada no futuro. Projetos intensos e exigentes se alternarão com o equivalente a períodos de licença, alguns pagos por uma organização, alguns financiados pelo próprio indivíduo. Nos primeiros anos do programa Sloan da London Business School, o curso de tempo integral, feito por vinte indivíduos em média, era totalmente pago pelas respectivas organizações deles. O programa tem agora o dobro da duração e custa cinco vezes mais, porém mais da metade de cada grupo paga o curso do próprio bolso. No primeiro programa, os participantes eram todos homens. Agora, consistem geralmente em um terço de mulheres e dois terços de homens, ainda não uma divisão igual, mas bem mais próxima. E era de se esperar, uma vez que as vidas dos homens e das mulheres estão gradualmente se tornando mais parecidas, com muito trabalho no mundo das informações e serviços atraindo as mulheres e com mais homens com tempo para cuidar dos filhos ou cozinhar, quer desejem ou não.

Para aumentar a turbulência, celulares, computadores e a internet estão mudando não somente a maneira como trabalhamos mas também o local. Em consequência, organizações discutem agora sobre quem realmente precisa de uma sala permanente num escritório, a qual é — eles estão penosamente cientes —, um ativo fixo disponível durante 168 horas por semana, mas geralmente usado por doze ou menos, às vezes apenas para o acúmulo de correspondência. Bill Gates previu que, até o ano de 2050, 50 por cento da população que trabalha o estará fazendo em casa. Algo um tanto surpreendente para alguns, um levantamento em 2000 para o Departamento de Emprego da Grã-Bretanha, descobriu que 23 por cento dos trabalhadores britânicos já passam parte da semana trabalhando em casa e outros 38 por cento gostariam de fazê-lo. Ainda mais surpreendente, a maioria achava que seus empregadores ficariam felizes se eles o assim fizessem. O futuro do trabalho pode estar mais próximo do que supomos e a previsão de Bill Gates poderá ter-se concretizado muito antes de 2050.

Espere, portanto, ver mais do novo tipo de escritórios ao estilo de sede de clube do que o amontoado de cubículos que estivemos acostumados a chamar de nossos escritórios quando tínhamos sorte o bastante em possuir um. Clubes são lugares onde apenas associados e seus convidados têm permissão de frequentar, onde os ambientes são definidos por função (comer, reunir-se, ler, etc.) e abertos a todos em vez de designados a alguns indivíduos. Você pode reservar uma sala particular por um período específico ou para certo propósito, mas não pode, na sede de um clube, colocar seu nome na porta, a não ser que seja o secretário ou gerente do lugar.

Membros da organização usarão a sede do clube para reuniões, para redes de relacionamentos ou para algumas formas de trabalho individual, mas não terão um espaço para colocar seus itens pessoais — está se tornando caro demais. De modo crescente, mais pessoas vivem como professores sempre viveram, com os clientes a maior parte do dia, com acesso a uma sede de clube, mas fazendo a maior parte da preparação e relatórios em casa. O escritório do tipo sede de clube é um centro para uma rede de profissionais, uma rede que incluirá autônomos como também funcionários. Na realidade, não será mais fácil distinguir quem é efetivo e quem é temporário em qualquer equipe de projeto. Todos serão membros do clube, por certo tempo.

As pessoas talvez se queixem da falta de um espaço pessoal, mas podem se acostumar depressa ao novo jeito de trabalhar. Aprendem a valorizar a liberdade e a fuga da necessidade de serem vistas que ainda faz parte do contrato tácito de muitos escritórios. Como compensação pela perda de espaço pessoal, podemos esperar que as organizações invistam em tornar a sede do clube atraente e confortável, até luxuosa, com boa comida, academia de ginástica e até acomodações para pernoite. Isso significa que a arquitetura da empresa mudará gradualmente e com ela os horizontes de nossas cidades. Muitos conjuntos de escritórios de antigamente, desnecessários agora, já estão sendo convertidos em apartamentos para moradores do centro da cidade.

As fábricas, evidentemente, não desapareceram, mas muito do trabalho repetitivo logo desaparecerá, graças à automação. No lugar da linha de montagem, entretanto, temos agora as centrais de atendimento e o supermercado 24 horas. Poucos fingiriam que esses oferecem muita diversão ou espaço para crescimento pessoal; representam um meio para um fim, não uma carreira, jamais o centro da vida de ninguém. O trabalho de meio expediente ou em turnos é popular, portanto, porque deixa tempo para outros interesses. É apenas uma parte de um portfólio variado de atividades. Para a surpresa de muitos, pesquisas têm mostrado consistentemente que o trabalho de meio expediente agrada as mulheres, para quem o emprego nem sempre é a parte de maior destaque da vida.

No outro extremo, vemos a ascensão do empreendedor independente ou alquimista — pessoas que esperam criar algo do nada. Os encontros da First Tuesday Network de empresários em potencial, realizados em cerca de trinta cidades da Europa foram uma manifestação inicial do novo fermento para se começar a própria empresa, os quais atiçaram o entusiasmo daqueles com vinte e poucos anos. O fervor inicial foi apagado pela quebra das primeiras empresas pontocom, mas, na Grã-Bretanha, a Chemistry, que desenvolveu a mesma ideia de reunir empresários e capitalistas de risco regularmente, descobriu que suas reuniões atraíam tipicamente mais de uma centena de alquimistas praticantes e em potencial.

Aonde isso nos conduz enquanto deixamos para trás o que foi o século do funcionário? A uma tela de trabalho muito mais repleta de nuanças de trabalho, com mais escolhas para mais pessoas, mas também com mais responsabilidade sobre nossos ombros para fazermos essas escolhas. O trabalho, de fato, se expandiu para preencher o espaço disponível, conforme Parkinson observou muito tempo atrás, mas foi feito através de uma surpreendente variedade de maneiras, nem todas remuneradas. As organizações elefante de antigamente ainda estão aí, mas estão bem mais enxutas agora e estão cercadas de uma multiplicidade de pulgas, fornecedores independentes menores, subempreiteiras, orientadores, consultores e empresas novas. Olhe dentro da organização também e descobrirá que indivíduos são encorajados a assumir a responsabilidade por seu próprio futuro, para desenvolver suas capacidades especiais e divulgarem-se a líderes de projetos e de equipes. Neste tipo de mundo, convém a uma pessoa pensar e agir como um talento independente, quer fora ou dentro da organização. No que parece, ao primeiro olhar, ser o mundo dos elefantes, as pulgas, surpreendentemente, poderão ser as vencedoras.

Na terceira parte deste livro, descreverei como consegui lidar com o fato de me tornar um profissional independente depois de trinta anos em organizações de várias áreas. É o tipo de transição que quase todos se verão obrigados a fazer para se ajustar ao mundo mais flexível em que entram. Educados para a vida em instituições, como eu fui, esses indivíduos acharão desafiador assumir a responsabilidade pelas próprias carreiras. Os melhores apreciarão a liberdade e as oportunidades; outros julgarão a vida fora da organização dura e cruel. Terão de aprender, como eu tive, a quanto cobrar por seu trabalho e a divulgá-lo e a si mesmos, como providenciar o próprio aprendizado e desenvolvimento e como equilibrar suas vidas. Ainda não existem escolas para essa finalidade, apenas experiência árdua e as lições daqueles que vivenciaram isso primeiro.

6

As variedades do capitalismo

Eu costumava achar que o capitalismo era um palavrão. Isso foi até que me vi ganhando o meu sustento como parte do sistema dele. Na maioria, não nos vemos como capitalistas, mas em quase qualquer parte do mundo em que estivermos vivendo ou trabalhando hoje em dia, aceitamos implicitamente o conjunto de crenças fundamentais dele. Olhando para o futuro, não posso ignorar as possíveis consequências do que se tornou a verdadeira religião do Ocidente e, crescentemente, a do Oriente também.

Francis Fukuyama, o historiador social americano, disse uma vez que toda a sociedade chegaria eventualmente a uma combinação de democracia liberal e capitalismo de mercado livre. Ele chamou isso de *O Fim da História*. Seu livro não era uma tese triunfalista — ele não se mostrou assim tão empolgado com o que emergiria ao final do dia. Governos democráticos, para começar, sempre desejariam tentar e dar às pessoas o que elas quisessem a fim de se reeleger, mesmo que não fosse o que era melhor para seus interesses de longo prazo. Ele descreveu os habitantes das sociedades futuras, comparando-os a cães deitados de costas no sol à espera de cócegas. Política de grupo de foco é como chamaríamos isso hoje.

Não partilho do senso de inevitabilidade histórica de Fukuyama sobre democracia ou o capitalismo. O perigo é o de que as falhas no sistema capitalista possam ser sua perdição, deixando-nos com algo bem pior. Eu costumava me preocupar, achando que a democracia destruiria o capitalismo por causa das desigualdades que o capitalismo parece produzir, devolvendo-nos a um socialismo dirigista ou uma ditadura dos pobres, mas agora me preocupo achando que o capitalismo pode tornar a democracia política redundante, conforme as pessoas pensam que o mercado lhes dá mais poder do que um voto. Num prazo de vinte anos, saberemos qual é o rumo que ele está tomando. Minha esperança é a de que possamos fazer algo a respeito das falhas do capitalismo antes disso, embora não esteja otimista.

Minhas visões do capitalismo foram amplamente moldadas por minhas experiências em três lugares bem diferentes — Cingapura, Estados Unidos e Kerala, na Índia — como também, é claro, na Grã-Bretanha e Europa. O capitalismo, eu me dei conta, não é o mesmo ao redor do mundo. Uma pergunta é se as diferenças permanecerão ou se uma marca de capitalismo, a americana, se tornará tão poderosa que sobrepujará as demais. Se for o caso, isso enriquecerá os pobres do mundo ou os empobrecerá ainda mais? Ele talvez nos dominará como indivíduos, distorcendo nossos valores e prioridades, ou é, como alguns acreditariam, o único caminho para a liberdade? Liberdade e igualdade são reconciliáveis, ou precisamos da intervenção da fraternidade — aquela trindade francesa de virtudes que a sociedade ainda acha tão ilusória? Vivi e trabalhei numa variedade de culturas capitalistas a vida toda, mas ainda não tenho respostas claras para essas perguntas cruciais; ainda assim, se não encontrarmos uma resposta o mundo inteiro, tanto de elefantes quanto de pulgas, talvez desmorone.

CINGAPURA

Encontrei inicialmente uma forma bastante britânica de capitalismo quarenta e cinco anos atrás, em Cingapura.

Certo dia, durante meu primeiro ano de trabalho na Shell da Malásia, recebi uma mensagem para me apresentar no escritório central em Cingapura. O gerente geral queria me ver. Obviamente, não havia indicação do motivo. As organizações de antigamente, como agora, cultivavam uma desnecessária aura de sigilo. Quando cheguei lá, perguntando-me o que fizera de errado, ele me disse que Londres lhes pedira para designarem um economista para a região.

— Quero que você faça isso e que comece imediatamente — anunciou ele.

— Mas não sou um economista. Estudei latim e grego.

— Mas você tem formação universitária, estou certo?

— Sim.

— Ótimo. Então, você se sairá bem.

E ele me acompanhou até a saída.

Fui até o centro da cidade e comprei um pequeno livro amarelo chamado *Aprenda Economia Sozinho* e comecei a lê-lo. Uma formação universitária, eu acabara de descobrir, não era uma qualificação, mas uma licença para aprender. Na exata semana seguinte, deram-me um convite do professor Parkinson, o autor da famosa Lei de Parkinson, que estava na época lecionando na estreante universidade de Cingapura, solicitando alguém para ir falar em seu seminário sobre o Futuro do Petróleo.

— Você é o economista — disseram-me. — Você irá.

Descobri algo mais na ocasião: a melhor maneira de aprender algo é tentar ensiná-lo a outro alguém. É azar dos alunos, costumo pensar, mas descobri que é uma excelente maneira de desenvolver meu raciocínio desde então.

A razão para o economista, logo descobri, era o fato de que o escritório do Grupo em Londres começava a ficar mais profissional em seus prognósticos. Era o ano de 1956, e os dias de previsões baseadas em tendências passadas ainda estavam apenas se encerrando. Queriam estimativas do PIB — o Produto Interno Bruto, segundo me disse meu livrinho amarelo — divididas por categorias, de todas as regiões. Cingapura, porém, ainda era uma colônia da Coroa Britânica. Possuía uma porção de estatísticas de pessoas e suas ocupações, de mercadorias produzidas e comercializadas, mas ninguém colocara números de somas de dinheiro ao lado delas e tentara descobrir o resultado econômico total. Eu teria de fazê-lo sozinho da melhor maneira que pudesse.

Não creio que o tenha feito muito bem, mas aprendi bastante sobre riqueza e geração de riqueza. Não era, percebi, um assunto que interessasse particularmente os administradores coloniais de Cingapura na época. As preocupações deles eram administração, leis e defesa. Peculiarmente, não era tão diferente dos antigos regimes comunistas, refleti mais tarde. O que importava mais eram o planejamento e o controle, não empreendimento ou iniciativa individual.

Cingapura era um centro comercial bem gerenciado. Bem pouco era feito realmente lá; era uma cidade de empregados e pequenos lojistas. A pessoas eram pobres, com exceção dos estrangeiros. Minhas previsões não anteciparam muito crescimento econômico, e o melhor futuro para Cingapura pareceu o de se manter ligada com a recém-independente Malásia. A geração de riquezas, ao que me parecia, dependia de investimento, de uma força de trabalho motivada e capacitada e dos gastos do governo em infraestrutura, incluindo educação superior. Os britânicos não estavam assim tão interessados nessas coisas.

Deixei Cingapura em 1961. Quando retornei, trinta anos depois, todos os ocupantes do voo receberam um folheto de apresentação. Na página da frente, havia uma fotografia de Orchard Road, a rua principal de Cingapura, parecendo da maneira exata como eu me recordava. Então, notei o título: "Cingapura — como era antes". Na maioria, as cidades do mundo, quando se torna a visitá-las após trinta anos, continuam quase as mesmas, com uns poucos novos prédios alterando o horizonte em alguns lugares. Não consegui me localizar na nova Cingapura. Todos os antigos pontos de referência haviam desaparecido, exceto a catedral e o clube de críquete, lembranças duradouras de um passado colonial. Os cingapurianos estavam mais ricos do que os britânicos, refleti, sua economia crescendo mais depressa. Com uma população do tamanho da Irlanda ou da Nova Zelândia, e sem recursos naturais, eles haviam superado os britânicos.

Inicialmente, Cingapura se reunira à Malásia, mas logo saíra para permanecer sozinha, quando o primeiro-ministro, Lee Kuan Yew, deu-se conta de que seu país seria dominado pelos outros Estados na nova federação. Ele recorda em suas memórias como dormiu pouco na noite após ter anunciado a independência, preocupado com o que fizera. A pequena ilha não tinha nada, nem mesmo sua própria água, que ainda chega através de um oleoduto da área continental da Malásia. Ele estava colocando o futuro do país em risco com base numa crença na capacidade de seu povo, no que chamaríamos agora de propriedade intelectual potencial deles.

O jogo dele, pois era isso, de fato, foi profusamente justificado. Harry Lee, o advogado radical formado em Cambridge, como era quando o conheci, provara que o capitalismo pode, numa geração, produzir riquezas do nada, transformando uma sociedade de Terceiro Mundo numa capaz de competir com o Primeiro Mundo, até mesmo de encabeçar as lista de resultados desse mundo em termos de produtividade.

É o que as estatísticas dizem. Mas a vida é necessariamente melhor, eu me perguntei? A maior parte de Cingapura parecia ser um shopping center ampliado, repleto de pessoas vendendo e comprando. Grande parte desse novo PIB, refleti, era *chindogu*, uma palavra que os japoneses usam para descrever as coisas inúteis que compramos — limpadores de parabrisa para óculos é um dos meus exemplos favoritos. Mas *chindogu* também abrange aquele par extra de sapatos que não preciso, as vinte gravatas penduradas no meu guarda-roupa que nunca uso, os livros que encomendo na Amazon por impulso e nunca tenho a chance de ler, ou todos os produtos caros provenientes dos acessos de terapia das compras do nosso filho.

O *chindogu* é um dos primeiros sinais do problema de excesso do capitalismo. O crescimento econômico requer que mais pessoas gastem mais dinheiro. Isso, em contrapartida, gera mais trabalho para mais pessoas, gerando mais dinheiro para se gastar em mais coisas e, desse modo, a espiral de crescimento prossegue. Esse tipo de espiral que o Estados Unidos desfrutaram no final deste último século e, a não ser por algumas calmarias temporárias, tem sido a história da economia mundial ao longo dos últimos cinquenta anos. Isso dificilmente poderia ser chamado de problema.

Não é, desde que haja sempre mais apetites a serem saciados. O capitalismo vacila se a demanda diminui depois que compramos além das nossas necessidades e não podemos ser persuadidos a querer mais do que já temos. Uma diminuição na demanda em consequência de consumidores vacilantes foi o problema do Japão nos anos noventa, quando o governo até pensou em dar vales às pessoas para persuadi-las a irem às lojas. Novos produtos e avanços em produtos já existentes tentam nosso apetite e mantém a demanda viva. Como também o desejo de termos o que vemos os outros possuindo, ou de termos o que eles não possuem. A moda, impulsionada pela propaganda, é um estímulo importante para a demanda, como também o é a inveja.

Fui economista o suficiente para reconhecer que o *chindogu* tem sua utilidade em prover empregos e mais dinheiro para as pessoas gastarem, mas houve uma parte de mim que se preocupou com o desperdício envolvido em todas aquelas coisas desnecessárias, o desperdício do tempo das pessoas, como também o desperdício de materiais. Não pode ser muito divertido passar o dia inteiro naqueles shoppings e, cada vez mais, a noite inteira, divulgando *chindogu*, mesmo que sejam coisas mais caras; nem pode ser algo que gera satisfação ser um daqueles que as produzem, numa fábrica, ou, hoje em dia, ficar sentado numa central de atendimento dando suporte a mais um site desnecessário. Não é a melhor maneira de se levar uma vida, mesmo que isso forneça o pão que a sustenta.

Uma parte de mim também se preocupou com um mundo em que os ricos estavam presos na espiral de crescimento e em cada vez maior opulência, enquanto mais de quatro bilhões de pessoas ao redor do mundo ainda viviam na pobreza, um disparidade que esse capitalismo parece incapaz de corrigir e talvez até a esteja tornando pior. Cingapura, contudo, demonstrou como o capitalismo pode ser aproveitado em favor dos pobres, desde que haja uma determinada liderança. Em trinta anos, o país conseguiu tirar todos os seus cidadãos da pobreza — e somente para que alguns descobrissem que suas crescentes aspirações estão criando seus próprios problemas.

— É estranho — disse-me um jovem banqueiro chinês de lá. — Minha renda é pelo menos cinco vezes maior do que a que o meu pai tinha, mas meus pais tinham uma casa com jardim, com uma empregada que dormia no emprego e um carro. Casas com jardins são raras agora, além de caras demais. Moro num apartamento no quinto andar sem empregados. Não tenho carro porque, primeiro, uma pessoa tem de comprar uma licença que custa quase tanto quanto o carro. Meu pai voltava para casa às seis da tarde todos os dias. Eu só chego em casa depois das nove na maior parte do tempo. Não sei mesmo quem era verdadeiramente mais rico, meu pai ou eu.

Esse é outro problema no capitalismo bem-sucedido: você tem de nadar em dobro para se manter no mesmo lugar. Duas rendas e dias mais longos de trabalho são necessários para se viver também, relativamente a como os pais de uma pessoa faziam com apenas uma renda. A palavra "relativamente" é importante, porque poucos desejariam voltar às condições físicas em que nossos pais viviam, a despeito de toda a nostalgia em relação ao mundo mais vagaroso e fácil deles. A realidade é que comparamos a nós mesmos àqueles à nossa volta, não ao nosso passado ou aos nossos pais. O rio de afluência pode estar correndo mais rapidamente e nos levando com ele, mas se não olharmos para a margem e, em vez disso, olharmos apenas para as pessoas ao longo de nós, teremos a impressão de que não estamos nos movendo em absoluto.

Políticos continuam a ficar desapontados quando ninguém os agradece pelo crescimento econômico, mas não deveriam se surpreender. Não estamos olhando para trás como eles, orgulhosos de suas realizações; estamos nos comparando com nossos contemporâneos. Além disso, se o crescimento econômico coloca mais pessoas na corrente, o rio fica mais lotado, as condições mais estressantes e mais competitivas. Alguns sentem-se, então, tentados, como eu me senti, a deixar o rio, sentar na margem e observar os outros lutar. Mas se todos fizessem essa opção, a economia entraria em colapso e eles logos reclamariam de ruas ficando cheias de buracos, da deterioração no sistema de saúde e da incapacidade das escolas em educar seus filhos. Os que sentam na margem estão inevitavelmente dando uma de penetras na infraestrutura econômica que é financiada pela riqueza criada pelos nadadores.

Dei-me conta, enquanto caminhava pelas ruas limpas, seguras, da nova Cingapura, que eu não tinha respostas para esses problemas. Não eram, porém, problemas que preocupassem muito os habitantes locais. A maioria deles parecia gostar de todos os ganhos e chances de gastar. Até meu amigo que comparou sua vida com a dos pais o fez ironicamente, não com raiva e nem mesmo com nostalgia. Os cingapurianos parecem se orgulhar de sua nação e do que alcançaram.

Os ocidentais reconhecem os avanços econômicos de Cingapura, mas frequentemente deploram a falta de dissidência, o que veem como controle excessivo de seu governo e o dócil conformismo de seu povo.

— Você gostaria de viver lá agora? — perguntam-me.

Bem, posso responder, há muito a enaltecer lá para o estrangeiro que não está preocupado com a política do lugar. As coisas funcionam em Cingapura. As drogas e a violência são raras. É uma nação bem regulamentada e bem policiada. Não há uma subclasse que se possa detectar. Fazem muitas coisas sensatas, como pagar aos funcionários públicos e ministros bons salários, bons demais de certas maneiras, porque sugam talento do setor privado. As providências para a aposentadoria são um modelo de autoprovisão, com todos guardando 30 por cento de sua renda num fundo de previdência, de onde podem pegar dinheiro emprestado para coisas como hipotecas. A maioria dos estrangeiros concordaria que é um bom lugar onde se fazer negócios e ter uma jovem família.

Para apreciar Cingapura, tem-se de descartar os pressupostos individualistas do capitalismo anglo-americano que é movido pelas ambições e necessidades de cada indivíduo. Lee Kuan Yew provou que um diferente tipo de capitalismo pode funcionar em certas situações e culturas. Ele o chama de capitalismo orientado. Pense nele mais como capitalismo corporativo. Cingapura é dirigida praticamente do mesmo modo que se dirigiria um dos elefantes corporativos, o pressuposto sendo o de que, se é bom para a corporação, é bom para todos os seus habitantes, o exato oposto da tradição individualista. Ao invés do estado ser o servidor do indivíduo, espera-se que o indivíduo esteja preparado a assumir alguns compromissos pelo bem do estado. Cingapura não será adequada para a pulga de mente independente, nem para o alquimista.

Na verdade, como já mencionei, essa é uma das atuais preocupações deles. Precisam de mais criatividade para manter seu padrão de crescimento. Lee Kuan Yew, ainda a força motriz filosófica de Cingapura, declarou ele próprio que chegou provavelmente o momento de afrouxar a extensão da "orientação" e de permitir mais expressões individualistas. Será interessante ver se as duas tradições podem se fundir com êxito, ou se o fato de permitirem que manifestações individualistas se infiltrem contaminará a sociedade cuidadosamente organizada.

Os Estados Unidos, eu estava prestes a descobrir, eram um lugar totalmente diferente.

ESTADOS UNIDOS

Eu tinha trinta e quatro anos quando fui aos Estados Unidos pela primeira vez, em 1966. Era, na época, uma espécie de lugar mítico para muitos. Os tempos em que as férias na Flórida ou na Califórnia seriam comuns, ou em que os executivos pensariam pouco para pegar um voo para Nova York para um dia de negócios, ainda aguardavam a chegada de passagens aéreas baratas. Eu ia para o MIT, Instituto de Tecnologia em Massachusetts, para aprender as teorias e prática de negócios no país onde, pelo que entendia, as organizações e as escolas de administração eram universalmente admiradas.

A situação era diferente na Grã-Bretanha em 1966. Não existiam escolas de negócios adequadas e não se julgava que os negócios fossem algo digno de estudo sério. Quando contei a um amigo que iria para o MIT a fim de me preparar para trabalhar na nova London Business School, ele pareceu intrigado e, então, perguntou se MIT significava Montreal Institute of Typing (Instituto de Datilografia de Montreal). Na época, para a maioria das pessoas na Grã-Bretanha, uma escola de negócios equivalia a uma faculdade de secretariado.

Adorei os Estados Unidos, a sinceridade e cordialidade das pessoas. Gostei do fato de que não eram ingleses, de que aceitavam uma pessoa pelo que ela era e não pelo que seus pais eram. Fiquei contente com o entusiasmo contagiante deles e até com suas vozes estranhamente altas. Mas o início foi desfavorável. Estava casado havia quatro anos. Viajamos com nosso bebê pequeno, de apenas seis semanas de idade. Houvera um leve surto de varíola na Europa continental no início daquele ano. Assim, tomamos a precaução de levar uma carta de nosso médico explicando que o bebê era novo demais para ser vacinado, apenas para o caso das autoridades da imigração fazerem perguntas. E fizeram, não ficando satisfeitas com a carta.

Foi numa tarde extremamente quente que desembarcamos; o agente da imigração transpirava muito e estava cansado. Tinha instruções, informou, para não deixar entrar ninguém da Europa que não tivesse sido vacinado. Teríamos de ficar de quarentena durante cinco semanas, numa ala de isolamento de um hospital, por nossa conta. Argumentamos, objetamos, suplicamos. No final, ele nos deixou entrar desde que eu concordasse em assinar um documento, em nome do MIT, indenizando o governo dos Estados Unidos em caso de qualquer ocorrência decorrente de nossa possível infecção, até um máximo de 10 milhões de dólares. Tanto o agente quanto eu sabíamos que eu não tinha autorização para assinar nada em nome do MIT, mas ele ficou com o seu pedaço de papel e nós, com o nosso bebê.

Mais tarde, refleti que o encontro tinha me dito muito sobre o país em que estava entrando. Fiquei impressionado com o fato de que alguém no patamar mais baixo de uma grande organização tivesse a iniciativa e a autoridade para criar uma solução tão inovadora por conta própria. Ele não precisara consultar seus superiores em nenhuma etapa. Esse senso de responsabilidade e iniciativa pessoais era algo que eu viria a encontrar repetidamente. É algo que vai além do emprego. Os americanos parecem entender que a vida deles é de sua própria responsabilidade e de ninguém mais. Numa sociedade que funciona bem, acham que, onde todos assumem essa responsabilidade, não deveria haver necessidade de assistência social governamental. O Serviço Nacional de Saúde da Grã-Bretanha, disseram-me continuamente, era sinal de uma sociedade fraca. Como era terrível, disseram, ter de confiar a própria saúde a uma burocracia a qual não se podia influenciar.

Também fiquei atônito com o fato de que o dinheiro propiciou a solução para o nosso dilema na imigração. Não quero dizer que o agente foi influenciado por dinheiro, mas que buscou um jeito financeiro de resolver o problema. Muito do que eu encontraria nos Estados Unidos viria com os cifrões do dólar atrelados. "Qual é o grau do seu sucesso?" significa, frequentemente, "qual é o seu salário, que taxas cobra, quanto vale o seu patrimônio líquido?" Está concorrendo a um cargo público? Terá de arranjar muito dinheiro. Feriu-se num acidente? Processe alguém para obter indenização financeira. Quer dar algo de volta à sociedade? Financie com doações uma cadeira de professor numa universidade ou uma galeria de arte.

Aprendi mais tarde que os puritanos, que aportaram na América pouco depois dos antecessores pioneiros, levaram com eles a crença de que o dinheiro que uma pessoa ganhava com o próprio esforço era um sinal de seu valor como ser humano, algo de que se orgulhar, não se envergonhar. O trabalho era bom; bom trabalho devia por direito fazer alguém ganhar mais do que trabalho ruim e, portanto, mais dinheiro significa mais boas realizações. Não tenho certeza de que o silogismo ainda se mantém, mas o senso de que o dinheiro não apenas é útil, mas também nada do que se envergonhar é uma parte profundamente arraigada da cultura americana, deixado a eles como legado, estranhamente por um grupo beato de ingleses.

Vindo como eu de um mundo onde era melhor não ser comentar sobre dinheiro, onde a parcimônia e um estilo de vida modesto eram coisas das quais se orgulhar, onde o dinheiro podia prover o sustento, mas certamente não o significado da vida, os Estados Unidos me pareceram profundamente chocantes em princípio — e, depois, maravilhosamente libertadores.

Era empolgante sentir que não precisava me envergonhar de usar meus talentos para ganhar dinheiro ou para gastá-lo como me aprouvesse. Meu sucesso financeiro, se acontecesse, seria prova de que eu estava contribuindo tão bem para o mundo quanto através de qualquer carreira mais altruísta. Eu retiro agora parte daquele fervor inicial, mas pude ver, de imediato, por que os americanos eram defensores tão ferrenhos de seu mundo puramente capitalista. Era um mundo, eu viria a descobrir, cheio de paradoxos e enigmas.

Uma semana depois, participei da minha primeira palestra sobre economia. O professor começou declarando o propósito claro e incontestado de qualquer negócio: otimizar o retorno a médio prazo para os acionistas. O dinheiro, percebi novamente, era a medida do sucesso nos negócios dessa vez. Senti na época, e ainda sinto agora, que eu era simplista demais. A maioria das pessoas, incluindo eu mesmo, não tem os acionistas em primeiro plano em sua mente enquanto executam seu trabalho. Nem acredito que devam.

Uma empresa, qualquer que seja, tem múltiplos objetivos, que incluem fornecer um bom preço para seus clientes, oferecer um emprego digno e oportunidades para o crescimento pessoal de seus trabalhadores, investir em seu fluxo futuro de produtos, respeitar as necessidades das comunidades locais na qual ela opera e o meio ambiente em geral e, claro, assegurar um retorno adequado para seus financiadores. É ingenuidade acreditar que esses objetivos em geral conflitantes se reunirão todos num só número chamado valor de acionista. É a tarefa peculiarmente difícil do alto gerenciamento equilibrar esses objetivos. Se for dada prioridade demais a um deles corre-se o risco de se fracassar nos demais.

Certa vez, encontrei-me sentado ao lado de Al Dunlap "Chainsaw" (serra elétrica) num seminário particular. Dunlap ganhara seu apelido devido ao seu ímpeto em se livrar impiedosamente de todos os custos e pessoas que não estivessem produzindo diretamente um valor agregado imediato ao resultado final dos lucros. Quando declarou que o único propósito da existência de uma empresa era devolver o máximo de dinheiro possível para seus donos o mais rapidamente possível, eu me vi exclamando "Absurdo!" numa voz alta demais e de carregado sotaque britânico. Sem me dar chance de explicar, ele se virou para mim, revidando:

— Isso é o que está errado com o seu país. Seus líderes de organizações não entendem o que estão fazendo em seus cargos.

Não fiquei surpreso em saber, três anos depois, que o sr. Dunlap levara à falência a empresa pela qual era supostamente responsável, tendo dizimado tanto o conjunto de funcionários que ela perdera seu rumo para o futuro e ele perdeu seu emprego.

Ainda não consigo entender por que os acionistas recebem tamanha prioridade na versão anglo-americana do capitalismo. Não é como se eles fossem realmente "donos" da empresa num sentido real. Na maioria dos casos, eles nem sequer forneceram dinheiro a ela. Os primeiros acionistas de cada negócio, de fato, dão dinheiro à empresa em troca de suas ações, mas, depois, essas ações trocam de mãos através das várias bolsas de valores sem que mais dinheiro algum vá para a empresa. Os acionistas não estão financiando o negócio, apenas apostando nele. O mercado de ações é um mercado secundário para a maioria, distante do negócio real.

O preço pelo qual as ações são negociadas nesse mercado importa, de fato, para a empresa, entretanto, porque, se o preço for alto, permite que a empresa use suas ações para comprar outras empresas, ou para levantar novo capital; ao passo que, se o preço cair demais, deixa a empresa sujeita a ser comprada por outra. Assim, quando presidentes de empresas falam tão afetuosamente de seus acionistas, a maioria dos quais nem sequer conhecem, estão, na realidade, falando sobre o valor das ações, que é afetado pelos lucros e dividendos que podem declarar e o tipo de futuro que se julga poderem oferecer. O dinheiro, no sentido do preço das ações, torna-se, então, a verdadeira medida do sucesso.

O preço das ações é a moeda corporativa do capitalismo, especialmente em sua versão americana. Empresas utilizam suas ações para comprar outras empresas. É a maneira mais rápida de fazer a empresa crescer, preencher quaisquer lacunas na estratégia e, sendo-se cínico, proporcionar melhores cargos para aqueles do alto escalão. Pesquisas, contudo, demonstram consistentemente que cerca de dois terços de fusões e aquisições não agregam valor. As únicas pessoas que se beneficiam financeiramente são aquelas que possuem ações na empresa que é comprada. O que acho desconcertante no processo todo é que as empresas se tornaram commodities, coisas a serem compradas e vendidas, quer aqueles que trabalham lá o desejem ou não.

Quando deixei meu "lar" corporativo na Shell, trabalhei durante um ano numa das ramificações da Anglo-American, empresa de mineração sul-africana. A Charter Consolidated, sediada em Londres, pretendia ser um meio para que a Anglo-American realocasse alguns de seus ativos para fora da África do Sul. Fui contratado como economista — aquele episódio em Cingapura acabou sendo útil e permitiu que eu me reclassificasse. No final da minha primeira semana, foi-me entregue um calhamaço de relatórios da empresa, todos em francês, juntamente com um certo número de relatórios sul-africanos.

— Harry [Oppenheimer, o chefão em Joanesburgo], quer trocar partes dos relatórios sul-africanos pelos franceses. Quer saber se é um negócio justo.

Fiz o melhor que pude. Foi um belo desafio intelectual, e fiquei satisfeito comigo mesmo quando concluí que Harry perderia cerca de 2 milhões de libras com o negócio. Ele ficará grato em saber que o fiz poupar isso, pensei.

No dia seguinte, um dos assistentes de Harry passou para ver como eu estava me saindo, antes de ele voltar para a África do Sul. Falei-lhe sobre a minha preocupação em relação ao déficit de dois milhões na transação.

— Oh, isso é tudo? — comentou. — Harry ficará satisfeito. É um preço pequeno a pagar para comprar um negócio na Europa.

Eu me dei conta de que havia entrado no mundo das finanças corporativas, onde as empresas eram apenas um meio de se chegar a um fim. Tive de confessar que durante todos os meus cálculos e projeções não havia pensado nas pessoas que trabalhavam naquelas empresas, cujos destinos eu estava ajudando a decidir. Nem sequer sabia em que cidades se localizavam. Era instigante jogar xadrez com as empresas, mas havia poder demais, com certeza, nas minhas mãos de aprendiz. Os jogadores de xadrez corporativos dos bancos de investimentos de Nova York ou de Londres são mais espertos nisso do que eu jamais poderia ter sido, mas duvido que pensem mais nas pessoas que estão comprando e vendendo do que eu mesmo pensei.

O preço das ações, além disso, é uma "amante volúvel". São altos e baixos que se devem tanto aos modismos do momento quanto ao verdadeiro desempenho da empresa, permitindo que alguns negócios modernos da nova economia, por exemplo, atinjam um preço alto de ação, apesar de nunca terem declarado lucro. O mercado de ações em si também fica sujeito à sua própria mistura de oferta e procura. Mais dinheiro indo atrás do mesmo número de ações fará a maior parte dos preços subir, quer mereçam ou não. Ao passo que, se a demanda por ações diminuir, talvez devido a alguma incerteza política ou medo de recessão, os preços despencarão independentemente de como uma firma individual possa estar se saindo bem. Um mercado de ações em alta nos anos noventa tentou muitos americanos a tomar empréstimos a fim de comprar algumas dessas ações em alta, desse modo aumentando ainda mais a demanda e fazendo o mercado subir mais. Se o governo dos Estados Unidos decidir, como pode um dia, privatizar parcialmente seu sistema de seguro social, cerca de 100 bilhões de dólares com recolhimento de impostos afluirão no mercado a cada ano, elevando-o ainda mais. O oposto, no entanto, também poderia acontecer se cidadãos comuns em demasia se preocuparem e decidirem vender suas ações.

Parece ilógico, até bizarro, usar um verdadeiro cassino desses como base para o sistema de uma sociedade inteira de geração de riquezas. O estranho é que funciona, ou funcionou até então, mais ou menos continuamente nos Estados Unidos desde a Segunda Guerra Mundial. Indivíduos ficaram multimilionários abrindo suas empresas. Executivos são recompensados por realizações com ofertas para comprar ações de sua empresa a preços favoráveis. Indivíduos tomam dinheiro emprestado para investir no cassino do mercado de ações. A possibilidade de fortunas além de meros salários inspira indivíduos a levar seus sonhos ao mercado, a iniciar empresas, a aumentá-las, ou torná-los mais produtivas. A busca de riquezas pessoais ainda é o motor que impulsiona a maquina capitalista americana. Tais riquezas dão a indivíduos empreendedores a liberdade para levar a vida como desejam, a comprar as escolhas que o mercado oferece.

A outra coisa estranha é que, no final das contas, esse não é dinheiro para se gastar. Ninguém, não importando quanto seja esbanjador, poderia gastar as dezenas de milhões de dólares que os americanos mais ricos levam para casa anualmente como fruto de seu trabalho. Em 1999, havia 268 bilionários na lista da *Forbes 400* dos americanos mais ricos e era necessário que se tivesse 625 milhões de dólares só para entrar na lista. Isso é dinheiro como um objeto em si mesmo, dinheiro como um prêmio. Em geral, os extremamente ricos, guardarão seus prêmios para si mesmos, tirando satisfação pessoal de seus êxitos, agindo discretamente, evitando sinais de opulência. Chamam-na de riqueza secreta. Alguns gostam de ostentar mais. Enquanto os britânicos premiam com a concessão de títulos de cavaleiro e barão como sinal de realização, os americanos compram os próprios prêmios. Alguns ostentam seus vinhedos e iates, outros colocam seus nomes em fundações e museus, usando seu dinheiro de prêmio para recompensar a si mesmos com as distinções que acham que seu trabalho lhes conquistou. Não tenho certeza de que não prefiro o jeito americano.

Mas, como sempre, há obstáculos. A maioria dos americanos precisa, de fato, do dinheiro não como um prêmio, mas para gastá-lo, porque a maioria não tem o bastante dele. Quando olham para o dinheiro que uma elite leva para casa e o comparam com seus próprios ganhos, devem se questionar em relação a um sistema que pode recompensar os gestores do alto escalão de uma empresa quinhentas vezes mais do que o trabalhador comum nesse negócio. Não estamos nos referindo aos talentos individuais das estrelas do esporte, como Michael Jordan, ou de empresários como Bill Gates, mas de executivos assalariados comuns. Como, perguntam-se as pessoas comuns, pode o trabalho de qualquer indivíduo ser valorizado quinhentas vezes mais do que o de outro, sendo que ambos trabalham para a mesma organização? É possível que uma pessoa faça assim tanta diferença?

As estatísticas revelam que a maior parte dos americanos não viu seus ganhos reais crescerem significativamente durante os anos de prosperidade nos Estados Unidos. Oitenta e seis por cento dos ganhos do mercado de ações dos anos noventa foram para apenas 10 por cento da população, sendo que a maior parte do restante não foi afetada. O Federal Reserve apurou que, embora a renda líquida da família média americana tenha aumentado 17,6 por cento entre 1995 e 1998, a riqueza da família ainda estava "substancialmente abaixo" dos níveis de 1989 para todos os grupos de renda abaixo dos cinquenta e cinco anos de idade. Em outras palavras, duas pessoas trabalham agora para manter o relativo padrão de vida que um dos pais delas provavelmente alcançava sozinho. Estatisticamente, os Estados Unidos são agora a sociedade mais desigual do mundo, depois da Nigéria. Os Estados Unidos parecem ser prova da teoria de que quanto mais depressa a economia cresce, maior é o abismo entre ricos e pobres, porque os pobres são deixados para trás numa corrida onde o conhecimento e as habilidades contam muito mais do que simples músculos.

Em face disso, pareceria ser uma situação à espera do socialismo, mas nenhum partido socialista nos Estados Unidos já obteve mais do que 8 por cento de votos numa eleição. Ambos os principais partidos políticos estão comprometidos com uma sociedade capitalista. Os pobres nos Estados Unidos são realmente pobres, mas não estão se revoltando contra isso, nem tampouco a classe média parece achar que está perdendo, embora estatisticamente esteja. Enquanto ando regularmente por centros oprimidos de cidades dos Estados Unidos e, então, por seus subúrbios bem-cuidados e, em geral, protegidos por portões, eu me pergunto por que essa crescente desigualdade, a coisa que imaginei que seria o calcanhar-de-aquiles do capitalismo, levando-o a um fim inglório, não era a preocupação da maioria dos mais pobres, como havia me convencido de que seria.

A resposta, creio, é única para os Estados Unidos. Remonta àqueles primeiros puritanos e à sua ênfase à salvação através do esforço individual. Era uma má teologia cristã, sem dúvida, uma vez que não deixa espaço para ideia da graça de Deus, mas eram cristãos de um tipo incomum. Nossa vida, ensinaram, é nossa própria responsabilidade; não podemos culpar a ninguém mais por nossa situação. Os puritanos também acreditavam que era o dever de um homem criar o paraíso na terra. Seu líder insistia para que construíssem um sociedade modelo, "uma cidade situada numa colina". Nosso propósito nesta terra, achavam eles, era aperfeiçoar a criação de Deus.

A ideia de que o futuro pode e deve ser melhor do que o passado é um dos aspectos mais fortificadores da cultura americana, bem ao contrário da geralmente cansada sensação europeia de que as coisas só podem entrar em declínio a partir dos tempos áureos do passado. Somando-se a isso a cultura dos imigrantes com sua tradição de construir uma vida nova numa terra nova, pode-se começar a entender por que tantos acham que eles, também, poderão um dia partilhar a prosperidade que veem à sua volta. A inveja, que pode ser corrosiva em outras sociedades capitalistas parece, nos Estados Unidos, alimentar a ambição e a esperança. Isso é reforçado pela movimentação que acontece na base da escada. Mais da metade daqueles que estão nesse nível ocupacional subiu um ou dois degraus ao longo do último ano, enquanto outros desceram.

Essa mobilidade dá a entender aos que estão perto da base que sempre existem possibilidades, sempre esperança. É, porém, esperança mesclada com medo, porque não existe muito na forma de um pé-de-meia para os que fracassam. Talvez, refleti, seja essa exata mistura de possibilidade e medo que alimenta a energia que é tão palpável nos Estados Unidos. Se a mistura mudasse, entretanto, se o medo superasse a possibilidade, como aconteceu nos anos da Grande Depressão, o modelo americano de capitalismo estaria ameaçado. É um equilíbrio complexo para os líderes políticos do país manterem.

Sempre me pareceu que os americanos depositam sua fé no mercado, em vez de nos políticos, como sua melhor chance de melhorar de vida. Um livro lançado em 2000, chamado *One Market Under God*, de autoria do comentarista americano Thomas Frank, preocupou-se com o fato de que, atualmente, os mercados "expressam a vontade popular mais articulada e significativamente do que fazem as meras eleições". Se for o caso, os pobres estão efetivamente sendo privados de seus direitos civis e privilégios, mas, ainda assim, não parecem se importar. A política só se torna uma preocupação para muitos americanos quando seu governo começa a gastar o dinheiro deles em empreitadas estrangeiras. Problemas domésticos são resolvidos mais rapidamente a um nível individual, através de esforço e dinheiro. Para que votar quando esse ato raramente parece mudar muita coisa? Daí o paradoxo de que nessa, a democracia líder do mundo, metade da população não vai às urnas. O capitalismo está corroendo a democracia.

Isso importa? Acredito que sim. Cria uma sociedade egoísta, uma sociedade em que cada um cuida apenas de si e de sua família, uma terra de clubes e guetos. Depois de fazer o check in num hotel cinco estrelas numa das minhas últimas visitas — pago, tenho satisfação em dizer, pela empresa de outra pessoa —, descobri que o elevador não parava no meu andar. Reclamei com a recepcionista.

— Oh, perdoe-me — disse ela. — Esqueci de lhe dar a chave para o andar do clube. Coloque isto na fechadura no elevador e, então, pressione o botão do seu andar.

Privilégio sem responsabilidade. Bastante agradável também, com coquetéis e lanches complementares e café da manhã nas alturas, longe do restante dos hóspedes nos andares abaixo.

Foi uma espécie de parábola de partes da América moderna, refleti. Onde todos estão isolados entre os de seu próprio tipo, há pouco contato com aqueles abaixo e menos preocupação com a vida deles. Quando em campanha, políticos não falam muito sobre os problemas urgentes que afligem os Estados Unidos, com quase dois milhões de pessoas em prisões, as drogas e armas nas ruas e frequentemente nas escolas, a crescente poluição do meio ambiente e as tensões raciais que ainda existem. Ao invés disso, falam do que podem fazer por você, você o indivíduo, não você o membro de uma comunidade.

Não sou o único a achar que o capitalismo está corroendo muito do sentimento de camaradagem que costumava distinguir as comunidades americanas. Alguns americanos de destaque são da mesma opinião. O livro do cientista político Robert Putnam, intitulado de modo tão evocatório de *Bowling Alone*, argumenta que os americanos têm testemunhado um declínio na sinceridade e na confiança, que o sistema do capitalismo social, onde os cidadãos se beneficiam de redes partilhadas e da dependência uns dos outros, está em crise por causa do crescimento do individualismo nu e cru e da sociedade do "cada um por si". O sistema do mercado, Adam Smith sempre argumentou, dependia do que chamou de empatia, a necessidade de cuidar do seu vizinho e de dividir seus ganhos com os menos afortunados. Desgaste essa empatia e você corre o risco de destruir a base da confiança das quais as transações do mercado dependem ao final.

Outro americano renomado, o ganhador do prêmio Nobel, Robert Fogel, preocupa-se com o que vê como uma privação espiritual nos Estados Unidos, amplamente em consequência do sucesso material do capitalismo. Ele, porém, não quer dizer uma falta de fé espiritual, mas uma escassez de qualidades como autoestima, um senso familiar, um senso de disciplina, uma apreciação de qualidade, e — mais importante de tudo, acha ele — um senso de propósito. Uma vez que as pessoas têm o bastante para comer, argumenta, essas qualidades começam a importar mais do que ainda maior riqueza material.

O historiador econômico David Landes, em seu trabalho magistral *A Riqueza e a Pobreza das Nações*, vai além. Ele acredita que o espírito de otimismo não soa mais verdadeiro. Para muitos, o futuro parece pior do que o passado: o fanatismo, o partidarismo e o ressentimento estão aumentando. Ele cita Yeats: "Aos melhores falta toda a convicção, enquanto o piores/Estão cheios de intensidade passional".

Adquiro alguns dos temores de David Landes quando torno a visitar os Estados Unidos hoje em dia, mais de um quarto século desde a minha primeira ida. Ainda é um país exuberante, alegre e cheio de energia, aonde vou para que o meu senso de possibilidade seja restaurado. Mas percebo algo do egoísmo escondido atrás da exuberância. Talvez seja natural preocupar-se em primeiro lugar consigo mesmo, levando-se em conta a insegurança que também detecto por trás da bondade. Tempos de preocupação atingiram agora a classe média assalariada, que perdeu a antiga segurança do emprego, mas não se beneficiou do mundo em que o vencedor leva tudo dos talentosos e dos empreendedores.

Também não posso deixar de perguntar por que os Estados Unidos precisam empregar 70 por cento de todos os advogados do mundo e se esse não é o sinal bastante visível da sensação de Robert Putnam de queda da confiança. Uma amiga nossa, recém-chegada da Grã-Bretanha com a jovem família à América, queixou-se de que os amigos de seus filhos nunca apareciam para brincar.

— Por que não? — perguntamos.

— Porque podem se machucar, e os pais deles sabem que não temos seguro adequado.

Ficamos confusos e, então, ela explicou:

— Significa que eles não obterão nada se nos processarem.

Que tipo de mundo será esse, eu me pergunto, onde crianças não têm permissão de brincar umas com as outras?

Também noto, em recentes visitas, um reflexo da preocupação de Robert Fogel sobre uma falta de propósito. É o velho dilema de que, quando você tem o que quer, você não quer mais o que tem — mais um paradoxo do sucesso. Ironicamente, portanto, uma sociedade que torna sempre mais fácil para muitos obterem o que querem bem cedo na vida está se deixando aberta para uma epidemia de tédio mais tarde entre muitos de seus manda-chuvas. O dinheiro compra muitas coisas num sistema capitalista, mas no final ele não proporciona à maioria de nós uma razão adequada para nossas vidas, uma vez que nossas necessidades materiais tiverem sido atendidas. Evidentemente, haverá sempre mais *chindogu* para comprar, mas até isso perde a graça depois de um tempo. Uma vida que valha a pena, na minha opinião, requer que uma pessoa tenha um propósito além de si mesma, algo que o capitalismo egoísta coloca bem abaixo dos planos.

Sempre deixo os Estados Unidos revigorado e cheio de entusiasmo. Mas também sei que não quero viver lá. A forma deles de capitalismo é exaustiva demais. A vida se torna uma corrida de longa distância da qual você não pode se dar o luxo de desistir, mas também uma que você nunca consegue vencer, porque sempre haverá alguém adiante, sempre mais a se obter, mais maneiras de fazer melhor ou ir mais depressa. Tenho amigos pertinazes lá que definem sua própria corrida, estabelecem seu próprio passo e metas, mas eles são a minoria e eu não seria, suspeito, tão forte quanto eles se vivesse lá.

É possível ter uma forma menos exigente de capitalismo, perguntei-me? Precisava descobrir.

KERALA

O capitalismo de livre mercado funciona nos Estados Unidos — mais ou menos. Gerou imensa riqueza e continua a fazê-lo. É a distribuição que é nitidamente desigual. Os americanos, contudo, sempre enfatizaram mais a liberdade do que a igualdade, acreditando que igualdade significa igualdade de oportunidades, não de resultados. O terceiro membro dessa virtuosa trindade — a fraternidade — também está sob ameaça, tendo se tornado uma questão de clubes para os ricos e guetos para os pobres, em vez do mecanismo para a coesão social que ela precisa ser.

Os americanos pregam as idéias de seu país. Acreditam que o que funciona para eles deve funcionar em toda a parte. Eu quis testar esse pressuposto. Ele claramente não funcionou em princípio na Rússia, onde se tornou um pretexto para o sindicalismo criminoso, um capitalismo de Máfia. Sem as leis e as instituições que mantém os mercados sob controle, o capitalismo individualista pode acabar com um país. A expectativa de vida para os homens na Rússia decaiu em dez anos numa década. Diz-se que pensionistas vivem com o equivalente a 10 dólares por mês. A maior parte do país voltou a um estado de agricultura de subsistência. As coisas estão melhorando lentamente, e a Rússia pode eventualmente criar sua própria variedade de capitalismo, mas ele levará pelo menos uma geração para se enraizar.

A China, prevenida pelo que aconteceu na Rússia, está agindo com mais cautela. O país reconhece que não pode resistir ao apelo do consumismo e à necessidade de permitir mais liberdade comercial mas, pelo bem da coesão social, está determinado a preservar as estruturas do Estado comunista. Eles esperam, percebi nas minhas visitas ao país, conseguir desenvolver uma versão fechada e particularmente chinesa do capitalismo, reconhecendo que seu mercado interno proverá toda a demanda potencial que precisarem sem ter de, necessariamente, se expor ao mercado global. As outras economias asiáticas, assustadas pela queda de suas moedas em 1997 e 1998, estão dando mais atenção ao fortalecimento de suas normas e instituições a fim de se isolarem, se puderem, dos caprichos desse mercado.

A Europa, esgotada por duas terríveis guerras em quarenta anos, tem se mantido tradicionalmente mais preocupada em enfatizar uma distribuição justa e a coesão social do que seguir numa busca desenfreada por geração de riqueza. Na Grã-Bretanha, durante os anos oitenta, Margaret Thatcher determinou-se a mudar a ênfase. Ela atacou as forças de resistência de frente, sustendo firmemente os sindicatos trabalhistas, e assistiu alegremente a despedida de muitos dos elefantes industriais menos eficientes. No lugar deles, a primeira-ministra buscou criar uma cultura americana de empreendimento individual, recompensada por ganhos financeiros.

Foi uma mudança necessária. O *status quo ante* conduzia a uma situação demasiado confusa. Mas o preço foi alto. "Não existe sociedade, apenas indivíduos e famílias", declarou ela celebremente, querendo dizer, de modo bastante razoável a meu ver, que tínhamos de assumir a responsabilidade por nossas próprias vidas. Os protestos desencadeados pelas palavras da primeira-ministra, porém, foram um sinal de que muitos acharam que ela lidou mal com a coesão social da Grã-Bretanha. A desigualdade crescera, a insegurança se espalhou, a palavra "subclasse" tornou-se parte do idioma, carreiras como as conhecíamos evaporaram. O lucro e a recompensa financeira tornaram-se os indicadores do sucesso enquanto empresas estatais foram vendidas e impostos baixados.

As coisas começaram, de fato, a funcionar melhor, mas um novo e feio egoísmo nascera. A seu devido tempo, as pessoas votaram no que esperaram ser uma forma mais suave de capitalismo. Ainda mantém a esperança. Uma vez que o gênio do capitalismo individualista sai da garrafa é difícil colocá-lo lá de volta. Lionel Jospin, primeiro-ministro da França na virada do século, demonstrou a opinião europeia de maneira muito boa quando disse que queria uma economia de mercado, mas não uma sociedade de mercado. Como ele sabe, isso é mais fácil de dizer do que de se alcançar, mas a França não é a única na Europa a querer proteger seu povo das brutalidades do capitalismo americano, mesmo à custa de um grau de crescimento.

A Europa encontrará, espero, sua própria versão mais suave do capitalismo americano, mas eu queria ver que efeitos a expansão do capitalismo global exercia nas partes menos confortáveis do globo, nas economias em desenvolvimento do Terceiro Mundo. Ele as estava violentando, como alguns observadores deram a entender, explorando sua mão de obra barata, ou estava levando às pessoas as tecnologias e os meios de saírem da pobreza? As estatísticas não eram boas. Enquanto os 20 por cento mais ricos do mundo detinham 70 por cento da riqueza em 1960, isso se elevara para 85 por cento até 1990 e, provavelmente, está ainda mais alto agora. Um bilhão de pessoas vive com menos de um dólar por dia. O capitalismo global tem algo a lhes oferecer?

Decidi ir a uma das áreas mais promissoras, a Índia, um imenso país que miraculosamente ainda permanece uma democracia. Estive lá muitas vezes. Parece ser uma tradição familiar. Dois dos tios da minha mãe foram oficiais do antigo exército indiano com histórias exóticas para contar sobre a vida entre as guerras. A irmã da minha mãe era uma médica dedicada, trabalhando num hospital missionário em Hazaribagh, em Bihar, o estado mais pobre e carente da Índia. Eu a visitei lá uma vez e a acompanhei em seu imenso e velho caminhão Chevrolet até suas cirurgias nas aldeias, onde era tratada feito um anjo visitante, pois era o único tipo de assistência médica que já tinham visto.

Fiquei abismado com o tamanho dos problemas do país, com o interminável fluxo de gente, a falta de infraestrutura e até das necessidades básicas da vida. Também fiquei tocado com o jeito amistoso do povo e sua quieta aceitação do que a vida lhes oferecera. Lembro, numa visita, de ter visto uma mulher parada à beira da estrada, esperando um ônibus quando passamos de caminhão numa manhã. Quando retornarmos à tarde, ela ainda estava à espera, sem desanimar, ao que pareceu. O ônibus passaria, eventualmente. Admirei a paciência dela, mas uma quieta aceitação daquelas não era um bom prognóstico para uma sociedade empreendedora, ponderei.

A Índia era uma sociedade socialista na época, quarenta anos atrás. Foi se tornando gradativamente mais capitalista. Como o capitalismo funcionaria na Índia, me perguntei, um lugar tão diferente dos Estados Unidos.

Quando o novo século começou, obtive a oportunidade de descobrir isso numa parte improvável da Índia. Fui convidado pela BBC de Londres para fazer três programas curtos de rádio em Kerala, supostamente um modelo para o desenvolvimento esclarecido no Terceiro Mundo, como também um paraíso turístico. Não sou um turista muito bom. Locais históricos me dão tédio e uma hora numa praia é tempo o suficiente. As pessoas e suas vidas são muito mais interessantes, e eu descobri há algum tempo que se você leva um gravador com as letras mágicas BBC nele, é surpreendente como as pessoas se prontificam a conversar com você.

Kerala é um dos menores estados da Índia, embora até mesmo isso signifique uma população de trinta milhões, reunida entre as colinas e o mar no extremo sudoeste daquele vasto subcontinente. É um estado de um verde exuberante, ao contrário do marrom poeirento da maior parte da Índia, com rios e cursos de água no interior percorrendo seu caminho até o mar, a partir das plantações de chá nas colinas até os campos de arroz e praias. Kerala é lindo. É também digno de nota por ter tido um governo comunista eleito nos anos cinquenta, e os comunistas ainda são parceiros na coalizão governante de hoje.

Esse governo comunista inicial começou a estratégia de desenvolvimento vagarosamente aquecido que agora está vendo seus primeiros frutos. "Apressando lentamente" era como chamavam quando estabeleceram aqueles planos iniciais de desenvolvimento. "Apressando lentamente" significava construir os alicerces primeiro, assistência médica e educação básicas com ênfase particular na alfabetização e um foco especialmente nas mulheres. Os resultados foram surpreendentes. Kerala tem a taxa de natalidade mais baixa da Índia, apenas logo acima da taxa de reposição de 2,2 filhos por mulher, e uma taxa de alfabetização de 94 por cento no próprio idioma deles, o malaiala. Isso é melhor do que na Grã-Bretanha e do que em muitos países do Primeiro Mundo.

As pessoas são perspicazes e carismáticas. Sabem definir onde estão suas melhores oportunidades e, principalmente, podem ver que não estão em Kerala. Os jovens de Kerala sabem sobre a economia global. Os melhor capacitados estão trabalhando em Bombaim, ou em Nova Deli, ou até mais longe, na Califórnia, em Munique e em Londres. Os menos capacitados servem como mão de obra às nações ricas do petróleo do Oriente Médio, voltando para casa de poucos em poucos anos e se aposentando em definitivo em casa aos cinquenta anos.

Esse é o problema de Kerala num mundo globalizado. Eduque seus jovens e você os perderá. As pessoas que ficaram para trás estão bem de acordo com os padrões hindus, mas o dinheiro vem dos parentes no exterior ou dos turistas. Ambas as fontes contagiam. O estado tem atraído numerosos grupos de hippies, que trocam a lotada Goa pelas praias vastas e vazias de Kerala. Conheci jovens na famosa praia de Kovalam que diziam que podiam viver somente com 2 libras por dia. Acomodações de baixo nível e lanchonetes se espremem umas de encontro às outras ao lado de precários cibercafés atrás da praia.

Kerala gostaria de ver um turismo de nível mais elevado, mais integrado à vida de seu povo, mas as autoridades acham difícil deter o fornecimento de ofertas chamativas quando a demanda está presente. O turismo de baixo nível desvaloriza um país, ainda que enriqueça alguns indivíduos. Ele carrega consigo drogas, lixo e sexo comercial, degradando tanto anfitriões quanto hóspedes. Isso, refleti, é um aspecto da globalização que geralmente não é enfatizado — a nova mobilidade dos jovens, que podem ir a qualquer lugar do mundo pelo preço de uma passagem de trem, de Londres a Glasgow, frequentemente levando consigo os piores aspectos de seus países de origem.

As remessas são outra faceta dessa mobilidade mundial. Pelo fato do povo de Kerala ter a mente tão globalizada quanto a dos turistas, muitos dos habitantes de Kerala vivem com o pouco dinheiro de seus parentes que trabalham no mundo inteiro (o principal jornal diário do estado imprime um milhão de exemplares por dia, mas envia cem mil deles para o exterior). Em consequência, há dinheiro para gastar em Kerala, na maior parte utilizado pelos pais e esposas dos que partiram. Eles o gastam, naturalmente, nos bens de consumo que já fazem parte do dia-a-dia no Primeiro Mundo: televisores, máquinas de lavar roupa e computadores. Então, querem uma moderna casa de tijolos para guardá-los e um carro para se locomoverem.

Os novos gastos apinham as estradas inadequadas e atraem pessoas para as cidades onde não há espaço para elas, nem empregos. Mais significativamente, nada do que compram vem de Kerala, exceto os tijolos e a mão de obra para as novas casas. As remessas não geram trabalho novo, apenas novas importações. A fim de pagar essas importações, Kerala exporta suas pessoas, geralmente as melhores.

— Somos os irlandeses da Índia — disse-me um homem.

— Mas os irlandeses estão voltando para casa na Irlanda — comentei. — Quando o seu povo voltará para Kerala?

Conversei com vários jovens executivos de Kerala que trabalhavam em Bombaim. Confirmaram que Kerala era um lugar encantador e disseram que adoravam voltar para ver as famílias, mas que não viveriam lá.

— Por que não?

— Porque não há empregos para nós lá. Não há animação, nada para se fazer.

Era como eu me sentia em relação à Irlanda quando era jovem. Também parti e nunca mais voltei, a não ser para ver minha família.

A economia da Irlanda decolou quando numerosas empresas multinacionais americanas se instalaram lá, atraídas pelas concessões de impostos do governo, uma força de trabalho jovem e bem instruída e a entrada no mercado europeu. Seguindo-se a esse afluxo, as empresas locais começaram a se estabelecer, e os irlandeses voltaram. Kerala, como a Irlanda, situa-se na beira de um imenso mercado e, como a Irlanda, provavelmente precisa de um impulso inicial do exterior para deslanchar. Precisa de umas poucas corporações atrativas que poderiam se tornar o centro do tipo de agrupamentos que geram alquimia e mais empresas. O Estado criou um novo parque de tecnologia, mas ainda não há ninguém fazendo fila para ocupá-lo.

Em vez disso, o governo de coalizão socialista optou pela reforma agrária, redistribuindo os hectares de plantações de arroz de proprietários de terras ricos para pequenos chacareiros que costumavam trabalhar nesses campos. A intenção é a de dar a mais pessoas independência econômica e mantê-los no estado. Mas a reforma agrária é um remédio pré-industrial para um mundo que agora é pós-industrial. Os novos campos são pequenos demais para gerar lucros, e as pessoas querem mais do que uma agricultura de subsistência. Querem dinheiro extra para comprar o que precisam. Querem empregos, não terra, segundo me disseram.

Você pode pensar, como eu pensei, que Kerala estava perfeitamente posicionado para a nova economia. Sem antigas indústrias para atrapalhar, o estado pode dar um salto para dentro da nova economia com uma força de trabalho bem-instruída, um meio ambiente bonito e aprazível e, logo além das montanhas, o exemplo de Bangalore, a "e-capital" (capital eletrônica) da Índia, para prover tanto o modelo quanto o know-how. Isso não está acontecendo. Minha pergunta a todos foi:

— Por que não? Se Kerala não pode fazê-lo, que esperança existe para o resto do mundo em desenvolvimento?

O trabalho do economista peruano, Hernando de Soto, pode fornecer uma explicação. Seu livro *O Mistério do Capital* tem o seguinte subtítulo: "Por que o Capitalismo dá Certo nos Países Desenvolvidos e Fracassa no Resto do Mundo". Não há falta de empreendedores no Terceiro Mundo, diz ele. É preciso todo o tipo de engenhosidade e jeito empreendedor apenas para se sobreviver nesses países. Seu argumento é o de que os pobres do mundo têm tudo o que é necessário para o capitalismo bem-sucedido — exceto capital. Dá a entender, entretanto, que eles possuem imensos bens. O que lhes falta é o poder para transformá-las em capital líquido utilizável. Os bens de pelo menos 80 por cento das pessoas do mundo em desenvolvimento — suas casas, lojas e firmas — não são legalizadas e, portanto, permanecem como o que ele chama de "capital morto".

Pelo fato desses bens existirem na economia informal e não estarem registrados em nenhum sistema legal de direitos sobre propriedade, seus proprietários não podem fazer empréstimos usando-os como caução ou vendê-los e, não estando em condições de fazer seus bens aumentarem, permanecem presos em seu próprio *status quo*. O mundo está agora dividido entre aqueles países em que os direitos de propriedade estão disseminados e aqueles em que as classes estão divididas entre os que podem firmar direitos de propriedade e produzir capital e os que não podem. A propriedade formal é mais do que um sistema para se registrar bens; ela promove um modo de pensar, colocando na mente das pessoas a ideia de usar esses bens para criar valor excedente. Nós do Ocidente consideramos os direitos de propriedade como algo garantido, mas, segundo Soto, apenas vinte e cinco dos duzentos países do mundo têm direitos de propriedade universais e maneiras através das quais trabalho e economias podem ser convertidos um capital utilizável.

Para provar seu ponto de vista, a equipe de pesquisa de Soto abriu uma pequena loja de consertos de costura nos arredores de Lima. Trataram, então, de torná-la legal, ficando em filas para ver funcionários públicos, preenchendo formulários, indo de ônibus até a cidade para se reunir com eles. Passaram seis horas por dia no processo e, eventualmente, registraram o negócio — 289 dias depois. Planejaram empregar apenas um funcionário, mas o custo do registro foi de 1.231 dólares, trinta e uma vezes o salário mínimo. Não é de admirar que a maioria das microempresas nem sequer se dê ao trabalho de tentar. Nas Filipinas, se uma pessoa construiu uma moradia tanto em terra urbana do estado ou de propriedade particular, seriam necessários 168 etapas, envolvendo cinquenta e três agências particulares e públicas e levaria de treze a vinte e cinco anos para comprá-la legalmente. No Egito, leva-se de seis a onze anos para registrar uma moradia construída em terreno agrícola. Foi por essa razão que 4,7 milhões de egípcios optaram por construir suas habitações ilegalmente.

Segundo as estatísticas de Soto prosseguem, o Instituto de Estatísticas Nacional do México estimou em 1994 que havia 2,65 milhões de pequenas empresas informais no país, nenhuma delas legalmente registrada. Acontece o mesmo nos antigos regimes comunistas. Em 1995, a *Business Week* estimou que apenas cerca de 280.000 fazendeiros entre os 10 milhões na Rússia possuíam sua própria terra.

Somando-se o valor de todos os bens ilegais num país, geralmente não mais do que barracos, chega-se a somas astronômicas. Soto calcula o valor de propriedade extralegal no Peru em cerca de 74 bilhões de dólares, cinco vezes o valor total da Bolsa de Valores de Lima. No Egito, seria de 240 bilhões de dólares ou trinta vezes o valor da Bolsa de Valores do Cairo e cinquenta e cinco vezes o valor de todos os investimentos estrangeiros no país. Somando esses valores no Terceiro Mundo como um todo, ele chega a uma quantia de 9,3 trilhões de dólares.

Os Estados Unidos foram novamente afortunados em seu legado. Os primeiros colonizadores levaram consigo um acentuado senso de propriedade e tiveram o cuidado de documentar todos os bens conquistados inicialmente. Mas, afirma Soto, apenas aqueles vinte e cinco países com direitos de propriedade universais produzem capital em quantidade suficiente para se beneficiarem dos mercados globais em expansão. O restante do mundo consome seus produtos, mas sente-se excluído do clube dos ricos. A resposta é reformar o processo legal como Soto se determinou a fazer no Peru, facilitar a posse legal das propriedades e, portanto, liberar capital para os empresários naturais das microempresas informais.

Soto não se dirige diretamente aos problemas da Índia, mas C. K. Prahalad, sim, num texto inspirador publicado originalmente na internet e, portanto, disponível a tantos para além do mundo acadêmico no qual trabalha. O texto de Prahalad pega como seu ponto inicial a possibilidade de que os abundantes milhões dos pobres da Índia poderiam ser um mercado lucrativo para grandes organizações, desde que firmas repensassem o seu processo inteiro de negócios.

Prahalad usa, como exemplo, a decisão da Hindustan Lever de seguir um concorrente local, a Nirma, até o ponto mais baixo do mercado de detergente, um mercado que a HL presumira que jamais teria condições de adquirir seus produtos. Começaram reduzindo drasticamente a proporção entre água e óleo no produto, diminuindo, assim, a poluição associada com a lavagem de roupas em rios e com outros sistemas públicos, e reduzindo bastante o custo. Eles descentralizaram a produção, o marketing e a distribuição para tirar proveito da abundância de mão de obra nas áreas rurais da Índia. Não apenas ganharam dinheiro, mas compraram uma cadeia inteira de pequenas empresas, levando-as para o campo dos negócios formais. A matriz da Unilever, desde então, repetiu o experimento com êxito no Brasil, com a marca Ala.

Para serem erguidos da base da pirâmide, os pobres precisam de potencial de ganhos de renda e de acesso ao crédito. Aqui os exemplos de bancos comunitários como o Grameen Bank, fundado por Mohammad Yunus em Bangladesh, ou a Shorebank Corporation, de Chigado, podem ajudar. Ambos provaram que emprestar dinheiro aos pobres por aqueles que os conhecem não é necessariamente um negócio de risco. Noventa e nove por cento dos microempréstimos do Grameen Bank são pagos de volta. As propostas de Soto poderiam fornecer a base para mais desse crédito, ao passo que as ideias de Prahalad poderiam oferecer oportunidades de negócios como parte de uma rede corporativa de microempresas envolvidas em vender produtos de baixo custo aos pobres.

Tais ideias ajudariam Kerala? Acho difícil acreditar que, se tivessem a chance, as pessoas espertas, animadas que conheci lá não poderiam fazer mais do que dirigir suas lojas provavelmente não registradas e negócios de táxis. É possível, porém, que a alquimia tenha sido retirada delas pelo sistema educacional, ainda construído em cima de linhas herdadas da Grã-Bretanha, e por uma tradição de conformismo em vez de experimento. Sinto-me tentado a achar que Kerala teve o tipo errado de britânicos, os administradores coloniais que queriam plantar as tradições britânicas num solo estrangeiro, não aqueles como os puritanos radicais que foram para a América para construir uma sociedade bem diferente da que haviam deixado.

Mais interessante, do meu ponto de vista, é a possibilidade de que os cidadãos de Kerala estejam ligados ao modelo errado de capitalismo para seu estágio de desenvolvimento. O tipo individualista de capitalismo anglo-americano conduzirá as pessoas a buscar seus próprios futuros onde possam ser melhores, o que, em muitos casos, será longe de Kerala. Mesmo que elas retornassem, suas preocupações individualistas poderiam causar mais dano do que bem num lugar que ainda é socialista na essência.

O capitalismo orientado de Cingapura buscaria prendê-las no futuro de Kerala, persuadindo-as a reunir suas fortunas àquelas de Kerala. É o tipo de capitalismo que, acredito, atrairia o governo socialista do estado, mas ele precisa de um líder, um alquimista, com a paixão e a visão de Lee Kuan Yew para conduzi-lo, e alquimistas são raros em Kerala.

Fui a Kerala para ver qual estava sendo o impacto do capitalismo global nesse lindo recanto do mundo em desenvolvimento, com sua reputação de pessoas bem-instruídas e governo sagaz, de visão. Descobri que era, para minha surpresa, um espelho do mundo do qual eu tinha vindo, com muitos dos mesmos dilemas. A educação liberta uma pessoa, mas mina o comprometimento dela para com um lugar, um país ou até uma organização. Riqueza construída a partir de beleza pode destruir a beleza. O que é bom para o indivíduo pode ser ruim para a sociedade. O progresso, no seu melhor, está dois passos à frente, um passo atrás.

Duas lembranças de outra parte da Índia me ocorreram na época. Três anos antes, fizemos uma excursão pelas plantações de chá nos sopés das montanhas do Himalaia como convidados de um grupo de empresas de chá. Plantações de chá são extremamente bonitas, hectares de arbustos de camélias, cujas flores são colhidas manualmente. Como são lugares remotos, as empresas de chá têm de alojar seus trabalhadores em vilarejos delas próprias. Nossos esclarecidos anfitriões também forneciam atendimento médico moderno e excelentes escolas. Os meninos e meninas pareciam impecáveis em seus uniformes escolares e, segundo nos disseram, iam bem em seus exames. Era tudo muito bom de ser ver, mas aquela próxima geração, perguntei-me, desejaria trabalhar nas plantações de chá quando crescesse, ou fugiria para as grandes cidades? As empresas não estavam prejudicando o próprio futuro educando aqueles que poderiam teria sido sua mão de obra seguinte? Provavelmente, concordaram elas, mas o que mais empregadores esclarecidos poderiam fazer? Teria sido tolerável manter aquelas pessoas analfabetas?

Mais tarde, soubemos de problemas com os elefantes, elefantes de verdade dessa vez, não os metafóricos. Eles estão fugindo da selva, conforme as propriedades de chá expandem suas áreas. Precisam comer cerca de seis toneladas de folhagens por dia e, desesperados para encontrá-las, surgem à noite e devastam as plantações de chá. Atraídos pelo cheiro da bebida alcoólica que os aldeões tomam, os elefantes podem pisotear as cabanas deles, mutilando ou matando aqueles que não conseguem sair do caminho. Os aldeões tentam afugentá-los, tocando tambores ou sacudindo luzes no ar, mas não tem permissão de atirar neles, sendo os elefantes uma espécie protegida. O dilema é claro. As empresas de chá são os únicos empregadores consideráveis na região. A fim de prover mais trabalho, até para se manterem na mesma, precisam se expandir. Essa expansão comercial inevitavelmente danifica o ambiente natural e o hábitat dos elefantes, que, então, causam caos nos vilarejos. O que fazer? Ninguém sabe. O comércio e a conservação, ambos bons, estão em conflito.

Essas lembranças da Índia são duas parábolas sobre desenvolvimento. As melhores das intenções levam a problemas não pretendidos. Não há respostas fáceis, nem na Índia, nem em lugar algum.

E o capitalismo? Como me senti após minha série de encontros com ele ao redor do mundo? Tenho pouca dúvida de que o capitalismo gera inovação. Sem a chance de transformar ideias em lucros, muitas dessas ideias pereceriam nas mentes dos indivíduos que as tiveram. Muitos avanços científicos ainda estariam parados nos laboratórios dos institutos e universidades onde foram criados, registrados apenas nas páginas dos boletins científicos. Agora, mais pessoas estão mais saudáveis, vivem mais tempo e mais confortavelmente (exceto em partes da Rússia e da África), podem fazer mais, ir a mais lugares e desfrutar mais opções para suas vidas, graças ao capitalismo. Oitocentos milhões de camponeses chineses mais do que dobraram sua renda em dez anos depois da abertura na economia em 1978. Isso tem de ser bom. O crescimento econômico torna as coisas possíveis. Sem ele não pode existir progresso de tipo algum.

O capitalismo global também torna uns poucos de nós mais felizes. Ironicamente, são os pobres em vez dos ricos que dizem que o dinheiro traz felicidade. Numa série de pesquisas em torno do mundo, há certas provas de que uma renda *per capita* de 10.000 dólares por ano é o ponto de diminuição de retorno pelo dinheiro. Abaixo desse nível, aproximadamente onde a Grécia e Portugal estão hoje, mais dinheiro compra mais das comodidades básicas e aumenta a satisfação. Acima desse nível, quaisquer dólares adicionais não parecem nos alegrar mais, provavelmente porque agora estamos num território de corrida de ratos, comparando a nós mesmos com nossos vizinhos, ou com o que poderíamos ser, não de onde viemos.

O sistema também produz uma porção de lixo e *chindogu*, encoraja o egoísmo e a inveja, recompensa o sucesso por vezes desproporcionalmente e resulta, frequentemente, em maior desigualdade tanto dentro das sociedades e entre elas. John Micklethwait e Adrian Wooldridge, os autores de *O Futuro Perfeito*, um livro que, em grande parte, celebra a globalização, citam uma manchete do *Guardian* para ilustrar sua opinião. "Qual é a diferença entre a Tanzânia e o Goldman Sachs? O primeiro é um país africano com uma renda de 2,2 bilhões de dólares por ano, a qual a reparte entre seus 25 milhões de habitantes. O último é um banco de investimentos que fatura 2,6 bilhões de dólares e os reparte entre 161 pessoas". Em 1998, mesmo numa época de grande prosperidade, as empresas americanas acharam necessário demitir 677.795 pessoas. Não gosto de nenhum desses resultados, mas podemos fazer algo a respeito deles, se assim decidirmos. Também não gosto do ritmo frenético trazido pela globalização, o estilo de vida de vinte e quatro horas, sete dias por semana, das pessoas que Micklethwait e Wooldridge chamam de os "cosmocratas".

Acho difícil, contudo, sentir compaixão por essa "elite ansiosa" em particular que enfrenta "os perigos da falta de lugar" porque é uma forma de autoimposição de masoquismo de luxo. Preocupa-me, porém, o fato de todos estarmos substituindo amigos por conhecidos e da erosão do capitalismo social que preocupa alguns americanos estar se espalhando pelo mundo. Em vez de se envolverem com os vizinhos, os ricos preferem pagar tributos ao Estado, exigindo dos governos que livrem as ruas do crime e melhorem as escolas sem lhes dar dinheiro o suficiente para fazê-lo, enquanto escondem sua própria riqueza em paraísos fiscais internacionais, isolando a si mesmos em seus lares bem guardados dos problemas de outras pessoas. O capitalismo é um rio poderoso. Se for permitido que ele transborde para além das margens, inundará tudo à volta. Fortes defesas contra a inundação são necessárias, da parte dos governos e das organizações internacionais e de nós mesmos.

Também é verdade que a rapidez da mudança no capitalismo moderno aumentou a insegurança, tanto para as empresas quanto para os indivíduos. Significa que o que deu certo no ano passado pode não ser bom o bastante neste ano, que a projeção do no passado é agora um arquivo que está amarelando, que aqueles em posição de autoridade tornam-se rapidamente as pessoas de ontem, que é impossível planejar com muito tempo de antecedência ou saber com quem ou o que se poder contar. Nem tudo muda para melhor. Isso pode ser excitante para os jovens e competentes, mas, para a maioria das pessoas, é apenas incômodo e preocupante. O crescimento econômico significa que viajamos mais longe e mais depressa e nos detemos menos, que temos menos tempo para parar e olhar ou para nos importar com nossos vizinhos. Parem o mundo que eu quero descer, dissemos a nós mesmos. Bem, podemos se assim escolhermos.

Também podemos decidir seguir por outro caminho. Os novos ricos podem cultivar riqueza furtiva, pagando por comida orgânica mais cara e melhor modo de vida, por mais discriminação em vez de mais consumo. Talvez se torque chique não rodar mas caminhar pelos trajetos mais próximos de casa, exigir melhor transporte público em vez de carros mais elegantes. O divórcio poderia ser visto como egoísmo social, requerendo mais casas numa Grã-Bretanha já saturada de construções. Coisas como comida rápida e pouco saudável e o consumismo desenfreado poderiam se tornar tão socialmente inaceitável quanto fumar é em partes dos Estados Unidos.

O capitalismo é, contudo, o único jogo disponível. Mesmo que quiséssemos, não existe meio de detê-lo. Podemos domá-lo apenas até certo grau. Se, em 2021, quisermos olhar para trás para vinte anos de progresso, precisamos de uma nova ideologia, uma nova política de generosidade e franqueza, um credo que insista em nossa tradição humana comum e uma vontade de construir uma sociedade que trabalhe por todos nós, não apenas por uns poucos. É algo que requer liderança criativa e severa disciplina. Sem esse tipo de liderança, há um medo real de que o que o especialista americano em assuntos internacionais Edward Luttwalk chama de capitalismo "turbinado" conduza a uma forma de fascismo enquanto os empobrecidos se unirem no tipo de populismo que levou Hitler ao poder.

Para que o capitalismo funcione e não atire no próprio pé, temos de fazê-lo dar certo para mais pessoas, em todas as partes. Devemos nos preocupar com o fato de os benefícios do capitalismo estarem concentrados nas elites das classes médias do mundo, talvez dois bilhões no máximo do que será uma população de dez bilhões no total até o final deste século. Não é bom dar aos demais oito bilhões apenas dinheiro para gastar, dinheiro de remessas. Devemos lhes dar a chance de ganhar dinheiro, dinheiro de verdade. Do contrário, muitos desses oito bilhões se comportarão como os habitantes de Kerala; irão para onde está o mel, para o Primeiro Mundo, onde a população está envelhecendo e diminuindo. A migração acabará sendo o maior problema deste século, a não ser que consigamos fazer com que se torne mais atraente para todos permanecerem em seus próprios Keralas. Para os nossos próprios interesses, temos de fazer com que o capitalismo tenha êxito no mundo em desenvolvimento. Temos de encontrar meios de dar aos pobres mais das escolhas que temos, até mesmo o direito de fazer as escolhas erradas.

De volta à nossa própria terra, temos de melhorar em fazer escolhas nós mesmos. O melhor meio de se prever o futuro, afirmou o guru da gestão Peter Drucker, é inventando-o. Não entre em competição: faça algo diferente, redefina o que ganhar significa. O capitalismo ao menos nos dá essa possibilidade. Admito que, quando estamos sendo arrastados numa enxurrada, é difícil pensar em escolha, mas uma enxurrada pode às vezes nos levar a um lugar novo e a novas possibilidades.

Como os puritanos chegando às terras bravias da América, haverá, então, a chance de criar a Terra Nova. No final das minhas jornadas, refleti que, se pudéssemos combinar a energia e a autoconfiança dos americanos, o carisma e o jeito amistoso dos keraleses e a determinação disciplinada dos cingapurianos para construir um futuro melhor para a sociedade deles, criaríamos o melhor do capitalismo.

Algo assim, contudo, seria um milagre de interação cultural. Mais pragmaticamente, começo a me dar conta, o verdadeiro desafio para o capitalismo é alcançar o equilíbrio certo entre os fins e os meios. Numa escala bem reduzida, foi o tipo de desafio que enfrentei quando cheguei no Castelo de Windsor para dirigir o centro de estudos e conferências que era a St. George's House. Herdei uma instituição onde a filosofia prevalecente era a necessidade de viver de acordo com nossos meios, mas parecia a mim e aos meus colegas que a vida seria mais fácil se pudéssemos aumentar os meios, dando-nos mais espaço para manobrar. Convidamos, portanto, algumas corporações para usá-lo como um centro de retiro para as diretorias e altos gerentes delas, pagando-nos os tipos de taxas que teriam pago para um dos seus hotéis mais habituais de conferências. Esse era, porém, um uso comercial mais óbvio do centro de que seus fundadores imaginaram e nem todos ficaram contentes.

Foi algo que, de qualquer modo, aliviou as pressões financeiras e nos permitiu subsidiar outras partes do nosso trabalho. O problema, vi na época, era conseguir o equilíbrio certo. Era financeiramente atraente aumentar as novas instalações corporativas de aluguel, mas isso iria defraudar nossa missão original, que era a de reunir indivíduos de influência entre os divisores da sociedade para debater juntos as questões morais e éticas do nosso tempo. Grupos de executivos com charutos dependurados na boca conversando entre si não se encaixavam na definição. Atenção demais aos meios do lugar, à necessidade de pagar as contas, nos desviaria de nossos fins. Por outro lado, negligenciar o dinheiro para dirigir o lugar minaria nosso propósito. Obter o equilíbrio certo significava negar a nós mesmos um pouco mais de renda fácil a fim de fazermos o que fomos destinados a fazer.

Em termos gerais, a sociedade enfrenta o mesmo tipo de desafio. Maximizar a geração de riquezas como prioridade pode significar que esquecemos as razões pelas quais queríamos isso. Concentração demasiada na ideologia, por outro lado, pode levar a uma negligência dos meios. O comunismo teve um grande propósito — a igualdade de todos na busca de uma sociedade melhor para todos — mas não teve quaisquer meios eficazes de prover isso. O capitalismo sabe tudo sobre os meios da geração de riqueza, mas não é claro quanto aos fins, para quem ou o que essa riqueza deve ser. Essa ainda pode ser a sua derrocada.

Na terceira parte deste livro, tentarei descrever como passei a lidar com os dilemas de escolha que o capitalismo oferece, como também com a necessidade de equilibrar meios e fins na minha própria vida. Comecei, eventualmente, a inventar meu próprio futuro. Também sugerirei o que teremos de fazer como uma sociedade a fim de ajudar mais pessoas a fazerem o mesmo.

PARTE III

A Vida Independente

7

Os problemas da vida de portfólio

No primeiro ano da minha independência, nossa festa de Natal do escritório foi um jantar para dois.

Eu estava livre, mas também sozinho. Estar sozinho não é necessariamente ser solitário, mas também não é o mesmo que fazer parte de algo. Pulgas não formam bandos. Elas podem se alimentar de criaturas maiores, mas não podem, nem vivem dentro destas. Fiquei radiante, naquele primeiro ano de independência, com o fato de que meu nome agora aparecia naquelas listas de participantes de conferências ou encontros com um espaço em branco ao lado em vez do nome de uma organização. Eu estava por conta própria, não era o representante de algo mais. Quando chegaram as comemorações de final de ano, porém, a falta de convites para essa ou aquela festa de departamento se tornou óbvia demais.

Um maravilhoso alívio, disse a mim mesmo. Nada mais de falsa alegria em brindes com copos descartáveis e vinho barato, não era mais necessário fingir camaradagem com colegas os quais eu evitara o ano inteiro. Mas a verdade é que senti falta dos convites. Aquilo era a morte por exclusão social. Era melhor ser convidado e odiar o evento do que não ser convidado em absoluto. Se não pertenço a lugar algum, comecei a me perguntar, ainda importo para alguém? Há alguma finalidade para a minha existência? Festas de escritório podem não justificar tais preocupações existenciais, mas têm sido um dos símbolos do mundo moderno de comunidade. Esse tipo de comunidade morreu para mim agora.

A morte do que é antigo não é algo ruim, desde que seja seguido por vida nova. Eu me sentia aprisionado pelas minhas organizações e precisava escapar, mas, como a maioria de nós, não nasci para ser eremita. Nascemos, ao que parece, para caçar em grupos e para viver em tribos e, tendo deixado o ninho da organização, precisava encontrar algum outro lugar onde pertencer, alguns outros com quem caçar. Eu teria de inventar minhas próprias maneiras de pertencer — a algo.

O que era verdade para mim também o é para qualquer pulga, jovem ou velha. A tensão entre querer pertencer a algo e precisar ser livre nunca desaparece. As pulgas (os insetos sifonápteros) são geralmente considerados parasitas. Outros seres vivos não as convidam para se instalarem neles; preferem se livrar delas se puderem. A vida independente pode ser o caminho para o futuro para muitos, mas eles não podem esperar fazer parte de comunidade alguma, a menos que tomem a positiva decisão de se unirem a uma durante parte do tempo, ou, ainda melhor, criar uma como fizeram nossos alquimistas.

Eu não havia esperado isso. Senti-me tão aprisionado na maioria das comunidades da minha vida — escolas, organizações, famílias, vilarejos — que nunca me ocorreu que poderia sentir falta delas. Sou um caso extremo. Como escritor, resguardo ferrenhamente a alocação do meu tempo e a liberdade de falar o que penso. Não integro nada hoje em dia, nem mesmo um partido político ou um clube de golfe. Meus relacionamentos com organizações agora são, na maior parte, irregulares, tangenciais e temporários, sendo construídos em torno de acontecimentos ou projetos isolados. Sou um trabalhador externo, e trabalhadores externos não pertencem a um lugar. Se eu quisesse pertencer a uma organização, teria de criar a minha.

Isso não ia acontecer. Eu não precisava de uma organização para realizar meu trabalho. Em vez disso, com Elizabeth, tive de criar uma rede particular ou uma quase comunidade. Alguns dessa comunidade vêm do nosso trabalho e outros do lado pessoal da nossa vida. Esses, juntamente com nossa família próxima, são as pessoas que realmente importam para nós, com as quais estamos comprometidos e para as quais, espero, importemos um pouco. As redes de relacionamentos pessoais não se mantém sozinhas. Precisam ser trabalhadas. Felizmente, sou abençoado em ter uma mediadora social como esposa e sócia. Uma pulga por instinto, ela nunca trabalhou numa organização e sempre entendeu que teria de criar suas próprias comunidades, tanto na vida profissional quanto na pessoal. Ela se empenha bastante para manter contato com uma ampla gama de amigos. O e-mail ajuda, mas o melhor de tudo é recebê-los à nossa mesa, para comer, beber, conversar.

Se fosse deixado por minha conta, eu esperaria o telefone tocar, porque é preciso ter um certo vigor social, até autoconfiança, para pegar esse telefone você mesmo e fazer um convite. Quem sabe... a pessoa do outro lado da linha pode rejeitar seus convites ou, pior, pode nem se lembrar de quem você é. Se fosse deixado por minha conta, eu provavelmente ingressaria em clubes e associações, iria a conferências e encontros, talvez tentasse me eleger como representante de clube, talvez até como curador de paróquia. Temo, porém, que não seriam sempre os interesses dos outros que eu teria em mente. Estaria à procura de uma tribo à qual pertencer. Muitos dos que trabalham como voluntários em algum tipo de serviço beneficente fazem-no igualmente para atender suas próprias necessidades de pertencer a algo como para servir à causa. O fato de se pertencer a algo importa.

Assim como não esperei sentir falta de comunidades, não havia me ocorrido a tensão seguinte, esta mais filosófica do que social. Agora que eu estava livre para moldar meu próprio futuro, para estabelecer minhas próprias metas, tive de refletir seriamente sobre o que era minha vida. Era uma pergunta com a qual deparara em intervalos no passado, como quando estive junto à sepultura do meu pai, mas agora compreendi que, se teria de planejar minha própria vida, eu precisava mais do que uma reação instintiva, precisava de uma estratégia. Mas também sabia que para qualquer estratégia estar enraizada o bastante para funcionar, ela tinha de brotar de um senso de missão, um propósito fundamental. Sem esse propósito motivador, eu seria como muito das empresas que havia encontrado, planejando apenas para sobreviver, para conseguir atravessar o ano seguinte. A mera sobrevivência, ponderei, não seria justificativa suficiente para uma vida; bem, não para a minha vida, embora ela sirva bem o bastante para algumas empresas. Na minha opinião, esta é a única vida que temos para viver e, portanto, é melhor fazermos algo útil com ela. Estava nos meus genes, perguntei-me às vezes, ou se devia àqueles primeiros tempos no vicariato, essa compulsão onerosa de levar a vida tão a sério? Tudo o que sei é que eu jamais ficaria contente em seguir um caminho de inatividade até a morte.

Na maioria das manhãs, recebemos alguém para o café da manhã no nosso apartamento de Londres. Uma estranha aberração americana, como os meus amigos britânicos chamam isso, perplexos com o nosso comportamento não civilizado. Os convidados, explicamos, são tipicamente jovens com pressa, querendo falar sobre suas carreiras ou, mais frequentemente agora, os novos empreendimentos que estão propondo ou ajudando a começar. O café da manhã não interfere no dia deles, e se conseguem chegar a Putney até às oito e meia da manhã, devem, achamos nós, querer ir! Faço-lhes uma pergunta para começar: por quê? Por que estão considerando este ou aquele curso ou empreendimento? Aprendo muito com as respostas deles. Muitos respondem que apenas parece uma boa ideia. Sei nesse momento que não o farão, ou que, se o fizeram, não terão êxito.

Nós lhes contamos, então, sobre os alquimistas que conhecemos no nosso estudo. A paixão era o que os movia, uma crença apaixonada no que estavam fazendo, uma paixão que os sustentava nos tempos difíceis, que parecia justificar suas vidas. Paixão é uma palavra bem mais forte do que missão ou propósito, e percebo, enquanto falo, que também me refiro a mim mesmo. Pessoas movidas pela paixão movem montanhas, sendo que os missionários podem apenas pregar.

— Como se encontra essa paixão? — perguntam eles.

— Nos sonhos — costumo responder. — Todos sonhamos enquanto dormimos, mas alguns sonham acordados. Essas pessoas são perigosas, porque são capazes de tornar seus sonhos realidade.

A maioria de nós tem um sonho do que poderia ser, fazer ou criar. Se é um sonho vago, como o de ser muito rico, ou de ter uma grande família ou apenas de ser feliz, é mais esperança do que sonho. A paixão não nasce de esperanças vagas.

Vasculhando uma gaveta há pouco tempo, deparei com as resoluções de Ano Novo que tínhamos feito individualmente como uma família vinte e dois anos atrás. Nossa, então, filha adolescente tinha resolvido não fazer mais resoluções! Mas Elizabeth escrevera: "Passar mais tempo na minha paixão, a fotografia". Nessa época, ela trabalhava como conselheira conjugal; nem lhe passara pela cabeça o longo curso de faculdade de fotografia no qual ingressaria três anos depois, nem tivera ideia de que se tornaria um fotógrafa de prestígio com três livros de fotografia já publicados. Pergunte-lhe agora, como muitas pessoas fazem, por que ela optou pela fotografia já na meia-idade e ela dirá:

— Era algo que sempre sonhei fazer, mesmo quando ainda era uma menina com uma câmera em forma de caixa".

Fico envergonhado em admitir que, vinte e dois anos atrás, reduzi à paixão dela à condição de um passatempo e não fiz nada para encorajá-la, mas o sonho e a paixão sempre estiveram lá, só à espera.

É mais fácil ver a paixão nos outros do que encontrá-la em nós mesmos. Não vejo a mim mesmo como uma pessoa imbuída de paixão — mais como impassível e calmo, eu diria, tímido e hesitante, a menos que eu esteja desempenhando um trabalho. Eu tinha um sonho, contudo, um sonho que se transformou numa paixão tranquila. Meu sonho era o de escrever, embora eu o tenha escondido de mim mesmo por muitos anos, tentando ser algo que eu não era, um executivo do mundo dos negócios. Também descobri ao longo do caminho que eu era, no fundo, um professor. Assim, foi inevitável, presumo, que meu primeiro livro tenha sido um livro didático. Seria ótimo, costumo pensar, conseguir escrever um romance, até uma peça de teatro, mas sei que não o farei porque a paixão para isso não se encontra no meu íntimo. E uma boa ideia não é o suficiente.

Alguns têm sorte e descobrem seu sonho cedo. Sempre invejo aqueles que sabem aos quinze anos de idade que querem ser médicos, ou são empreendedores natos que adoram criar empresas mesmo enquanto ainda na escola. Ellen MacArthur, a jovem britânica que navegou sozinha pelo mundo em tempo recorde em 2001, estava realizando um sonho, um sonho que começou quando era garotinha. "Espero", disse quando aportou após noventa e quatro dias sozinha nos oceanos, "que isto encoraje outros jovens a viver seus sonhos".

Por outro lado, sonhos submersos, como o meu, permitem que uma pessoa vivencie outros aspectos da vida. Não tenho arrependimentos em relação à minha carreira interrompida nos negócios. Aprendi muito ao longo do caminho. Nossa filha Kate começou a vida como arquiteta, adoeceu e, então, abandonou a arquitetura e iniciou um pequeno negócio. Depois, deixou seu sócio e foi ensinar inglês para italianos em Roma. Foi somente, então, que o sonho submerso de curar os outros veio à tona. Ela fez um curso de quatro anos de osteopatia, especialidade que pratica agora com grande êxito e realização pessoal. Ela não tem arrependimentos. Até disse uma vez que se sentia grata por sua doença. Ela a obrigou a parar tudo, a fazer um ajuste em suas prioridades e, hoje em dia, a ajuda a se identificar com seus pacientes.

Alguns tropeçam em suas paixões. Após a minha traumática escolarização, a última coisa que queria era ser professor. Então, por acaso, a Shell me transformou num professor, mas de adultos desejosos de aprender, não de relutantes alunos de uma escola normal. Adorei a experiência e, geralmente, somos bons naquilo que adoramos. Assim, para aqueles que ainda não encontraram uma paixão, vejo-me agora dizendo:

— Experimente, tente qualquer coisa que o atraía, mas, enquanto isso não se transformar numa paixão, não o torne o centro de sua vida, porque não durará.

Se a falta de uma comunidade e a necessidade de uma paixão foram as duas primeiras tensões inesperadas na minha nova vida como pulga, a terceira deveria ter sido fácil de prever, considerando-se minhas origens. Era a necessidade de continuar aprendendo, crescendo, me desenvolvendo. O que quer que faça como um profissional independente, você será apenas tão bom quanto em seu emprego, projeto ou criação anteriores.

Uma vez comentei com um colega escritor que estava trabalhando num novo livro e achando difícil enveredar por assuntos novos.

— É mesmo? — disse ele. — A maioria de nós apenas escreve o mesmo livro novamente e lhe dá outro nome.

Não aconteceria o mesmo comigo, determinei-me, mas evidentemente acabou sendo como ele disse. Relendo meu primeiro livro, escrito vinte e cinco anos atrás, fiquei atônito, em princípio, em descobrir quantas das que eu julgara ser ideias originais em livros posteriores tinham inicialmente surgido lá de alguma forma. Passei a pensar mais tarde que eu não devia me envergonhar. Se você escreve sobre os mesmos assuntos é improvável que mude seus pontos de vista frequente ou radicalmente demais. O que espera é que as antigas ideias ainda continuem relevantes, mas que precisem ser reinterpretadas para se encaixar nas novas realidades, que haja novos *insights* a oferecer, novas perspectivas, novas experiências a partilhar.

O mesmo se aplica a todo tipo de trabalho. Não esperamos que um cirurgião mude todas as suas técnicas, ou que mude seu foco de estômagos para cérebros. O que, sim, esperamos é que ele se mantenha a par de pesquisas, que até contribua para elas, que atualize seus procedimentos e permaneça aberto a novas ideias. Precisaria ser da mesma forma para mim.

Nos meus tempos nos elefantes, aprender fora difícil demais de evitar. O aprendizado era organizado, solicitado e ficava à disposição, ou de um jeito ou de outro. Eu era enviado a cursos, embora tenha aprendido mais nas vezes em que fui obrigado a enfrentar meus erros no trabalho. Quando lecionava, eu tinha de passar um quinto do meu tempo estudando a minha área de especialidade e somando algo a ela de algum modo. Na verdade, o progresso dependeu mais das avaliações dos meus colegas das minhas pesquisas do que no meu ato de lecionar. No centro de estudos em Windsor, meus dias consistiam principalmente em ouvir especialistas de outras áreas, na maioria, interessantes, algumas fascinantes; tudo relevante para o meu propósito de então de entender os dilemas da sociedade em que vivíamos.

Agora, independente, sem vínculos, no comando do meu próprio tempo, teria de fazer tudo eu mesmo. Além disso, ninguém pagaria os custos para mim! Comecei lendo tudo o que os meus concorrentes escreveram. Cheguei à conclusão de que livros de negócios eram, em geral, repletos de boas ideias, mas eram entendiantes demais de se ler. Lembrei do meu próprio conselho aos empreendedores, de não tentarem fazer melhor, mas de modo diferente. Também me lembrei de ter escrito aquele primeiro livro didático — cujo tema era como se entender as organizações — numa casa de campo no sul da França. Havia enchido o porta-malas do carro com todos os melhores livros sobre negócios disponíveis, a maioria de livros de acadêmicos americanos. Eu os achei estéreis. Não respondiam muitas das perguntas que eu queria apresentar. Reduziam a humanidade a números, paixão e desejo, a uma hierarquia de necessidades. Desanimado com a prosa árida deles, desisti do meu livro e decidi passar o tempo verificando o que havia na biblioteca da dona da casa de campo. Ela era fã dos grandes romancistas russos. Descobri que Tolstói e Dostoiévski tinham mais a dizer sobre as provações e tribulações dos indivíduos em organizações do quaisquer dos livros que levei. Devo muito da subsequente popularidade do meu livro a Tolstói. Ele pode não ter sido melhor do que os outros livros, mas era certamente diferente.

Refletindo sobre tudo isso, concluí que para ser diferente em vez de ser melhor, eu precisaria sair da minha área de especialização a fim de poder ter novos *insights* e ideias. Como sempre dissera às organizações, as verdadeiras inovações geralmente vêm de fora do ramo de atividade ou da empresa; aquelas que vêm de dentro são tipicamente desenvolvimentos do que é familiar, não realmente novo. Presumo que isso seja verdadeiro para todos os que querem ser diferentes em vez de apenas melhores. Temos de nos obrigar a andar por mundos estranhos de tempos em tempos a fim de ver coisas novamente ou ver coisas novas.

Deparei, então, com um pequeno livro de autoria de Donald Schon, um acadêmico americano. Chamava-se *The Displacement of Concepts*, não o mais atraente dos títulos, mas uma ideia importante. Era sobre a criatividade na ciência. Seu argumento era o de que a maioria dos avanços na ciência, relatividade, por exemplo, tinha se originado do empréstimo de um conceito de uma área da vida e da aplicação dele a outro como uma metáfora. Faça isso e você geralmente poderá ver objetos familiares de um novo jeito ou encontrar um meio de unir dados que abrem novas portas, como Crick e Watson fizeram famosamente com a metáfora de uma hélice dupla.

Parei de ler os livros dos meus concorrentes. Em vez disso, mergulhei em livros de história, em biografias e romances, à procura de conceitos. Esses livros estão, afinal, repletos das coisas da vida, e a vida era o que eu queria elucidar. Fui muito ao teatro, lembrando daqueles primeiros dias na London Business School. Shakespeare, percebi constrangido, já dissera muito daquilo bem melhor. Encorajado por Elizabeth, comecei a entender um pouco mais sobre arte, ópera e música. Essas eram todas áreas de nossa herança cultural para as quais eu não arranjara tempo no passado, mundos estranhos à espera de que eu entrasse neles. A vida até então fora atarefada demais com as tentativas de fazer sempre melhor, ou até de manter a mesma qualidade. Criamos uma norma, quando passeávamos numa cidade, de irmos a um restaurante para cada galeria ou museu visitados. Ela escolhia a galeria, eu escolhia o restaurante. Aprender pode ser divertido, embora engorde!

Países estrangeiros também podem ser uma espécie de escola. Somos turistas ruins, acreditando que se vê mais da realidade de uma cultura morando ou trabalhando nela do que apenas olhando para ela. O trabalho que faço raramente dura mais de uma semana num lugar, mas, mesmo nesse breve espaço de tempo, temos a chance de ver por trás da fachada de uma cultura. Você é tratado de maneira diferente quando está trabalhando e quando está só passeando. Nos velhos tempos, a Shell encorajava a todos que fossem ao exterior para uma reunião para se certificarem de também tirarem tempo de folga enquanto estivessem lá para ir à ópera ou a um concerto, para caminhar pelas ruas e conhecer as pessoas locais, de preferência pessoas que não fossem do trabalho. No novo mundo do tempo precioso, executivos vivem viajando, mas, com frequência não se aventurando a ir além do hotel próximo ao aeroporto.

Os Estados Unidos, Cingapura e a Índia me deram novas perspectivas sobre a vida. E a Itália também. Passamos bastante tempo na Itália, de ambas as maneiras. Eles fazem muitas coisas de maneira diferente lá, nem todas brilhantemente, mas há muito a se ponderar nessas diferenças. Os italianos não viajam muito. Acreditam que seu país tem tudo que qualquer mortal possa precisar. São ferrenhos defensores de sua cultura — sua comida, seu futebol, sua arte e sua moda. Numa ocasião em que estávamos lá, a Toscana inteira entrou em greve por um dia porque alguém, então desconhecido, detonara uma bomba na Galeria Uffizi, em Florença. Queriam demonstrar seu ultraje diante desse tipo de vandalismo. Achei difícil imaginar uma manifestação semelhante em Londres, caso uma bomba tivesse explodido na Tate Gallery. Ainda assim, esses nacionalistas culturais também são apoiadores entusiastas da União Europeia. Acham que uma pessoa pode ser italiana e também europeia, extraindo o melhor ambas as culturas, ainda que ignorando, também notei, as diretivas de Bruxelas, as quais julgam dignas de objeção.

Talvez pelo fato de a Itália como nação ser relativamente jovem, os italianos pensam mais em termos locais e de família do que nacionais. Lembro nitidamente de um jornalista italiano que foi entrevistado pela Rádio BBC durante uma das periódicas crises políticas em Roma.

— É grave? — perguntou-lhe o entrevistador.

— Sim, é muito grave — respondeu o italiano —, mas não é importante. Sabe — prosseguiu —, vivemos num país de ouro sob o sol. A vida continua quer o governo em Roma esteja dando certo ou não.

Um tanto despreocupado demais, talvez, sobre o destino de seu governo, mas temos algo a aprender com o senso italiano de orgulho cívico de seus vilarejos e cidades.

As mensagens das diferenças prosseguem.

A economia italiana extrai boa parte de sua força de sua multiplicidade de pequenos negócios de família. Por que é que os italianos falam de negócios de família, enquanto que os britânicos os chamam de "pequenas e médias empresas"?, pergunto-me. É porque os italianos pretendem que seus negócios durem gerações, enquanto que os britânicos planejam vendê-los para outras empresas maiores a seu devido tempo? Os britânicos acreditam que é preciso crescer para sobreviver, mas muitas das firmas italianas acreditam que se pode melhorar sem se ficar maior.

Não estou sugerindo que os italianos sempre invertam as coisas, apenas que o mundo visto através da lente italiana pode parecer diferente, pode levar uma pessoa a se questionar em relação àquilo que previamente nem se deu conta.

É uma coisa descobrir os conceitos. Tive, então, de aplicá-los à elucidação da vida dentro e em torno das organizações. Também soube, olhando de volta para a minha educação inicial no piloto automático, que conhecimento não utilizado evapora, frequentemente em semanas, se não em dias. Anos de verbos franceses supostamente gravados na minha memória na sala de aula tinham sumido todos da minha cabeça quando cheguei em Paris. Apesar de ser tentador apenas empilhar todas as coisas divertidas que eu estava encontrando, sabia que tinha de usá-las de algum modo, ou desapareceriam. De fato, eu já descobria que estava lendo um romance pela segunda vez e só me dando conta disso na metade do livro.

Foi desse modo que escrever, fazer palestras e trabalhar num programa de rádio se tornaram a argamassa para o meu aprendizado, aquilo que o fez se fixar. Eu testaria os novos conceitos ou metáforas nas palestras. Se parecessem surtir efeito, eventualmente apareceriam num livro. Se você pode fazer com que seus clientes paguem para você aprender, todos se beneficiam. Meu produto é um livro, mas acredito que os mesmos princípios se aplicarão a qualquer um que queira fazer algo diferente em vez de apenas melhor. Caminhe por outros mundos, olhe, ouça, indague; então, volte e transforme isso numa nova maneira de olhar para o seu mundo, fixe o novo conceito na sua consciência através de seu uso. Se não causar uma diferença, descarte-o depressa, vá procurar em algum outro lugar.

Uma vez me solicitaram que ajudasse o novo proprietário de uma empresa de alimentos de porte médio a torná-la um modelo para o setor através do treinamento de seus gerentes. Acho que o que ele tinha em mente era um curso de algum tipo. Eu já tivera minha cota desse tipo de instrução. Seria um grande desperdício de tempo, informei-o. Em vez disso, ele selecionaria um pequeno grupo dos mais respeitados gerentes e supervisores, pessoas capazes de impor respeito a seus colegas. Eu os mandaria, então, caminhar em outros mundos, ou em outras organizações, no caso deles. Ao menos, assegurei-lhe, isso os ajudaria a tornar a organização deles diferente do restante do setor, o que os deixaria orgulhosos. Forneci-lhes artigos de jornais sobre as melhores empresas britânicas, pedi-lhes que escolhessem duas de cada para irem visitar, a minha função sendo a de ajudá-los a conseguir acesso. A única condição foi a de que nenhuma das empresas devia ser do setor deles. Eles seguiram em frente, reuniram uma pilha de novas ideias, compararam anotações, escolheram as que acharam mais empolgantes e montaram um programa de mudança para sua empresa ao longo dos dois anos seguintes. Foi meu programa educacional corporativo de maior sucesso e, pessoalmente, eu não havia lhes ensinado nada.

Usei a mesma fórmula em outros programas educacionais mais tarde. Eu a chamei de aprendizado "através de voyeurismo". Talvez, no fundo, sejamos todos *voyeurs*. Desconfio que como muitos, passei um verão feliz bisbilhotando as casas de outras pessoas sob o pretexto de ser um comprador em potencial. As pessoas, de fato, vivem de maneiras extraordinárias, mas algumas nos deram ideias para o nosso próprio lar. Quase a sério, descrevi a mim mesmo como um *voyeur* organizacional. É uma poderosa maneira de se aprender, desde que não pare por aí e você faça algo com as ideias que obtém.

Pertencer a algo, sonhar e aprender — esses foram todos novos dilemas para a minha nova vida independente, novos apenas porque não vieram na forma de um pacote e assumidos no emprego organizacional. Houve também os dilemas bastante práticos da independência — como organizar meu trabalho e ganhar dinheiro o suficiente, enquanto ainda equilibrava minha vida entre o trabalho e a casa, entre as necessidades de Elizabeth e as minhas. Abordo esses importantes dilemas nos próximos dois capítulos. Mas primeiro, e de muitas maneiras o mais crucial de tudo, neste ponto de virada da minha vida, é que tive de me conciliar com a dúvida.

A liberdade da independência é incitante, mas colocar seu próprio nome em algo requer uma certa arrogância, quer seja um novo pequeno negócio ou um livro. Durante muitos anos, fui convidado ocasionalmente a oferecer um pensamento para o dia no programa de rádio *Today* da BBC. A ideia é a de propiciar uma reflexão religiosa ou moral sobre uma das questões do dia. Cerca de quatro milhões ou mais de ouvintes sintonizam regularmente esse programa de início de manhã sobre notícias e atualidades, mesmo que estejam apenas parcialmente atentos, enquanto cuidam de suas tarefas matinais. Fiquei lisonjeado com o convite. Políticos dariam quase qualquer coisa em troca de três minutos livres de interrupções ou perguntas para transmitir suas opiniões para tamanho público. Secretamente, porém, tive de concordar com a mãe de uma boa amiga que lhe disse:

— Que direito seu amigo Charles tem de nos impor suas opiniões, sem que tenhamos lhe perguntado, à nossa mesa do café da manhã?

É o mesmo quando se coloca o nome num artigo ou se sobe num palanque para falar para algumas centenas de pessoas. Com que direito, perguntamos, se faz isso? Todos com quem falei e que põe o nome em suas palavras concordam que uma pessoa caminha por uma corda bamba todas as vezes, oscilando entre exibir a autoconfiança que convence e a íntima dúvida que preocupa, fazendo-a perguntar-se por que alguém iria querer ouvir ou ler o que ela tem a dizer. Eu me consolo com o pensamento de que é um mercado livre — qualquer um pode desligar o rádio, jogar o livro fora ou deixar o salão de conferências. Assim mesmo, só para começar você precisa ter extrema confiança em si mesmo, um termo educado para uma arrogância pessoal.

Por experiência própria, posso dizer que você nunca sai da corda bamba. Eu me preocuparia se fosse o contrário. Uma dúvida decente, a dúvida sobre a autoconfiança, mantém uma pessoa honesta. Venho de uma longa linha de clérigos. Talvez, sendo ordenados, eles tenham se sentido com uma permissão especial de Deus para expressar suas opiniões. Não me sinto assim. Para mim, é mais um caso "temos de fazer o que temos de fazer" ou, mais formalmente, temos de falar e viver a verdade como a vemos. Dúvida ou não, é insatisfatório viver uma mentira.

Quando fomos à Itália pela primeira vez, fiquei encantado com a arte e a arquitetura do início da Renascença. Não foi apenas pelo fato de as pinturas e esculturas serem belíssimas, mas também por conterem uma mensagem clara. Deus e seus santos haviam até então sido o tema de toda a arte, elevando nossos pensamentos para as coisas do alto. Nesta nova arte, entretanto, Deus havia sido substituído pela humanidade, por homens e mulheres de verdade. As esculturas de Donatello podem representar santos e profetas, mas são obviamente pessoas reais — basta olhar para a escultura dele de madeira de Maria Madalena no Cathedral Museum em Florença; ou para a Pietà no mesmo lugar, esculpida por Michelangelo por volta do final de sua vida, na qual Cristo é bem claramente um homem morto, não um Deus.

Eu estava olhando para a expressão visual do novo humanismo, não uma rejeição a Deus, mas uma vívida demonstração de que Ele trabalha através de nós. A ideia de que Deus é um espírito dentro de nós é comum a muitas religiões e, ali, pela primeira vez, eu via essa ideia expressa na arte. De algum modo, foi mais imediato e mais poderoso do que quando era apenas um argumento racional. Não pude escapar das implicações com essas imagens poderosas a toda minha volta. Fico mais à vontade pensando na possibilidade escondida dentro de mim, em vez do Deus paterno da minha infância, mas a mensagem é a mesma: você não pode se esquivar das obrigações para consigo mesmo de corresponder às expectativas das possibilidades não testadas dentro de você. Ir levando, sobreviver, não é o bastante. Marsílio Ficino, o filósofo da Renascença, colocou a situação de uma bela maneira: somos essencialmente, diz ele, aquilo que é maior dentro de nós, o que chama de alma. Todos os seus escritos são um convite para corresponder às expectativas desse eu maior.

Eu me lembro, embora ela diga que não, de uma conversa com a minha mulher logo depois que nos casamos, quando eu trabalhava na Shell em Londres, ensinando os gerentes da empresa.

— Você se orgulha do seu trabalho? — perguntou ela numa noite.

— É um trabalho razoável, como qualquer outro.

— E quanto às pessoas com quem você trabalha? Elas são especiais?

— São razoáveis.

— E a empresa, a Shell, é realmente uma boa organização fazendo coisas boas?

— Não posso reclamar. É razoável.

Ela me olhou seriamente e disse:

— Acho que não quero passar o resto da vida com alguém que está preparado para se contentar com um mero "razoável".

Foi uma espécie de ultimato e eu me desliguei da Shell no mês seguinte, mas a conversa ficou sempre martelando na minha cabeça. "Razoável" não é o bastante. Concordo. Temos apenas uma vida; precisamos extrair mais dela do que o mero sustento. Mas o quê? E qual é o sentido da vida, afinal? A pergunta continua incomodando.

8

Dividindo o trabalho em partes

Ali estava, nas primeiras semanas da minha liberdade de pulga, aquela estranha satisfação em olhar para uma agenda vazia, em me dar conta de que eu podia reservar dias e semanas para férias ou atividades particulares sem consultar meus colegas. Lembro de ter ido às compras numa tarde de um dia de semana e me sentido como um aluno culpado cabulando aula, porque era algo que eu nunca tinha feito num dia de trabalho. Foi estranho também encontrar tantos outros homens em idade produtiva fazendo a mesma coisa. E como era possível, pensei subitamente, que sempre houvesse multidões nas corridas no meio da semana? Não podiam estar todos aposentados, e os desempregados estariam em dificuldades financeiras para tanto.

Talvez sempre tivesse existido pessoas que levavam o meu novo tipo de vida. Eu é que nunca tinha estado por perto para vê-las. Quando falei sobre o estilo de vida do profissional de portfólio para um grupo de executivos mais tarde naquele ano, um deles pareceu duvidoso.

— Onde estão eles, os tais profissionais de portfólio? — perguntou. — Não vejo nenhum deles no trem das oito e dez da manhã de Weybridge.

— Exato — respondi. — Profissionais de portfólio raramente precisam viajar nos trens lotados do horário de pico. Você não os vê ao redor não porque eles não estejam lá, mas porque *você* não está presente para vê-los.

É a velha história. Vemos o que queremos ver no mundo à nossa volta. Lemos os jornais que apóiam nossas opiniões e preconceitos, trabalhamos e socializamos com pessoas como nós mesmos. A maioria de nós não vai até o outro lado da cidade, nem conversa com estranhos no trem. Só sabemos como os nossos semelhantes vivem assistindo a sagas na tevê. Até eu ter rompido os elos com o escritório, minha visão do mundo era amplamente um estereótipo não verificado. Foi com empolgação e humildade que descobri que havia um outro mundo inteiro lá fora que não batia cartão em escritórios ou fábricas todas as manhãs, que estabelecia seus próprios prazos e prioridades, que mesclava trabalho pago e outro trabalho em todos os tipos de combinações, cujos dias não eram governados por reuniões e debates, para quem a palavra multitarefa não era um novo termo de gerenciamento, mas um fato da vida comum.

— Você está entrando na realidade finalmente — comentou Elizabeth. — A maioria das mulheres sempre levou uma vida com tarefas múltiplas. Você pode chamar isso de vida de portfólio, eu chamo de saber lidar com as coisas.

Não demorou muito, porém, para que a minha agenda livre de compromissos passasse de um deleite a uma preocupação. A euforia transformou-se em pânico. Organizações, comecei a ver, podem ser espécies de prisões, mas têm uma grande vantagem que é a de canalizar trabalho na sua direção, enviando um fluxo contínuo de deveres, tarefas, oportunidades e desafios pelo telefone, através do fax ou do e-mail, das salas de reuniões e até de encontros casuais nos corredores, até a caixa de entrada de serviço de uma pessoa. A maior parte do meu tempo em organizações havia sido consumida por aquela caixa de entrada imaginária, as coisas que tinham de ser resolvidas. Minha constante mas em grande parte não realizada ambição tinha sido a de ir além daquilo, fazer coisas que não tinham sido sonhadas ou pensadas pelos outros.

Agora era a minha chance, porque aquela caixa de entrada estava vazia. Nada de correspondências, telefonemas, reuniões, prazos, de nada. Mas uma vida sem prazos, eu ia descobrindo, é uma vida sem quaisquer prioridades. Não há pressão para se fazer nada, e os prazos que você estipula para si mesmo são facilmente revistos ou abandonados. Comecei a me sentir bastante indesejado, quase como se eu não existisse. O pouco a fazer, eu apontara num livro anterior, era geralmente mais estressante do que excesso de tarefas. Agora, estava descobrindo por mim mesmo quanto a afirmação podia ser verdadeira. Dickens saía para caminhadas de vinte e cinco quilômetros quando estava deprimido. Eu era preguiçoso demais. "Então, esta é a sensação de estar desempregado", pensei, fazendo uma anotação daquilo para um possível uso futuro. Eu poderia ter ido a uma agência de empregos, mas não estava disponível para o trabalho, como teriam solicitado, ao menos não para o tipo de trabalho que poderiam ter a oferecer.

Chegava o momento de aplicar minhas próprias teorias sobre trabalho a mim mesmo, praticar algumas das ideias que estivera apregoando de dentro da segurança de empregos fixos. O trabalho, acreditava, era uma parte fundamental da vida. Ninguém devia viver sem ele. Conforme eu descobria na minha nova existência, a vida sem trabalho era uma vida sem sentido. O erro, meu erro, foi pensar que havia apenas uma forma de trabalho, ou seja trabalho remunerado — o emprego. Isso ignora e deprecia todos os outros tipos de trabalho e as pessoas que o fazem. Uma definição tão estreita de trabalho coloca as necessidades econômicas da sociedade à frente de todos os outros propósitos para a nossa existência. Gosto de dinheiro tanto quanto qualquer um, é algo importante, especialmente se está faltando, mas não deve ser o propósito inteiro da vida. A linguagem do trabalho estava distorcendo a sociedade, acreditei. Eu havia desejado corrigir isso enfatizando os outros três tipos de trabalho, que são familiares a todos nós, mas ou são menosprezados ou quase ignorados como se não fossem importantes pela maioria. Uma vida sensata conteria partes de todos os três tipos, num portfólio de trabalho equilibrado.

Há, por exemplo, o trabalho de casa e, com isso, não estou me referindo aos deveres dos tempos de escola, mas a todo o trabalho que se realiza num lar — cozinhar, limpar, cuidar da casa e dos filhos, costurar, consertar, cuidar do jardim e dirigir. Empregue profissionais para fazer todas essas tarefas, como alguns fazem, e os custos serão imensos. Uma babá que dorme no serviço em Londres pode esperar, hoje em dia, seu próprio apartamento e carro além de um salário de 20.000 libras. Um vizinho no campo paga a seu jardineiro 22.000 libras anuais e declara que ele vale cada pêni. Existem firmas que limpam sua casa regularmente, cozinheiras que preparam todas as suas refeições e pessoas que levam seu cão para passear, trocam suas lâmpadas e dirigem seu carro. Os pais estão envelhecendo? Há asilos em abundância para levá-los e tirar o dinheiro de você. Não seria difícil gastar 100.000 libras por ano contratando profissionais para fazer todo o serviço doméstico, mais para o bem da economia e das estatísticas de emprego.

A maioria de nós, porém, o faz ela mesma, de graça. E maioria de "nós" ainda é de mulheres. Não é de admirar que elas queiram algum reconhecimento financeiro, se não na forma de um salário, ao menos na de concessões de impostos. Não acontecerá, pois seria oneroso demais, mas ninguém desejaria negar que o trabalho doméstico é um aspecto imensamente valioso e importante de trabalho. Precisa ser contado oficialmente como trabalho nas estatísticas porque, infelizmente, o que não é contado não conta. As recompensas dele vêm na forma — muitas vezes tácita — de gratidão e amor, da sensação de criar e manter um lar, de pertencer a um lugar, uma ilha num mundo turbulento. Recompensas intangíveis, sem dúvida, mas que devem ser valorizadas quando acontecem. Aqueles de nós que fazem pouco isso estão perdendo algo. Uma vida equilibrada deve certamente incluir uma boa parte de trabalho doméstico, para ambos os sexos. O trabalho de portfólio, a vida independente de uma pulga, nos dá essa chance se optarmos por organizamos as coisas desse modo.

Há também o trabalho voluntário, o trabalho que também fazemos gratuitamente, mas, dessa vez, fora de casa, na comunidade ou no mundo em termos gerais. Pesquisas sugerem que a maioria de nós faz um pouco desse trabalho em alguma fase da vida. Alguns o fazem através de organizações, outros mais informalmente. Nem todos na Grã-Bretanha estão a par de que os barcos salva-vidas em torno do nosso litoral são tripulados gratuitamente por voluntários, assim como as equipes de resgate na montanha que também arriscam a vida para salvar pessoas. De modo menos dramático, as pessoas que integram o Citizens Advice Bureaux, distribuem refeições, ou prestam serviços nos centros para os desabrigados no Natal estão doando partes de suas vidas para ajudar os menos afortunados. A lista é interminável — igrejas e bazares beneficentes, clubes de jovens e grupos de campanhas, todos dependendo do trabalho voluntário para funcionar. São cerca de 250.000 organizações voluntárias ou instituições de caridade só na Grã-Bretanha.

Na maior parte do tempo, o trabalho que faço gratuitamente é o que dá mais satisfação. Eu o faço porque acredito nele, não porque preciso por razões financeiras, ou porque alguém solicita que eu o faça. Mas, primeiro, tive de deixar as partes de trabalho voluntário onde não contribuía com nada útil, usando as organizações mais pelo que podiam me dar do que eu a elas. Havia sido seduzido pelo atrativo do *status* e concedera meu tempo a algumas organizações dignas, mas principalmente, temo, sentado em seus conselhos ou comitês em vez de trabalhar em campo. Quando me conciliei com o fato de que organizações não eram meu *métier* e que acabava ficando entediado ou aborrecido nas reuniões, decidi me desligar.

Escrevi várias cartas de desligamento em um dia, mas recebi apenas três em resposta, tomando conhecimento do meu desligamento e me agradecendo por meus serviços. Os demais lugares ou nem sequer notaram minha participação, ou ficaram contentes em se livrar de mim! Seria mais sensato, concluí, oferecer gratuitamente as poucas coisas que eu fazia melhor do que as que eu fazia pessimamente. Muitas pessoas usam organizações voluntárias como uma chance de fazer o que ninguém em seu juízo perfeito lhes pagaria para fazer, como presidir comitês ou administrar as finanças. Resolvi que iria me restringir a me oferecer para escrever, falar ou ouvir — desse modo, não causaria muito estrago.

Finalmente, há o trabalho de estudo. Está em voga hoje em dia falar-se de aprendizado para o resto da vida, mas poucos de nós tomam alguma atitude para fazer com que isso aconteça. Ainda assim, num mundo em mudanças, não podemos contar com o que costumávamos saber para nos conduzir ao futuro. Quando entrei na academia, fui informado de que devia passar o equivalente a um dia por semana em pesquisas e que seria julgado através do meus resultados de novo conhecimento ou novo modo de pensar na minha área. Pareceu sensato que aqueles que ensinam devessem se manter atualizados em sua área e, se possível, estar sempre um passo adiante dela. Pensando bem, por que isso não deveria se aplicar a todos cujo trabalho é se manter à frente da concorrência nos negócios, ou em dia com o melhor da prática em todas as profissões?

Pode ser demais para muitos que um indivíduo dedique vinte por cento do tempo para se manter atualizado em relação à sua área. Eu costumava sugerir, portanto, que um mínimo de dez por cento, ou vinte e cinco dias por ano, de estudos de uma forma ou de outra, seria necessário a qualquer executivo ou profissional competente, sendo que poderia se esperar razoavelmente que uma parte fosse feita durante o tempo pessoal do indivíduo. Dez anos atrás, o executivo de negócios de nível intermediário passava um dia por ano em algum tipo de estudo formal. Poucos tinham tempo ou disposição para ler livros ou jornais profissionais ou para assistir a conferências. As organizações preferiam dividir em categorias seu pensamento futuro por departamentos de pesquisa ou grupos de planejamento, mas o novo pensamento raramente contagiava os corações e mentes dos principais tomadores de decisões, que, então, em geral se viam deixados para trás na corrida rumo ao futuro.

As pulgas independentes têm apenas a si mesmas com quem contar. O trabalho de estudo seria essencial, percebi, para que houvesse algum futuro para o meu trabalho remunerado. No meu caso, o foco do estudo seria o meu ato de escrever. A maioria dos escritores, incluindo romancistas, passa cerca de três vezes mais do tempo, em horas ou semanas, utilizado para escrever fazendo pesquisas para o seu trabalho.

Quando comecei minha nova vida, recolhi-me ao campo para escrever. Olhamos para um milharal e nos alegramos em vê-lo mudar de marrom para verde e, então, para dourado com o passar dos meses. Mas a cada cinco anos, para o nosso desalento, o fazendeiro cultiva beterrabas ou feijões: nem de longe tão agradáveis de se observar. Havia até o ano em que ele não cultivava nada. Sugerimos que, com certeza, o sistema de rotatividade de plantações devia estar ultrapassado nestes tempos de fertilizantes.

— O solo precisa de uma mudança ocasional, como também de revitalização — explicou ele. — Além de algum tempo sem cultivo para descansar realmente.

Eu também preciso, refleti. Um dos prazeres do trabalho independente é que é uma forma de rotatividade de plantação. O trabalho de estudo também é grandemente enriquecido por algum "tempo sem cultivo", descobri. Se escrever demais e depressa demais, só me resta deletar tudo no dia seguinte. Se ler com voracidade demais numa noite, tenho de ler tudo de novo depois. Em alguns dias, leio e escrevo, em outros sento e reflito, e em outros apenas fico sentado. Pode ser algo difícil de explicar a um mundo atarefado.

Todos os dias, o fazendeiro local passava em seu trator a caminho de seus campos. Ele acenava. Eu erguia os olhos da minha cadeira e acenava de volta. Um dia, ele parou.

— É uma boa vida a que o senhor leva — comentou —, apenas ficando aí sentado o dia todo.

— É o meu trabalho — expliquei. — É como ganho meu dinheiro.

— É um tipo engraçado de trabalho se quer a minha opinião — bufou ele, enquanto tornava a ligar o trator.

Ainda assim, eu soube que ele passaria o início da noite atualizando-se sobre preços de colheitas ou os mais recentes subsídios concedidos pela União Europeia, ou folheando suas revistas de agricultura em busca de notícias de novos maquinários ou variedades de sementes. Apenas não chamaria isso de trabalho. O trabalho para ele era o esforço físico, ao passo que, para mim, esforço físico era "exercício", o que faço para revigorar a mente e o corpo para o meu trabalho de verdade, nos meus livros.

A combinação dos quatro tipos de trabalho variará ao longo do curso de um ciclo de vida. Na casa dos trinta anos, o trabalho remunerado predominou no meu portfólio, para o desespero da minha mulher, que ficou com quase todo o trabalho doméstico sozinha. Quinze anos antes, havia sido o trabalho de estudo. No outro extremo da vida, é comum ouvir uma pessoa aposentada dizer que jamais esteve tão ocupada, mas, investigando-se a respeito, ela geralmente transferiu a maior parte de seu trabalho remunerado para os outros três tipos de trabalho, achando que lhes dão igual realização. Não temos, no entanto, que deixar o nosso estágio na vida determinar nossa combinação de trabalho. Podemos criar nossa própria mescla de trabalho, nosso próprio equilíbrio dos quatro tipos. Eu, agora, estava livre; não aposentado, não empregado, nem doente, nem incapacitado. Se havia alguém em posição de colocar minhas teorias à prova era eu mesmo.

Sentei com Elizabeth para elaborar uma combinação adequada. Não era algo que eu pudesse fazer sozinho porque ela seria, inevitavelmente, afetada pelo resultado. Afinal, ela tinha seu próprio trabalho independente em que pensar.

Decidimos que eu precisava alocar cem dias por ano para o meu trabalho de estudo, que é o que utilizo para escrever e me preparar para isso — todas aquelas leituras. Essa seria a base de todo o trabalho remunerado que eu faria. Era crucial que eu lhe dedicasse tempo o bastante. Era arriscado demais tentar viver de qualquer capital intelectual do meu passado. Tinha ouvido dizer sobre um dos meus colegas que algumas pessoas sabiam suas palestras de cor de tanto as terem assistido.

Nem tampouco eu poderia contar em ganhar muito dinheiro com os livros que talvez resultassem desse trabalho de estudo. A maioria dos livros, sabia eu, vendia menos de cinco mil exemplares ao longo de uns dois anos, e levaria pelos menos dois anos até que algum livro pudesse ser publicado, mesmo que eu conseguisse arranjar uma editora disposta a isso.

— Não engane a si mesmo — disse meu primeiro, e único, agente literário quando lhe contei que estava deixando o meu emprego. — Você terá muita sorte, de fato, se algum dia ganhar 10.000 libras anuais escrevendo.

Vinte anos depois, posso me considerar alguém de muita sorte. Encontrei uma editora, duas, na verdade, que me assessoraram muito bem. Um ou dois dos livros até venderam muito mais exemplares do que os cinco mil que eu poderia ter esperado, mas ainda não posso contar com nenhum livro futuro fazendo o mesmo. Ainda classifico meus dias como escritor como trabalho de estudo e qualquer dinheiro resultante como um bônus.

Sabia que teria de ganhar meu dinheiro de verdade de algum outro jeito. Como muitos ex-executivos, pensei em consultoria. Talvez as pessoas ficassem contentes em receber meus conselhos, mesmo que não pudessem ter minhas habilidades de gestão. Eu me esquecera de que havia sido executivo numa empresa muito tempo antes e que havia alguns anos que fora professor de gerenciamento. Os clientes não chegaram exatamente a fazer fila, e os únicos contratos oferecidos acabaram sendo um desastre. Um amigo muito admirado e presidente de uma grande instituição beneficente me pediu que o ajudasse a reorganizar sua equipe de gerenciamento. Não estava dando certo, contou-me.

— Para ser franco — confidenciou —, eu gostaria de me livrar de todos, mas, numa instituição de caridade, isso não é tão fácil. Veja o que pode fazer.

Passei algumas semanas me inteirando sobre a organização, conversando com o máximo de pessoas de lá de dentro e de fora que pude, incluindo o conselho. Minha conclusão foi triste, mas achei, inevitável. O problema estava no meu próprio amigo, homem de intelecto brilhante e orador público, mas um gestor e líder insensível.

— Ele dirige o lugar por controle remoto — disseram-me todos. — Não sabemos o que se passa na mente dele. Não confiamos mais nele, nem em suas decisões.

Eu lhe falei isso o mais gentilmente que pude e sugeri alguns meios para que conseguisse recuperar sua reputação. Não foi nada bom. Ele rejeitou furiosamente a minha análise. Houve uma amarga discussão entre nós diante do conselho. Lembro de ter dito a eles que a confiança era como uma lâmina de vidro — uma vez quebrada, jamais poderia voltar a ser a mesma, não importando quanto se tentasse juntá-la de novo com cola. Foi algo cruel de se dizer e acabou sendo fatal. Ele se demitiu naquela noite. Ele nunca me perdoou, nem voltou a falar comigo. Eu havia perdido um amigo e não podia jurar que havia ajudado a organização. Tomei duas decisões: que jamais tornaria a trabalhar para um amigo como cliente e que jamais tornaria a tentar bancar o dono da verdade numa organização. A consultoria não iria ser o meu forte, percebi.

Foi mais uma ocasião para me reconciliar com o que eu não era a fim de me concentrar no que eu era. Se dinheiro era necessário, aquilo que eu era bom era em ensinar, especialmente gerentes. Ensinar poderia significar voltar para o mundo que eu deixara para trás, mas seria o meio mais eficiente de ganhar o dinheiro que precisava para sustentar minha família. Estaria, então, livre para fazer o que realmente queria — escrever. Pessoas independentes geralmente têm de unir o útil ao agradável. Lembro da mulher que conheci que, quando lhe perguntei o que fazia, respondeu que escrevia roteiros de tevê. Manifestei minha admiração.

— Oh, nenhum deles foi gravado ainda — revelou ela.

— Do que vive, então? — perguntei, eternamente curioso em relação à vida dos outros.

— Eu empacoto ovos aos domingos — respondeu a mulher com um sorriso.

A maneira pela qual ganhava seu dinheiro não era, ao modo de ver dela, seu trabalho de verdade.

Para mim, foi uma conversa importante. Havia crescido presumindo que o trabalho tinha de prover tudo num só pacote — dinheiro, satisfação, companheirismo, criatividade e até uma boa localidade. Não era à toa que eu vivia desapontado. Agora, na minha vida independente, eu poderia desmembrar esse pacote, fazer algumas coisas por dinheiro, outras coisas por outros motivos. Ela era uma excelente empacotadora de ovos. Eu havia sido um bom professor. Eu podia e devia usar esse talento para ganhar o dinheiro que precisava. Também me dei conta de que devia fazê-lo o melhor que pudesse por quanto pudesse cobrar razoavelmente de modo que pudesse ganhar dinheiro o mais breve possível. Ela empacotava ovos apenas aos domingos. Eu teria de fazer muito mais trabalho remunerado do que isso.

Elizabeth e eu decidimos alocar 150 dias por ano em trabalho remunerado se eu conseguisse obtê-lo, esses dias incluindo toda a preparação, administração, marketing e as viagens necessários. No melhor dos casos, talvez eu tivesse apenas cinquenta dias de dinheiro ganho para sustentar o restante da minha vida. Teriam de ser dias bons e lucrativos. Reservamos, então, vinte e cinco dias para trabalho voluntário, aproximadamente 10 por cento do meu tempo de trabalho remunerado, deixando noventa dias para o trabalho de casa, férias e lazer, em todos os quais jurei que faria a minha parte.

— Noventa dias para lazer — comentou um amigo. — É um ótimo estilo de vida esse que vocês inventaram para ter.

Apontamos que a maioria das pessoas esperava um final de semana cinquenta e duas vezes por ano, além de oito feriados nacionais e pelo menos quinze dias de férias do trabalho anuais

— totalizando 127 dias. A contrário da maioria, havíamos somado todo o nosso tempo não alocado. Era porque estávamos nos propondo a dividir nossos dias como também nosso trabalho em partes. Não estaríamos mais presos às partes tradicionais da sociedade industrial. Estávamos livres para reordenar as partes da nossa vida da maneira que quiséssemos. Percebemos que se nosso trabalho estivesse sediado em casa, nós nos sentiríamos tentados a trabalhar vinte e quatro horas por dia, sete dias por semana. Em vez disso, planejamos tentar e tirar todos os domingos de folga como norma regular, deixando quarenta dias para talvez quatro intervalos de férias de dez dias.

— Mas vocês só estão se dando metade de um ano para ganhar dinheiro — foi a reação de outra amiga, quando explicamos nossos planos.

— Queremos fazer o mínimo de trabalho remunerado possível — explicamos —, a fim de deixarmos o máximo de tempo para o nosso outro trabalho. Com sorte, metade do nosso tempo nesse tipo de trabalho será o suficiente.

— O suficiente? — exclamou ela. — Como sabem quanto é o suficiente? Com certeza, nunca poderão ter muito, não é?

— Estou com quase cinquenta anos — falei. — Nesta fase da vida, posso fazer um cálculo de quanto dinheiro precisaremos para prover o nosso futuro. Com sorte, os livros talvez gerem um pouco de dinheiro extra. Não há por que ganharmos mais do que precisamos.

— Acho que dinheiro nunca é demais — declarou ela. — Se houver algum sobrando, vocês podem dá-lo a seus filhos, ou presentearem a si mesmos com algum luxo.

— Não acho certo mimarmos demais os filhos. Mas a verdadeira questão é que, se gastássemos mais tempo ganhando dinheiro, teríamos menos tempo para fazer as coisas que realmente queremos, que é escrever no meu caso e a fotografia, no de

Elizabeth. Não queremos ser escravos do dinheiro. Na verdade, quando mais baixo pudemos estabelecer o nosso nível do que é suficiente, mais liberdade teremos para fazer outras coisas. Em vez de libertar uma pessoa, o dinheiro pode, na realidade, acorrentá-la a seu trabalho remunerado.

Ela foi embora sacudindo a cabeça, mas a ideia de uma cota anual para nossos ganhos tem sido a base para a nossa vida desde então. Sou um sujeito cauteloso e tenho o cuidado de manter a cota num nível confortável, mas um nível que tenho absoluta certeza que posso alcançar dentro do tempo alocado. A renda também possui um elemento de portfólio; ela não vai toda num único cheque para ninguém. Para alguns, há partes de uma pensão, ou talvez juros de aplicações, ou heranças. Dinheiro enquanto você dorme, é como o chamo nesse caso. Não tive nada disso, mas consegui assegurar um compromisso anual para um trabalho de meio período lecionando na minha antiga escola de negócios, que foi uma parte tranquilizadora para começar. Houve, então, taxas recebidas por artigos ocasionais, pequenos adiantamentos sobre royalties de um novo livro, alguns compromissos para aparecer em programas de treinamento de empresas, um convite inesperado para participar de um programa na tevê.

Tudo foi se somando, embora eu estivesse incomodamente ciente de que não estava guardando muitas provisões para nossa idade avançada, ou para os impostos. Essas coisas costumavam ser retidas na fonte quando estive nas minhas organizações. Profissionais independentes têm de lembrar que sua renda agora é bruta, não líquida. Nunca se é tão rico quanto se pensa. Você ficará satisfeito em saber, disse-me meu contador, que, quando tiver mais de sessenta anos, poderá colocar 40 por cento de sua renda, isenta de imposto, num fundo de previdência. Sim, mas primeiro você tem de ganhar esses 40 por cento extras e ainda haverá 30 por cento ou mais para impostos, hoje em dia a serem pagos antecipadamente. Em outras palavras, eventualmente eu teria de ganhar pelo menos 70 por cento a mais do que precisava para poder aproveitar essa concessão de impostos. Tanto trabalho pelas alegrias da independência! Extraí certo consolo do fato de que havia muitos fios na minha teia monetária. Se algum se rompesse, eu sobreviveria, nenhum era crucial.

Não obstante, os primeiros anos foram repletos daqueles cálculos nervosos em qualquer pedaço de papel. Eu atingia os verdadeiros dilemas do profissional independente — de que modo divulgar melhor a disponibilidade e habilidades de uma pessoa e quanto cobrar por elas. Eu havia crescido naquele vicariato onde dinheiro não era mencionado e divulgar a si mesmo teria sido encarado como uma forma de jactância. Como os demais profissionais independentes o faziam?, perguntei-me. Atores, por exemplo, ou músicos, astros do esporte ou modelos de passarela? Todos pagavam a outros para fazer o marketing deles, percebi, e, de fato, eu já tinha um agente, mas apenas para o que eu escrevesse, o que, aparentemente, não renderia muito dinheiro.

Foi Elizabeth, que, mais uma vez, veio em meu socorro. Aborrecida com a minha ânsia em ir a qualquer lugar a qualquer hora, para falar, pregar ou ensinar — eu estava desesperado no início —, enquanto voltava frequentemente com nada mais para mostrar por isso do que os recibos dos bilhetes de trem e um pesa-papéis como brinde, ela se designou minha empresária, insistindo que negociaria todos os meus compromissos antecipadamente. Na verdade, chegou a escrever para os organizadores de alguns compromissos recentes desculpando-se pelo fato de que eu havia negligenciado em combinar a taxa e sugerindo que o pagamento imediato seria obrigatório. Em ambos os casos, ele chegou, sem demora. Na minha inocência sobre o mundo em que acabara de entrar, não sabia que uma pessoa podia cobrar dinheiro por falar num jantar de negócios. Logo aprendi.

Apesar de não ter sido contaminada pelas escolas de negócios, Elizabeth sabia assim mesmo, instintivamente, o que precisava ser feito. Ela se concentraria no meu trabalho remunerado, afirmou, de modo que tudo fizesse parte de um padrão, embora para uma ampla variedade de clientes.

— Você precisa ser uma marca — disse-me.

— De onde tirou esse tipo de jargão de marketing? — indaguei. — Deve andar lendo alguns daqueles livros de negócios.

— É apenas bom senso. As pessoas precisam saber o que você representa e pelo que estão pagando quando pedem que você lhes fale ou as ensine. Só poderei vender seus serviços se eu tiver orgulho do que você faz, se sentir que é especial de alguma maneira. Está certo, chame isso de reputação, se quiser, mas você precisa construir uma e, então, protegê-la.

Soou um tanto estranho, transformar a mim mesmo numa marca. Mas ela tinha razão. Profissionais independentes não devem nem podem ser todas as coisas para todo mundo. Têm de ser especiais de algum modo a fim de poderem se destacar num mercado apinhado sem despesas enormes em propaganda e relações públicas. Para um profissional independente, reputação, reputação, reputação é tudo o que há.

Assim mesmo, um certo marketing é necessário. O mundo precisa saber que você está disponível. Alguns profissionais que acabaram de se tornar independentes enviam brochuras, alguns distribuem currículos a todos em que podem pensar. Outros entretêm clientes em potencial na esperança de que uns drinques generosos tragam suas próprias recompensas. A sensação é a de se espalhar sementes sobre pedras. Convidamos uma ampla variedade de amigos e conhecidos para almoços, "apenas para informá-los que retornamos daquele país estrangeiro chamado Castelo de Windsor", dissemos, esperando que eles perguntassem o que eu pretendia fazer. Com frequência demais, presumiram que eu tivesse me aposentado — essa palavra que pessoas de portfólio aprenderam a temer.

— Certifique-se de levantar da cama todas as manhãs — aconselhou-me um deles. Nenhuma esperança ali, dei-me conta, de uma oferta de trabalho.

Mas os ventos dos mexericos acabam espalhando algumas dessas sementes um pouco mais longe. Eventualmente, o telefone toca, sim, as cartas com convites chegam; a maioria deles, lamentavelmente, nada adequados.

— São ruins para a sua reputação — aconselhou Elizabeth, recusando-os antes que eu pudesse protestar.

Não era fácil olhar para os dentes daqueles cavalos dados em potencial e mandá-los embora. Mas ela estava certa; você molda a sua própria reputação.

Então, tive sorte. Se você escreve um livro que os editores solicitam que você divulgue com entrevistas e eventos que eles providenciam, você inevitavelmente divulga a si mesmo e a sua marca nesse processo. De qualquer modo que você escolha fazê-lo, parece que leva cerca de dois anos para os resultados aparecerem, porque, no final, é apenas propaganda boca a boca e uma sucessão de clientes satisfeitos ou projetos bem-sucedidos que contam. É outra maneira de plantar sementes para o futuro — e esperar.

Chamo isso de sorte, mas somos geralmente os responsáveis por nossa própria sorte. Maçãs caem de modo imprevisível no nosso colo, eu costumava dizer aos meus alunos, mas é mais provável que aconteça se você for até o pomar e der uma sacudida na macieira. Editoras não convidam você com frequência para escrever livros; você tem de escrevê-los primeiro, até publicá-los você mesmo se necessário for, como Elizabeth fez com seus dois primeiros livros de fotografias. Faça isso e você está no pomar.

Meu portfólio particular de trabalho remunerado é incomum. É elaborado para se adequar às poucas coisas que posso fazer. Seus detalhes, ou alocações de tempo, não podem ser um modelo exato para ninguém, porque cada vida de portfólio é diferente. Esse é o encanto da ideia. Muitos executivos se tornam consultores bem-sucedidos de algum tipo. Outros montam um portfólio de diretorados não executivos. Alguns, os que tem capital extra, investem em pequenas empresas estreantes onde a experiência deles é tão útil quanto seu dinheiro. Nossos próprios filhos optaram por ser pessoas de portfólio desde o início; de um jeito um tanto casual no caso do nosso filho ator, que sabia que atuar dificilmente proveria todas as suas necessidades, mas através de planejamento deliberado no caso da nossa filha osteopata, que quer uma vida diversificada e restringe sua carga de trabalho com a terapia da osteopatia a três dias por semana, a fim de deixar espaço para outras formas de atividades criativas, outra maneira de dividir seu trabalho e sua vida em partes.

A vida de portfólio pode ser um novo conceito para homens ou mulheres de organizações, mas não seria novidade a todos aqueles que nunca trabalharam nelas. Existem mais dessas pessoas do que pensamos, porque estão frequentemente disfarçados de organizações em vez de trabalhadores autônomos. Mais de 60 por cento de todas as empresas registradas na Grã-Bretanha não têm funcionários, apenas o dono. Algumas dessas pulgas empresárias acabam se tornando sérios alquimistas, construindo novas organizações próprias. A maioria não; são pessoas independentes sob a fachada de organizações. John Smith S.A. geralmente é apenas John Smith.

Há também todos os pequenos fazendeiros, artesãos e artífices, restauradores de móveis, taxistas, fotógrafos, fornecedores de cestas de café da manhã, biscateiros e jardineiros, o exército crescente de trabalhadores autônomos que nunca ouviram falar de conceitos sofisticados como a vida de portfólio. Mas todos sabem que o dinheiro vem em diferentes formas de diferentes fontes, que cada um de nós é responsável pelo próprio destino, que nenhuma pessoa ou organização pode ou deve ser nossa dona. Entendem também que o tempo deles é seu para administrar, mesmo que não o administrem muito bem, que o suficiente é tão bom quanto um banquete, mesmo que nunca quantifiquem essa ideia, e que a reputação é crucial para o futuro trabalho — todos conceitos centrais ao modo de pensar de portfólio e à vida de uma pulga.

Nem todos os trabalhadores independentes o são por escolha. Geralmente, à medida que as organizações enxugam suas folhas de pagamento, é uma alternativa que eles teriam preferido não ter de escolher. Pois a verdade é que nem tudo são flores na vida de um profissional independente, mesmo quando funciona bem. Winston Fletcher, um executivo da propaganda que se tornou um profissional de portfólio de sucesso, com uma combinação de trabalho remunerado e trabalho voluntário, de consultoria e diretorias não executivas, coloca bem a situação: "Pessoas de portfólio são contratadas apenas por elas mesmas. Isso é maravilhosamente lisonjeiro, mas significa que não se pode recorrer a substitutos. Você tem de estar em toda a parte — bem preparado e pronto para lutar... Em comparação com o trabalho numa organização, é uma vida moderadamente solitária. A vida de portfólio significa viver correndo de lá para cá... você tem pouco controle sobre as datas ou horários de reuniões... Os empregadores de portfólio, geralmente, não fornecem escritórios ou secretárias. Nestes tempos de laptops, e-mails e fax, é de se pensar que tais privações não importam. Mas importam, sim". Acima de tudo, afirma ele, para os que estão acostumados a cargos executivos em organizações, é a troca de poder por influência. "Você não é responsável por dirigir nenhuma das apresentações em que aparece... É tudo um tanto insubstancial. Empregos independentes propiciam muitas oportunidades para o orgulho, mas poucas para a ambição".

Você não tem de formar um portfólio de trabalho quase exclusivamente de consultoria, como Winston Fletcher fez. Mas ele está certo em afirmar que pessoas de portfólio raramente estão em posição de dirigir qualquer organização de porte. Trocamos poder por influência. Pessoalmente, acho isso um grande alívio e, como Fletcher diz, geralmente bastante lisonjeiro. Não passei mais noites acordado preocupando-me em talvez ter delegado as coisas erradas à pessoa errada, com a possibilidade de não preencher minhas cotas no curso, ou de não cumprir o orçamento, nem mesmo com o risco daqueles prédios antigos que usávamos no Castelo de Windsor se incendiarem por causa do descuido de alguém com um cigarro. Por outro lado, quando era convidado para falar a algum grupo dos grandes e ocasionalmente bons, eu sabia que era por causa de quem eu era e não do que eu era.

A coisa mais lisonjeira de todas, porém, para aqueles que trocaram poder por influência, é encontrar uma ideia que você atirou no ar foi assimilada e usada por pessoas que nunca conheceu. Uma vez, recebi uma carta do outro lado do mundo, sem endereço de remetente e, portanto, não pude responder. Tudo o que dizia era: "Agradeço por seus livros. Eles me deram esperança e mudaram minha vida". Para mim, a carta valeu mais do que rubis. Jamais subestime o efeito da influência. Em qualquer lista das pessoas mais importantes do século passado, nomes como os de Sigmund Freud, Albert Einstein e, mais recentemente, Tim Berners Lee, que nos deu a World Wide Web, devem certamente aparecer, pessoas sem poder, mas com influência na maneira como pensamos e vivemos que ainda perdurarão quando tivermos há muito esquecido os homens e mulheres poderosos, os

Hitlers, os Churchills e os Stalins. O escolhido pelos britânicos como o herói do último milênio foi William Shakespeare, um homem que não comandava nada a não ser palavras.

De qualquer modo, nem tudo são flores. Há também uma ou outra carta ofensiva, o feedback da conferência que os organizadores enviam com tanta consideração a você, no qual alguém chamou a sua contribuição de "um monte de lixo velho", ou o que uma pessoa chamou eloquentemente de "um longo hino de congratulações a si mesmo". E, se você for corajoso o bastante para expor seus pensamentos escrevendo livros, há as críticas. Oh, essas críticas! Todos os autores, atores e artistas declaram que não as leem. Eles todos as leem, com a respiração em suspenso, ignorando as frases favoráveis, mas gravando na memória implacável cada pedacinho das críticas negativas, inquietamente cientes de que talvez sejam precisas demais. Todas as críticas são boas, dizem as editoras; todas significam que você foi notado, mas elas não têm de lê-las.

Um dos meus primeiros livros recebeu uma crítica severa na *The Economist*. Liguei para a minha editora aborrecido.

— Do que está falando? — disse ela. — Havia uma foto ao lado da crítica. Isso quase nunca acontece por parte dessa revista. É brilhante.

Não me deixei convencer. E ainda posso citar, palavra por palavra, os comentários ásperos de um dos meus críticos dez anos atrás. Foi uma crítica na *Accountants' Journal* da Irlanda, não a revista mais lida do mundo, mas isso não teve importância para mim. O sujeito encontrara meu tendão-de-aquiles. Como uma forma de cura, Elizabeth promoveu um encontro entre nós num *pub* de Dublin.

— Você devia ver o original que escrevi, aquele que os advogados não deixaram que fosse publicado — disse ele como meio de cumprimento, tirando o texto do bolso. Acabou se revelando um escritor frustrado, ressentido com o fato de eu ter meu trabalho, o qual julgava obviamente inferior, publicado, ao passo que ele não o conseguira. Um fantasma fora derrotado, mas houve muitos outros ao longo dos anos.

O duro fato é que aqueles que dependem de suas próprias espadas para viver deixam-se abertos tanto a feridas quanto a lisonjas. A vida de um profissional independente, a vida do chamado "freelancer" (originalmente um lanceiro mercenário [do inglês *free lancer*] nas guerras), tem de ser uma vida exposta. Ela requer que uma pessoa acredite em si mesma, que esteja disposta a aprender com as críticas, mesmo quando são ruins ou até abusivas, que tenha a aceitação de que a sensibilidade que precisa para entender as necessidades dos clientes provavelmente também significa uma pele fina, fácil de ferir e de cura demorada. Nada na vida vem sem seu preço, mas, por experiência própria, posso afirmar que a liberdade que se obtém com a vida independente mais do que compensa as dores.

Apesar de eu exaltar suas vantagens, pode ser uma perspectiva assustadora em princípio. Você não apenas precisa ter uma habilidade que possa vender, como também conseguir vendê-la e fixar-lhe um preço, ou ter alguém que faça isso por você. A maior parte do trabalho de portfólio é, de fato, solitária, embora minha versão dele seja mais uma sucessão de relacionamentos próximos de curto prazo, como amizades de cruzeiros de navios, intensas enquanto duram, mas logo esquecidas quando se embarca no navio seguinte. Mais uma vez, tenho sorte — vivo com a minha agente e empresária, o que não apenas combate a solidão, mas mantém os honorários de agenciamento dentro da família.

Seja como for, mais e mais de nós terão de enfrentar esse tipo de estilo de vida num determinado momento ou outro. As organizações, quer seja no setor dos negócios ou não, continuarão a cortar seus compromissos centrais, enquanto aumentarão simultaneamente sua abrangência e escopo. Preencherão a lacuna contratando os serviços e especialistas que precisarem, em parte das firmas de serviços profissionais, mas em parte também diretamente dos indivíduos. Essas próprias áreas centrais precisarão de pessoas mais jovens, pessoas que estejam preparadas para contribuir com as horas e os quilômetros que as operações globais e de 24 horas agora requerem. Ainda poderá haver a necessidade de algumas pessoas mais velhas, mas não de muitas. Mais organizações terão um perfil de idade como o exército — uma pirâmide com uma grande base de jovens afoitos, estreitando-se rapidamente até os poucos sábios no topo e, como o exército, a organização será a primeira carreira para muitos, o prelúdio para uma vida como uma pulga.

É uma vida que para muitos será atenuada no seu início tanto por uma renda de pensão antecipada ou por um contrato para fazer como um profissional independente o que costumava fazer como funcionário. Também é uma vida em que a aposentadoria propriamente raramente figurará. Para as pessoas de portfólio, não há uma data definida em que o trabalho termina, apenas mudanças sutis na combinação de portfólio, menos trabalho remunerado, mais das outras variedades. Quando se pergunta a pessoas de portfólio idosas o que fazem, ainda precisam de um parágrafo inteiro para responder. Mesmo que a maior parte da renda delas venha agora de pensões ou de economias, não julgarão a si mesma aposentadas; assim como nunca ouvi uma mulher dizendo que está aposentada — para ela, sempre há trabalho a fazer, em algum lugar.

Creio que essa seja a boa notícia. Sempre vi a aposentadoria como uma desistência da vida. A má notícia é que a independência encoraja o egoísmo. Nossa lealdade, como pulgas, é primeiro para com nós mesmos e nosso futuro; em segundo lugar, para com nosso projeto, equipe ou grupo atuais e apenas em terceiro para com uma organização, comunidade ou, às vezes, para com nossa família. Ainda assim, sem comprometimento não há responsabilidade pelos outros e, sem responsabilidade, não há cuidado.

O verdadeiro desafio do reino das pulgas é a ameaça aparecendo da sociedade egoísta. Esse é o enfoque do meu último capítulo. É um desafio para o qual não tenho resposta, apenas algumas esperanças. Tentei descrever aqui como eu mesmo dei o salto para uma existência independente. Após um começo difícil, funcionou maravilhosamente, no sentido de que a minha vida, de fato, tornou-se empolgante enquanto me aproximei dos sessenta anos. Foi um longo tempo a esperar, mas que valeu a pena. Posso somente encorajar os demais a tentar e perseverar, encontrar sua própria fórmula e sua própria combinação de coisas, a se afastar do que não são, até que descubram o que é que podem fazer que seja único, a ficar contentes com a influências e seus prazeres especiais e a conseguir viver com o bastante a fim de poderem ser livres.

9

Dividindo nossas vidas em partes

Foram necessários dez anos para a minha vida profissional decolar.

Meu agente literário vendeu meu quarto livro para uma nova editora. Era um tipo diferente de livro dessa vez, escrito não para acadêmicos ou estudantes e nem mesmo administradores, mas para o leitor em geral. Autores sempre odeiam que seu trabalho vá para um público vago, indefinido, mas eu estava mais nervoso do que o costume em relação a esse que se chamava *Changing*. Ele expunha um panorama de um mundo bem diferente de trabalho daquele ao qual estávamos acostumados, um mundo no qual muitas das coisas que damos como certas seriam provavelmente transformadas por completo. Não tinha certeza de que poderia torná-lo convincente, ou de que era capaz de escrever para o público em geral. A editora levou-o para lê-lo durante o final de semana e para mostrá-lo a alguns colegas.

Ela me telefonou na terça-feira.

— Acho que devemos chamá-lo de "A Era da Irracionalidade" — disse-me.

— É um ótimo título — respondi, um tanto surpreso —, mas não há nada no livro sobre irracionalidade.

— Acrescente. Se pensar bem, o livro inteiro está pedindo às pessoas para pensarem de modo irracional. Oh, e está faltando um final apropriado.

Lembrei, então, daquela ótima citação de Bernard Shaw sobre todas as mudanças virem de homens irracionais, porque os racionais esperam que o mundo continue como sempre foi. Incluí isso, acrescentei uma conclusão um tanto emotiva e pessoal e mudei o título. Desconfio que o título fez toda a diferença. Pensando melhor, quem teria se dado ao trabalho de olhar para um livro chamado *Changing* (Mudanças)?

A editora era Gail Rebuck, agora presidente da Random House e ainda, fico contente em dizer, minha editora. Ela me ensinou que uma pessoa nunca deve ser orgulhosa ou sensível demais para aceitar conselhos, até críticas, particularmente daqueles que estão do seu lado. Raramente somos os melhores juízes do nosso próprio trabalho. Escritores são pessoas de sorte — têm editores, e editores são cúmplices, aliados não concorrentes. Ainda estremeço, é claro, quando meu trabalho volta com frases alteradas, parágrafos eliminados e pontos de interrogação em meus trechos favoritos, mas a responsabilidade ainda é minha de aceitar ou rejeitar as mudanças sugeridas e sei, bem no fundo, que todas são destinadas a tornar o trabalho melhor. Contar com um crítico sincero, que partilha suas esperanças e ambições é, passei a entender, um grande privilégio.

Esse livro vendeu bem. Mais importante, foi publicado nos Estados Unidos, com o apoio de outra editora visionária, Carol Franco, que estava ocupada com a criação da Harvard Business School Press. Era 1989. Os americanos tinham pouco respeito por qualquer coisa semelhante a ideias sobre gestão ou negócios oriundas da Europa, que viam como um exemplo de incompetência econômica. Poucos — se algum — escritores europeus voltados para a gestão foram publicados lá na época. Para mim, foi um avanço. De repente, eu era conhecido para além da costa britânica, enquanto outros países sentiram-se ousados o bastante para seguir os americanos e publicar suas próprias edições. O meu perfil foi publicado na revista *Fortune*. Convites para palestrar em vários locais começaram a chegar. Era tentador deixar o sucesso subir à cabeça e esquecer nossa regra de termos o suficiente. "Nada em Excesso", lembrei a tempo, fora outra daquelas inscrições no templo de Apolo em Delfos.

Era tentador, também, esquecer que Elizabeth tinha suas próprias ambições.

— Estou muito feliz por você — disse ela um dia —, mas agora estou completamente absorta pela sua vida. Não tenho tempo nem espaço para a minha própria vida. A minha paixão é a fotografia e quero poder praticá-la.

Ao longo dos cinco anos anteriores, ela estivera estudando para se formar em fotografia um dia por semana na Universidade de Westminster e acabara de saber que passara com louvor. Foi o momento de eu lembrar de outro conjunto das minhas teorias, as que eu acabara de colocar recentemente naquele livro que estava sendo vendido ao redor do mundo, mas as quais andava ignorando na minha própria casa. O sucesso pode estragar uma pessoa, se ela não tomar cuidado.

As teorias haviam se originado de pesquisas que eu conduzira na London Business School vinte anos antes. Aqueles eram os dias em que o estresse dos executivos ainda não era uma ideia cujo momento chegara. Não obstante, enquanto observei o conflito na minha própria vida entre as pressões do trabalho e as exigências da minha família, perguntei-me se conseguiria descobrir algumas pistas do fugaz equilíbrio entre trabalho e casamento. Talvez, pensei, conseguisse encontrar alguma formula mágica que não apenas me ajudaria, mas que poderia ser a base para ao menos um artigo, talvez um livro. Publique ou pereça é a antiga fórmula acadêmica e eu ainda não havia publicado nada naquela época.

Eu tinha um grupo pronto para a minha pesquisa. Eram os executivos que haviam participado dos cursos de gerenciamento que eu havia criado e conduzido nos três anos anteriores. Muitos deles moravam e trabalhavam perto ou em Londres e talvez estivessem disponíveis para serem entrevistados. A maioria estava por volta dos trinta e cinco anos, era casada e tinha dois ou três filhos pequenos. Vinte e três deles concordaram em tomar parte na pesquisa. Isso significou tanto marido e mulher completando um questionário de pesquisa de comportamento (com o impressionante nome de Tabela de Preferências Pessoais Edwards) e uma longa entrevista com minha assistente de pesquisa, uma psicóloga americana chamada Pam Berger.

É claro que, de modo algum, uma amostragem tão desesperadamente tendenciosa e inadequada poderia ser chamada de algo além de um estudo piloto. Também foi uma estreante de sua época. Até chamá-la de um estudo de padrões de casamento lhe fixa uma data, pois o ano era 1972. Para começar, os executivos eram todos homens e inevitavelmente da classe média. Eram todos felizes no casamento, pela primeira e, presumiram, única vez — ou jamais teriam concordado em participar; eram todos britânicos e moderadamente bem-sucedidos tanto nos negócios, ou no governo, ou no setor voluntário. Apesar disso, esperei que o estudo resultasse em alguns indicadores, algumas pistas de como conciliar a combinação de casa e trabalho que eu pudesse testar em pesquisa posterior e mais abrangente. Poderia até, pensei em meus sonhos mais secretos, fazer nome se conseguisse surgir com uma fórmula ideal para o sucesso conjugal no mundo dos negócios.

Isso não aconteceu, é claro. A vida não é nem tão previsível, nem tão administrável. O que, de fato, descobrimos foram alguns padrões distintos de casamento, ou o que eu chamaria agora de uma variedade de opções para relacionamentos.

A pesquisa é descrita em certos detalhes em *A Era da Irracionalidade*. Separamos os indivíduos em quatro grupos, de acordo com os pontos-chave extraídos dos questionários, pontos que revelaram suas prioridades inconscientes, um desejo de realização ou de autonomia, talvez, ou uma necessidade de cuidar e apoiar em vez de dominar.

Designamos os grupos com letras de A a D e lhes demos nomes para indicar a mescla de prioridades que representavam. Chamamos o grupo B de Iniciativa, porque ele combinava altas necessidades para o que a pesquisa de comportamento chamou de Realização como também de Autonomia, ao passo que chamamos o grupo A de Envolvidos, sendo uma combinação de Realização e Cuidados com os outros. O D estava todo relacionado a Cuidados com os outros e o C inteiramente a Autonomia e, portanto, o chamamos de grupo dos Individualistas. Isso resultou no diagrama simplificado demonstrado logo adiante:

Juntamos, então, cada casal e seus grupos e demos às combinações nomes neutros, tais como AA ou BD. Acabamos chegando a quatro combinações diferentes, extraídas das teoricamente possíveis dezesseis. Isso tudo foi feito a partir dos números no questionário. A parte interessante veio em seguida, quando comparamos nossas observações de como eles diferiam na maneira como se relacionavam uns com os outros e organizavam suas vidas.

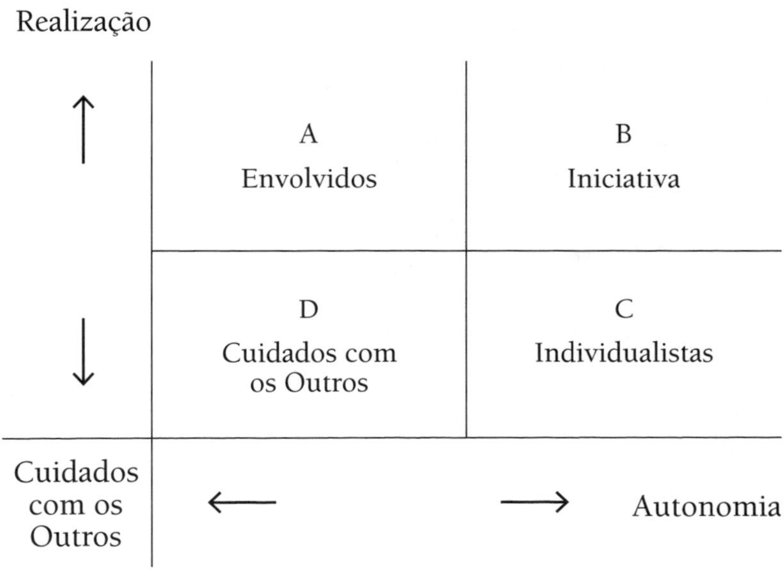

O padrão dominante foi BD, o que poderia ser chamado do Casamento Tradicional (ele era B, um grande realizador que valorizava a autonomia, e ela era D, alguém que cuidava dos outros). Nesse padrão, o trabalho do marido era o centro definidor, em torno do qual tudo mais girava. A esposa estava num papel de apoio e cuidado, e feliz nele, responsável por tudo o que acontecia no lar, incluindo a criação dos filhos, deixando o marido livre para se concentrar em sua carreira.

Havia um exemplo de um Casamento Competitivo (BB), uma união de duas Iniciativas, na qual ambos os parceiros eram grandes realizadores, mas com pontos altos também em Autonomia. Ambos tinham empregos semelhantes de tempo integral e não tinham filhos. Levavam o que descrevemos como uma vida movimentada, com carros esportes e um apartamento moderno, comendo mais fora do que em casa, duas rendas para gastar, competindo um com o outro numa rivalidade amigável, trabalhando arduamente e se divertindo bastante, mas com vidas diurnas amplamente separadas.

Havia também um Casamento Segregado (CC), de dois individualistas que tinham alcançado uma pontuação alta em Autonomia, mas baixa em tudo mais. Eles conseguiam viver juntos e criar os filhos sem partilhar tempo ou espaço. Quando um voltava para casa do trabalho, ou outro saía. Cada um na casa tinha seu próprio espaço. Não havia mesas ou cadeiras onde uma refeição em conjunto pudesse ser feita. Cada membro da família, incluindo as crianças pequenas, era responsável por preparar sua própria comida e por sua própria diversão.

O outro principal padrão de casamento, porém, foi o Casamento Compartilhado (AA), um em que todos os papéis eram partilhados. Ambos os parceiros tinham atingido uma pontuação alta no questionário tanto no aspecto Realização quanto no de Cuidados com os Outros. Ambos os parceiros, porém, trabalhavam, mas ambos também cozinhavam e cuidavam dos filhos quando necessário. Enquanto o Casamento Tradicional tendia a ocupar lares com ambientes com suas designações (sala de jantar, de estar, escritório, cozinha, etc.), os lares do Casamento Compartilhado eram espaços abertos, dominados por uma cozinha desorganizada onde tudo parecia acontecer.

Nada surpreendente demais, talvez, em tudo isso. Todos afirmaram ser felizes e todos vimos exemplos de cada padrão entre nossos amigos. Mas, então, começamos a falar sobre o estudo com outros grupos.

— Você só tirou uma foto instantânea no tempo — comentou alguém. — Seria interessante saber se esses padrões se mantém constantes no decorrer de um período mais longo.

— Isso mesmo — concordaram outros. — Muitos casamentos começam como parcerias iguais, bem semelhantes a esse chamado casamento competitivo, mas, inevitavelmente, as coisas mudam com a chegada dos filhos. Alguém tem de cuidar deles, exatamente no momento em que as carreiras estão decolando. Geralmente, é a mulher quem fica em casa, entrando no padrão do casamento tradicional enquanto os filhos são pequenos.

— Não necessariamente para sempre — disseram outros. — Tão logo as crianças cresceram um pouco, entramos num padrão de casamento compartilhado, nós dois contribuindo com empregos e com tarefas domésticas.

— Tentamos isso — acrescentou outro —, mas foi muito estressante. Tive de recusar uma promoção porque teria significado uma mudança para outra parte do país, más notícias para minha parceira, que teria de mudar de emprego, e para as crianças, que teriam de ir para outra escola. Não se pode ser ambicioso demais e ainda dividir o trabalho doméstico.

— Os seus padrões descrevem a minha vida — falou um homem mais velho. — Começamos idealmente com um casamento compartilhado, então fui promovido e dois filhos chegaram. Assim, mudamos para um casamento tradicional e minha mulher desistiu de seu emprego. Quando as crianças cresceram, ela começou a trabalhar novamente e, por algum tempo, desfrutamos a vida agitada do casamento competitivo, mas isso logo se degenerou até o padrão segregado e, no ano passado, nós nos divorciamos.

As pessoas, de fato, mudam de um padrão a outro. Dez anos depois de ter feito o estudo, deparei com Richard, a metade masculina do casamento competitivo de nossa amostragem. Ele ganhara peso e estava vestido de maneira cara, visivelmente bem de vida.

— Como vai Judy? — perguntei, quase esperando ouvir que ela não estava mais a seu lado.

— Oh, ela está bem — respondeu ele. — Moramos no campo agora, com nossos dois filhos. — Seu grande passatempo é cuidar de rosas.

Era evidente que ambos haviam mudado para o padrão tradicional e estavam aparentemente contentes.

Talvez, refleti, o segredo da continuidade de um relacionamento é ser capaz de mudar os padrões conforme o ciclo da vida segue. Muitos amigos e colegas, notava eu, não tinham conseguido se adaptar quando a necessidade de um padrão de casamento tradicional terminara com a saída dos filhos. De repente, não houvera mais um elo em comum para uni-los, sem filhos por perto para cuidar e os pais falecidos ou num asilo. As vidas separadas de ambos agora pareciam existir em dois mundos separados, cada um com seus próprios grupos de amigos e interesses.

Às vezes, lutavam para ficar juntos, numa versão do padrão segregado, pelo bem dos filhos, disseram, ou por hábito. Geralmente, porém, um ou outro encontrava um novo parceiro a fim de começar um novo padrão. Um amigo casou com uma colega do trabalho e, para a surpresa dos que o conheciam, foi descoberto cozinhando e servindo as refeições num novo lar em estilo de loft, radiante com o padrão compartilhado da vida deles.

De modo inverso, outro amigo, que se adaptara ao papel de cuidar no padrão tradicional deles, enquanto a mulher trabalhava sob grande destaque, repentinamente partiu para viver de maneira bem mais modesta com uma nova parceira.

— Eu me sentia preso em meu papel — explicou ele. — Queria dividir minha vida com alguém que partilhasse mais dos meus próprios interesses.

Elizabeth e eu temos amigas que fizeram o mesmo, mudando de parceiros a fim de mudar padrões, mas eu resolvi que, na minha nova vida, nós seríamos diferentes. Divórcio ou separação não estavam nas tradições do vicariato. Além do mais, nós ainda nos amávamos, esperei. Eu havia pensado e presumido que éramos uma parceria com um padrão compartilhado no nosso casamento. Inconscientemente, entretanto, havíamos entrado numa variação do padrão tradicional. Nossos filhos não estavam mais em casa para Elizabeth cuidar, mas ainda cuidava de mim, sacrificando seus próprios interesses e trabalho.

Tivemos de fazer algumas escolhas.

— Você poderia arranjar uma secretária — sugeriu ela. — E inscrever-se numa daquelas agências para palestrantes, que lhe arranjará trabalho de sobra... o que precisará se tiver de pagar o salário da secretária. Então, eu ficaria livre para me concentrar na minha fotografia.

Lembrei da minha pesquisa de tantos anos antes. O que ela sugeria levaria a um casamento segregado. Eu amava demais Elizabeth e muito menos o meu trabalho para que isso fosse uma alternativa. Também precisava dela para o meu trabalho, pela sua intuição, suas sábias críticas, sua insistência para que nos ativéssemos à nossa mescla de trabalho, sua habilidade de divulgar minhas aptidões e de organizar nossas viagens. Eu precisaria de um batalhão inteiro de talentos para compensar tudo isso e, ainda assim, não seria a mesma coisa. Tinha de haver outra opção.

Não havia uma solução direta, lamentavelmente, nos modelos da minha pesquisa. Ela não poderia fazer seu trabalho, enquanto estivesse organizando o meu. Teríamos de encontrar um meio de liberá-la, de lhe dar tempo para ambas as coisas. Talvez, refleti, houvesse outros meios de combinar esses padrões do que aqueles que a minha amostragem original usara. Poderíamos inventar nossa própria variante do casamento compartilhado?, perguntei-me. Eventualmente, decidimos dividir o ano e colocar outra matriz em cima da nossa mescla de trabalho.

Concordei em executar todo o meu trabalho remunerado e trabalho voluntário durante os seis meses de inverno. Os meses do verão seriam dela. Também ficariam disponíveis para o meu trabalho de estudo, as leituras e os escritos que eram o material para o meu trabalho publicado. Durante os seis meses dela, eu lhe daria toda a assistência que pudesse. Eu não era fotógrafo, mas podia buscar e carregar coisas, segurar guarda-chuvas para a proteção contra o sol ou chuvaradas, fazer as vezes de motorista ou acompanhante nos compromissos dela e, mais útil talvez, ser seu revisor nos livros de fotografia que resultassem de seu trabalho. Não pode ser uma divisão tão organizada quanto parece. Sempre haverá algum planejamento antecipado para o meu trabalho que tem de ser feito nos seis meses dela, e sempre há algum trabalho nos livros dela que adentra nos meus meses. Também há as exceções à regra; de nada adianta nos punirmos quando ambos concordamos que a exceção vale a pena.

Isso dividiu o trabalho. Comecei a explicar a quaisquer clientes em potencial que os meses de verão eram a minha temporada fechada, dedicada ao estudo, e esperei que retornassem em outra temporada. Nem todos entenderam. Tive de aceitar isso. A desculpa de Elizabeth era mais aceitável, que não havia muita luz natural no inverno para seu estilo de fotografia. Mas nem todos os seus clientes estiveram preparados para esperar seis meses por suas fotos de noivado ou para aquele retrato especial de Natal. Ambos descobrimos que é preciso força de vontade para se dizer "não" a clientes suplicantes e, no início, fizemos mais exceções do que deveríamos.

Com isso, ainda restou o trabalho doméstico. Os filhos não estavam mais em casa para cuidarmos deles, nem tínhamos mais pais vivos pelos quais olhar, mas ambos trabalhávamos em casa o dia todo, recebíamos clientes, fazíamos reuniões em casa na maioria dos dias, entretínhamos nossos amigos em nosso lar. O que era sinônimo de trabalho doméstico e de cozinhar. Dividimos nossa vida entre Londres e o campo, onde fazemos nosso trabalho criativo. Passamos praticamente igual quantidade de tempo em cada lugar e, assim, concordamos que ambos seríamos responsáveis por cozinhar, arrumar e demais tarefas domésticas em um lar. Escolhi o campo, em parte porque cozinhar é um maravilhoso antídoto para a atividade puramente mental de ler e escrever. Elizabeth ficou contente com o apartamento na cidade para a sua cota de trabalho doméstico, o que lhe deixou todas as horas no campo para se concentrar em sua fotografia com o mínimo de distração.

É um estilo de vida bastante planejado e de consequências imprevisíveis. Para começar, raramente estamos longe das vistas um do outro. Numa conferência, um consultor de gerenciamento consolou Elizabeth de maneira um tanto condescendente por sua paciência em estar casada com alguém que, presumiu ele, levava seu próprio tipo de vida itinerante.

— Admiro a maneira como vocês, esposas, toleram nossas ausências — declarou ele. — Diga-me, qual é o tempo mais longo que seu marido fica ausente?

Elizabeth sorriu gentilmente.

— Cerca de uns cinquenta minutos, enquanto ele está no supermercado.

Gostamos das coisas dessa maneira, para a surpresa de muitos. O velho adágio de que ela se casou com ele para o resto da vida, mas não para o almoço não se aplica a nós. Talvez ambos estejamos voltando às nossas origens. Meu pai estava em casa para o almoço no vicariato todos os dias. O pai de Elizabeth, um oficial do exército em cidades de guarnição, também estava em casa no final da manhã quase diariamente. Na minha juventude no campo irlandês, não conhecia ninguém que não estivesse em casa para o almoço. Até mesmo os lojistas e os advogados moravam acima de seus locais de trabalho.

Também gostamos do fato de que cada um de nós conhece todas as pessoas que o outro conhece. Há bem poucas amizades ou contatos particulares em nossa nova vida, nenhum espaço para amantes secretos, nem para colegas de bebedeira e de futebol. Como gêmeos siameses, estamos sempre juntos em quase todos os aspectos das nossas vidas.

É a nossa versão de um padrão compartilhado de casamento. Ainda assim, também é, durante a maior parte do dia, um padrão segregado. Trabalhamos separadamente, em salas separadas, desempenhando funções diferentes. Somos pessoas de personalidades e hábitos diferentes. Basta olhar para nossos dois espaços de trabalho para ver que não haveria meio de podermos trabalhar na mesma sala, nem mesmo dividir a mesma cozinha. Uma vida dessas não deixa de ter suas tensões, é claro. A união requer uma tolerância em relação às diferenças, e tolerância, receio, nem sempre está presente se um de nós erra ou esquece.

Nossa vida é bastante diferente agora do que os nossos primeiros vinte e cinco anos juntos. Às vezes, penso que estamos em nosso segundo casamento, com todas as suas novas descobertas um do outro. A diferença é que é um casamento entre as mesmas pessoas. Não há disputa, portanto, em nosso segundo casamento, para ver quem fica com os velhos álbuns de fotos, ou com a casa. Eu costumava ser duas pessoas separadas, no trabalho e em casa e nunca tinha certeza de qual era mais verdadeiramente eu. Agora, não tenho escolha. Eu me senti privado de algo em princípio, mas, depois, aliviado.

Nossa maneira de dividir nossa vida em partes não é para todo mundo. Poucas pessoas, para começar, poderiam dividir seu portfólio de trabalho tão precisamente em duas partes. Para que ambos os parceiros tenham condições de fazê-lo, tem de ser algo quase único. Poucos casais, também, descobririam que seus talentos se encaixam tão perfeitamente, de modo que um pode auxiliar o outro. Também tem de haver o momento certo. Não poderíamos ter feito isso mais cedo em nossas vidas, enquanto havia os filhos para cuidar, hipotecas e mais contas a pagar.

Para muitos, soa aconchegante demais para ser verdade, vivermos tão perto um do outro quer chova, quer faça sol, noite e dia. Na maioria, as pessoas querem mais desse espaço para serem elas mesmas. Eu mesmo não teria acreditado ser possível. Descrevo isso a fim de ilustrar os extremos a que se pode ir ao se reinventar a maneira como pulgas independentes podem viver; às vezes, têm de viver. Muitos já encontraram seus próprios padrões. Pense nos atores, esportistas, médicos, arquitetos, consultores, todos entre os quais frequentemente se casam com alguém da mesma profissão, mas que raramente trabalham no mesmo lugar ao mesmo tempo. Mais de nós estarão, argumento, conduzindo vidas de atores e, com elas, casamentos de atores. Há outras mesclas dos padrões compartilhados e segregados. Alguns casais conseguem viver em duas cidades, países ou até continentes diferentes. Encontram-se durante partes do tempo, indo para o espaço um do outro durante um fim de semana, um mês ou dois meses por vez, invertendo os papéis enquanto o fazem. Dizem que a intensidade de suas partes de tempo juntos mais do que compensa as ocasiões separados. Além do mais, dizem, são mais livres para se concentrar em suas partes de trabalho quando estão separados.

A divisão em partes, na verdade, se torna essencial para qualquer um que queira manter o controle de sua vida. As antigas partes da era agrária, domingos e festivais, foram seguidos pelas partes mais seculares da era industrial — finais de semana, feriados bancários e, eventualmente, feriados anuais. As informações modernas e a era global trazem novas pressões. Em algum lugar, o mundo está sempre acordado e trabalhando, até no dia 25 de dezembro, que foi antes o dia em que ao menos o mundo cristão permanecia imóvel. Agora, são apenas as ferrovias britânicas que param. O modo de vinte e quatro horas por dia, sete dias por semana, não é mais algo restrito a hospitais e hotéis, que sempre o tiveram. As férias ficam mais longas, mas os celulares e e-mails significam que o trabalho segue você até a praia ou a piscina.

Certa vez, compareci ao lançamento da declaração formal de Visão e Valores de uma importante empresa internacional numa reunião dos trinta gerentes do alto escalão. A declaração era a tentativa da empresa de colocar por escrito os princípios que guiariam todas as suas normas. O item seis declarava que a empresa encorajava ativamente um equilíbrio adequado entre trabalho e família. Alguém ergueu a mão.

— Então, por que — perguntou a pessoa de mão levantada — estamos nos reunindo aqui num domingo?

— Porque é o único dia em que estávamos todos disponíveis — respondeu o presidente.

As boas intenções cedem à dura realidade na maioria das organizações — e na vida de uma pulga.

Apesar de fecharmos as portas de nossos locais de trabalho à noite, e geralmente aos domingos, é difícil não voltar de fininho quando os prazos apertam, ou surge uma nova ideia. O trabalho pode ser excitante, mais atraente às vezes do que qualquer alternativa disponível. Nos primeiros tempos da nova London Business School, era geralmente difícil me afastar dos alunos mais afoitos que haviam pago uma boa quantia e, lisonjeiramente, queriam cada pedacinho de conhecimento ou suposta sabedoria que pudessem extrair da escola. As organizações tentaram trancar seus escritórios à noite e nos finais de semana para impedir que seus funcionários trabalhassem demais, apenas para descobrir que as informações pulam quaisquer cercas hoje em dia, conforme as pessoas continuaram trabalhando em seus computadores, telefones e fax de casa.

Os franceses estão fazendo uma corajosa tentativa de desafiar o modo de trabalho de vinte e quatro horas por dia, sete dias por semana, com sua lei restringindo a semana de trabalho para trinta e cinco horas. É uma manobra amplamente bem-vinda pelos trabalhadores que recebem por hora que, quase unanimemente, afirmam que isso lhes dá mais tempo com suas famílias e para o lazer. Mas as organizações ainda terão de trabalhar as mesmas horas que antes e, portanto, as trinta e cinco horas tem sido distribuídas ao longo do ano, permitindo que as organizações ajustem as horas às suas necessidades e, em alguns casos, às necessidades dos trabalhadores individuais. A produtividade na França, na verdade, aumentou, em parte como resultado, e mais alguns empregos foram criados, mas, embora eu não tenha dados estatísticos para apoiar as anedotas, só se pode suspeitar que as horas daqueles responsáveis por implementar a nova flexibilidade aumentaram, quer sejam trabalhadas no escritório ou em casa.

A flexibilidade que a nova lei requer das organizações forçará, com o tempo, mais e mais trabalhadores a uma forma de trabalho autônomo, mesmo que não se sintam tentados a usar parte de seu novo tempo livre para ganhar mais dinheiro com mais trabalho. Também encorajará as organizações a seguir a rota do portfólio como um meio de fazer a lei dar certo para todos. Paradoxalmente, a França poderá se tornar uma terra de pulgas viciadas em trabalho.

As antigas partes de trabalho e de não trabalho não funcionam mais. Temos de inventar novas partes. O que será novo nos anos pela frente, acredito, é que a filosofia de portfólio entrará no mundo que há dentro da organização. Os sinais estão lá, na ênfase crescente ao que as pessoas estão chamando de equilíbrio entre vida e trabalho — como se ambos fossem conceitos separados — na legislação que assegura mais licenças maternidade e paternidade, e na crescente prontidão das organizações para prover mais licenças àqueles que odiariam perder, mas, acima de tudo, na desilusão que sentem os muitos que descobrem que trocaram sua liberdade por amontoados de bônus e de participações nas ações da organização.

A fim de reter e instigar a nova geração de talentos, as organizações se verão permitindo que seus indivíduos chave montem seus próprios portfólios combinados, que podem incluir tempo assegurado para trabalho doméstico em pontos em particular no ciclo de vida da família, períodos de trabalho de estudo de algum tipo, oportunidades de trabalho voluntário na comunidade local e até uma mescla de diferentes partes de trabalho remunerado dentro da organização. As organizações que estabeleceram suas próprias subsidiárias na internet nas suas iniciativas de capital de risco internas têm sido frequentemente influenciadas não apenas pela necessidade de convencer seus funcionários de que não são apenas instituições fortes, acomodadas e antiquadas, mas também pela legítima necessidade de criar um novo futuro para elas mesmas.

Pesquisas já estabelecem que esses subconjuntos da vida de portfólio, trabalho flexível e compartilhamento de trabalhos, este último principalmente usado pelas mulheres, estão resultando em aumento da produtividade e satisfação no trabalho. A BT na Grã-Bretanha vê o trabalho flexível como importante para a retenção de talentos em algumas de suas divisões. Os elefantes precisam das pulgas, e as pulgas gostam de controlar suas próprias vidas e construir seus próprios portfólios. Se puderem fazê-lo sob o manto protetor da organização, melhor ainda, pois evitarão a maioria das desvantagens de uma vida de portfólio do lado de fora.

Do mesmo modo que as organizações afrouxam seus acordos de trabalho, também nos vemos livres para definir nossas próprias divisões do trabalho em nossa vida. Devemos usar essa liberdade, mesmo à custa de certa perda nos rendimentos, para reequilibrar nossa mescla de trabalho. As prioridades da vida parecem frequentemente diferentes quando se chega ao outro lado, quando se costuma desejar ter feito as coisas de outra maneira. Mas poderíamos tentar nos tornar sábios antes da hora. Amyarta Sen, o economista ganhador do Prêmio Nobel, insistiu que a riqueza não deve ser medida pelo que temos, mas pelo que podemos fazer. Dividir em partes é a nossa chance de enriquecer pela definição de Sen.

10

Últimas considerações

Tenho enaltecido a vida independente porque acredito que seja o futuro provável para muitos de nós, não por acreditar que seja o ideal para todos.

Para ser sincero, a ideia de um mundo povoado apenas por pulgas, por pessoas independentes e pequenas organizações, me apavora. Se o outro lado da moeda da liberdade é a solidão, o anverso de liberdade é egoísmo, pois corresponder às expectativas das possibilidades dentro de você mesmo pode significar ignorar as possibilidades em todos os demais. As organizações, disse Randy Komisar em seu livro sobre a vida no Vale do Silício, *The Monk and the Riddle*, requerem apenas duas coisas das pessoas, que sejam agressivas e gananciosas. Em 1999, o Papa manifestou seus próprios temores em relação ao que chamou de neoliberalismo: "Com base num conceito puramente econômico do homem, esse sistema considera o lucro e a lei do mercado como seus únicos parâmetros, em detrimento da dignidade e do respeito devidos ao indivíduo e às pessoas".

Graças a Deus, então, pelos melhores dos elefantes, apanho-me dizendo, pelas organizações empregadoras e pelos órgãos do governo. Apesar de todas as suas limitações, eles nos unem e nos forçam a comprometer nossa liberdade pelo bem de uma causa comum, ou, no caso do governo, pelas necessidades dos outros. James Madison, um dos fundadores da democracia americana, disse uma vez que as fragilidades da humanidade são o melhor alicerce para o bom governo. O governo está lá para atenuar nossas falhas, nossas falhas em olhar por nós mesmos e nossos vizinhos.

No passado, contávamos com comunidades de algum tipo para assumir parte do fardo. Mas essas comunidades, a organização de trabalho, a família e a vizinhança, estão mudando diante dos nossos olhos. A maioria de nós costumava pertencer a todas as três, com os direitos e responsabilidades gerados por nossa participação nelas. Agora, queremos os direitos e os prazeres, mas sem as responsabilidades. Sou tão mau quanto qualquer um, gosto da animosidade das cidades, porque ela não me impõe obrigações.

Por outro lado, invejo em parte aqueles que vivem em comunidades unidas, cujos amigos conhecem todos uns aos outros, que têm papéis formais na comunidade, cuja falta será sentida por muitos quando morrem ou saem. Posso até começar a entender por que as pessoas se dispõe a arriscar a vida lutando para preservar uma comunidade tribal nos Bálcãs ou em qualquer outro lugar. O engajamento delas é retribuído pelo senso de pertencerem a algo e de que alguém se importa com elas. Num nível pessoal, nossos próprios vizinhos, desconfio, ou não saberiam ou não se importariam muito caso desaparecêssemos de seu meio.

Provavelmente, não sou assim tão incomum hoje em dia. Reluto em hipotecar o meu tempo. Outros vão além. Eles veem um compromisso a longo prazo com algo ou alguém como se estivessem hipotecando seu futuro inteiro, limitando as escolhas que poderiam, de outro modo, estar disponíveis.

— Acho que você tem dificuldade em assumir compromissos — disse minha jovem prima ao namorado quando ele se recusou a casar com ela. Ficar livre, leve e solto é a alternativa preferida de muitos, tanto jovens quanto velhos, ao passo que ser leal a um parceiro ou empresa é encarado como uma ligação irracional que fica no caminho da ambição e da eficiência.

Um emprego para a vida inteira nem é oferecido, nem desejado. Ambas as partes querem deixar suas opções em aberto. "Até que a morte nos separe", o voto que fiz no dia do meu casamento, é visto por muitos como um ideal romântico mas não realista e por outros como simples tolice. Nenhum dos nossos filhos está "num relacionamento", como se diz hoje. Fazem parte de um bando crescente de solteiros por escolha. Caso decidam se casar, os acordos pré-nupciais, que presumem o fim de um relacionamento, estão se tornando mais comuns. "Amigos são para a vida inteira", informou-me uma moça, "relacionamentos vão e vêm". Falamos das mulheres que têm um filho com "esse ou aquele" praticamente como nos referimos a reprodutores de cavalos de corrida. "Relacionamentos modernos" é como se chamam, um novo termo para novos tempos. O comprometimento foi preterido em favor da escolha.

Em consequência, muitas famílias estão, muitas vezes, divididas agora em vez de terem aumentado, cheias de padrastos, meias-irmãs e coisas assim. Não importando quanto as novas famílias estendidas se entendam bem, a mensagem implícita tem de estar lá — de que a escolha é mais importante do que o comprometimento. Mais e mais homens e mulheres evitam o dilema optando por não terem filhos a fim de manterem sua independência. De fato, o declínio da taxa de nascimentos em todo o mundo desenvolvido deve ser um dos resultados mais surpreendentes da moda da vida independente de uma pulga. Se a metade mais pobre do mundo avançar em turnos para a economia dos elefantes e optar por mais trabalho e estilo de vida de pulga, talvez até vejamos a população mundial começar a diminuir.

As famílias, porém, apesar de suas muitas mudanças, ao menos não mostram sinais de se tornarem virtuais, ao contrário de outras comunidades. A internet, por exemplo, oferece vizinhanças virtuais e redes de trabalho virtual de graça a todos. Estas podem com frequência dar início, ou reforçar, amizades e trabalho reais, mas para aqueles que querem menos compromisso, também oferecem a possibilidade de amizades sem responsabilidades, de comunicação sem obrigações. Embora possam ser divertidas, essas comunidades virtuais criam apenas a ilusão de intimidade e uma simulação de comunhão. Um amigo ficou admirado, segundo me contou, em descobrir que tinha setecentos nomes na lista de endereços de seu e-mail.

— Nunca mais preciso ficar sozinho — comentou. Mas uma lista de endereços é algo bastante diferente de um grupo de amigos ou de companheiros de lazer.

Devemos nos preocupar com o fato de que mais e mais de nós não pertencem a nenhuma comunidade formal? Provavelmente. A vida sem se pertencer adequadamente a algo, a vida sem comprometimento, significa vida sem responsabilidade por outros ou para com os outros. A vida independente é um convite ao egoísmo e uma receita para uma sociedade extremamente privatizada. Mas onde não existe responsabilidade pelos demais, não existe necessidade de conceitos do certo e do errado. Um mundo de pulgas independentes e pequenas empresas pode se tornar um mundo amoral. Faça o que quiser, desde que esteja dentro da lei ou, em termos mais realistas, desde que não seja apanhado. Maximize sua própria vantagem. Por que não? O que mais poderia ser mais importante?

O problema é que se trabalharmos a partir desse princípio, devemos presumir que os demais também farão o mesmo. A confiança é insensatez nesse tipo de mundo. Cada acordo precisa ser por escrito e legalmente executável. Os advogados ficarão rindo à toa, mas os tribunais não terão condições de dar conta da enxurrada de casos. Fisicamente, a vida se tornaria mais perigosa, conforme a violência se tornasse mais comum, talvez até mais legítima, numa sociedade onde todos têm de cuidar de si mesmos. Casas tornaram-se prisões muradas, nós nos armamos quando nos aventuramos a sair, se não com revólveres, com *sprays* e alarmes. Despejamos quaisquer resquícios de responsabilidade sobre outros pagando nossos impostos e deixando o governo cuidar dos problemas deles.

Bob Tyrrell, um dos melhores analistas de tendências sociais da Grã-Bretanha, descreve esse tipo de mundo como um de "individualismo competitivo". Num cenário, ele pode imaginar o equilíbrio de poder oscilando até o indivíduo e afastando-se da corporação, com indivíduos anunciando sua disponibilidade pela internet e solicitando ofertas por seu tempo. Médicos e professores, por exemplo, seriam independentes ou estariam em pequenas parcerias, contratados por hospitais e escolas. Seria uma era de hiperatividade com trabalho e recreação à disposição o tempo inteiro, muitos escolhendo o lazer ou o trabalho em horas não habituais graças aos descontos ou recompensas oferecidos. Definiríamos a nós mesmos mais pelo que compramos e como escolhemos viver, por nosso estilo de vida, do que por onde trabalhamos ou temos nosso lar. O estereótipo da atitude americana — quanto mais trabalho mais posso comprar — superaria o conceito europeu de que o trabalho é apenas uma parte da vida.

Os sinais desse tipo de mundo já estão aí, um mundo que parece ter sido feito para a pulga bem-sucedida, um mundo em que os vencedores ficam com tudo. O serviço doméstico foi, inclusive, reinventado para atender às necessidades dos vencedores:

há um exército crescente de fornecedores de serviços pessoais, desde cozinheiras, babás e jardineiros até terapeutas holísticos, *personal trainers* e compradores pessoais profissionais, para tornar a vida tolerável para os bem-sucedidos. A ironia da coisa, contudo, é que essas ocupações também são para pulgas independentes, não funcionários.

O resultado é uma lacuna crescente entre aqueles que se deleitam nesse mundo desigual e mais separado e aqueles que não conseguem acompanhá-lo. O governo reage tentando equipar mais pessoas com as habilidades e qualificações para competir, mas, por mais que sejam louváveis seus esforços, essa pode ser uma corrida onde retardatários não consigam alcançar os demais — a menos que tenham a rara boa sorte de encontrar alguém que plante uma semente de ouro neles; a menos que comecem a sonhar e saiam em busca de uma paixão. Achei bastante difícil começar uma vida independente, mas, ao menos, havia tido longos anos de aprendizado com aqueles elefantes. Deve ser muito mais difícil para alguém que deixa a escola sem organizações para praticar.

É um mundo que reconheço e do qual tenho feito parte, mesmo que suas implicações me deixem apreensivo. Vejo porque as pessoas defendem a volta da comunidade local, porque levam adiante as responsabilidades que acompanham direitos e designações. Entendo por que elas querem persuadir a si mesmas que, na maioria, acabaremos nos tornando leais funcionários de longo prazo em organizações estáveis quando nos estabilizarmos, mesmo que fizermos um pouco de experiências na casa dos vinte, e deturparemos as estatísticas para nos assegurar de que o mundo não está realmente mudando, quando a maior parte das pessoas sabe que sim.

Há, porém, outra possibilidade: o mundo poderia mudar de um jeito diferente.

Em vez de um individualismo competitivo, poderia ser uma era de individualismo variado. Podemos decidir ser diferentes em vez de melhores do que nossos colegas. Poderia ser uma situação em que todos ganham em vez daquela em que o vencedor leva tudo. Poderíamos optar por decidir nossa própria definição do que vencer significa para nós. Diversidade talvez passasse a significar uma variedade de estilos de vida, todos aceitáveis, em vez de uma variedade de raças.

Bob Tyrrell, em outro de seus cenários para o futuro, prevê uma sociedade que valoriza a diferença, na qual "viva e deixe viver" seria uma nova filosofia. As organizações são reconhecidas pelo que fazem, mas outras partes da vida operam em outro ritmo e de acordo com conjuntos de valores igualmente legítimos. Trabalho voluntário, serviço público e, sugere ele, até devoção religiosa, poderiam recobrar sua estima. Grupos que exercem pressão, desde o Greenpeace até o Age Concern, conquistarão legitimidade política, como uma maneira mais eficaz de influenciar governos do que uma votação de cinco em cinco anos.

A verdade é que provavelmente veremos um pouco de ambos os cenários, tanto do individualismo variado quanto do competitivo. O individualismo competitivo serve para os jovens e ambiciosos, é o combustível que move a inovação e a criatividade, que ergue organizações e força instituições a mudar de acordo com os tempos. Um país ou uma empresa sem esse tipo de energia definha. Nem todos, porém, gostam da corrida desenfreada resultante, especialmente quando ficam mais velhos.

Com a ambição exaurida até a meia-idade — estive lá, fiz aquilo, ou, mais sinceramente, tentei aquilo e fracassei naquilo — descobri que queria mudar minhas prioridades na vida, mudar para um passo mais lento e tranquilo com mais tempo para reflexões, amizades e trabalho reflexivo, com menos prazos e exigências. Eu não queria me aposentar, mas reestruturar minha vida a fim de deixar mais espaço para outras coisas. A fórmula a que minha esposa e eu chegamos nos é peculiar, é claro, mas conforme o perfil demográfico de nossa sociedade muda haverá muito mais pessoas saudáveis, vigorosas, de meia-idade por aí com a autoconfiança para estabelecer suas próprias prioridades para a próxima etapa de suas vidas e para reestruturá-las de maneiras diferentes. Isso pode coincidir com a tendência cada vez maior dos governos de estímulos para encorajar seus cidadãos a assumir mais responsabilidade por seus próprios destinos. Em todo caso, sem organizações para empregá-los e protegê-los, ou sem apoio adequado do Estado, os novos indivíduos de meia-idade terão de fazer suas próprias escolhas e tomar suas providências, quer estejam dispostos a isso ou não.

Por outro lado, eles terão votos, mais votos a utilizar do que qualquer outro grupo etário. Usarão esse poder de voto para fins egoístas, escolhendo qualquer que seja o partido que ofereça pensões cada vez mais elevadas e subsídios a serem pagos pela geração seguinte, ou exigirão mais controle local de questões locais e menos soluções de maior abrangência, mais ruas e aviões silenciosos, ar mais limpo e organizações mais verdes? Os novos indivíduos de meia-idade são os verdadeiros "guardiões do nosso futuro" dos quais o embaixador Kingman Brewster falou vinte anos atrás? A esperança tem de ser a de que eles estejam à altura do desafio, mesmo que seja apenas usando seus votos para o bem do coletivo, não apenas para si próprios.

Esse grupo descobrirá que seu poder de compra em conjunto estabelecerá novas tendências. A previsão é que estarão comprando crescentemente tempo e serviços, não coisas. Prevê-se que saúde, turismo, educação e serviços pessoais são as áreas de crescimento do futuro. São negócios de alta categoria em vez de alta tecnologia, embora a tecnologia venha a desempenhar um papel de apoio, e talvez possam introduzir um mundo de comércio mais pessoal e mais amistoso. Quem sabe, talvez eles até possam persuadir os escritórios a colocar pessoas de verdade do outro lado dessas linhas telefônicas. Mantendo a visão otimista, esse grupo poderia escolher usar seu novo poder de consumo para influenciar o comportamento dos elefantes corporativos, boicotando seus interesses exploradores e favorecendo os ecologicamente corretos.

Também haverá mais oportunidade para os indivíduos fazerem a diferença nas organizações, caso desejem. Isso se dará porque a unidade de operações em toda parte será menor e mais acessível, mesmo enquanto as combinações aumentam. O governo, para começar, inevitavelmente irá federalizar, embora os britânicos não chamarão isso assim, devido à sua visceral desconfiança do termo. Mais decisões terão de ser tomadas localmente e mais finanças levantadas localmente, em reconhecimento à diversidade das regiões. Na Europa, a nação será comprimida entre as pressões para a harmonização através de Bruxelas e a necessidade de mais dessa diversidade regional. O ato de subsidiar, o princípio no centro do federalismo, seria real, enfim. Os governos centralizadores não estarão mais em condições de roubar as decisões que pertencem devidamente às regiões.

Prevê-se que o voluntariado crescerá, oferecendo mais oportunidades para a participação durante uma parcela de tempo na comunidade local. Os governos começarão a contar mais intensamente com o apoio e a orientação das instituições do que é chamada de sociedade civil. Podem promover isso como uma oportunidade para a boa cidadania, mas tal passo será conduzido, como sempre, pela economia. Será mais barato, como também (possivelmente) melhor, se feito quase de graça por entusiastas locais e pessoas de boa vontade. Não importando a motivação, isso tudo ajudará a unir nossas comunidades. Fiquei admirado recentemente com a quantidade dos meus amigos recém-aposentados que estão fazendo as vezes de motoristas para idosos ou deficientes que precisam ser levados a hospitais ou consultas.

— Tenho a chance de conversar com algumas figuras fascinantes — afirmam sempre; vizinhos que, em outras circunstâncias, jamais teriam conhecido.

Lamentavelmente, até esta visão mais esperançosa do futuro não será necessariamente apenas um mar de rosas. Deixados por conta própria, talvez desejemos criar nossas próprias comunidades de escolha, de pessoas como nós. Se conduzirmos as coisas assim, por mais repletos de boa vontade que estejamos, não iremos deparar automaticamente com pessoas que não são como nós. A sociedade ainda poderia se fragmentar, com menos temas nacionais em torno dos quais aglutinar-se. Essa ilusória mas crucial junção da sociedade, capital social, poderia desgastar-se. Medo, suspeita e intolerância poderiam crescer. O racismo, o preconceito contra a velhice e a organização tribal poderiam aumentar. Adeus, então, ao viva e deixe viver.

Qual rumo as coisas tomarão? As previsões não são todas boas.

Lembro-me das minhas esperanças otimistas para a sociedade, em 1981.

Costumava achar que, conforme as sociedades enriquecessem, elas se aquietariam. Em vez disso, parecem ter se tornado mais frenéticas. Costumava achar que a riqueza tornaria as pessoas mais simpáticas e mais tolerantes. Em vez disso, tornaram-se mais competitivas e mais protetoras em relação ao que tinham. Havia esperado que, ao invés de alguns terem trabalho demais e pouco lazer, enquanto os outros tinham o oposto, tudo seria igualado. Enquanto nossos pais trabalharam cem mil horas numa vida inteira, nossos filhos, previ, precisariam trabalhar apenas metade disso devido ao aumento da produtividade. Fui ingênuo. A maioria preferiu mais dinheiro a mais lazer e continuou trabalhando as cem mil horas quando pôde.

O progresso econômico parece ter apenas elevado as apostas na corrida de cavalos da vida, não igualado as vantagens e desvantagens. Existem dois tipos de justiça, enfatizei na época, a justiça que dá a todos o que merecem, e o outro tipo, que lhes dá o que precisam. A primeira é apenas tolerável se a última for feita. É uma tarefa que apenas o governo pode desempenhar. Por tempo demais, britânicos e americanos concentraram-se nesse primeiro tipo de justiça.

A educação estadual abrangente e não seletiva destinou-se a propiciar a todos na Grã-Bretanha chance iguais na vida. Ela não alcançou seu propósito porque não foi capaz de levar em conta o fato de que cada jovem é diferente um do outro, com seus talentos individuais, aspirações distintas e seus próprios meios de aprendizado. Estamos melhorando agora ao prover cursos diferentes para cavalos em particular, mas ainda há um longo caminho a percorrer. Essa também é amplamente uma incumbência do governo.

Esperei, naquela época, que as tecnologias emergentes permitissem a muito mais pessoas trabalhar em casa, criando, desse modo, comunidades locais, o tipo de comunidades inclusivas da era agrária. Não queria tais comunidades para mim, mas achei que outras pessoas iriam querer. Estava enganado. A maioria das pessoas ainda ansiava pela comunidade de interesse, a comunidade de trabalho, e o espaço físico e a proximidade física que ela proporcionava. Isso está mudando lentamente, mas os novos trabalhadores de casa usam a tecnologia não para lhes permitirem ser locais, mas, em vez disso, para interagir em termos globais, trancando-se em seus lares em vez de interagirem com os vizinhos.

Vinte anos atrás, palavras como "ecologia" e "orgânico" começaram a surgir. O livro de Rachel Carson, *Silent Spring* alertou o mundo para a aproximação de uma catástrofe. Observei esperançosamente enquanto as chamadas Cúpulas da Terra foram seguidas por protocolos e acordos e ainda mais reuniões internacionais. Atualmente, continuamos a ouvir sobre as ameaças ao ambiente, sobre o desaparecimento das florestas, sobre a elevação das temperaturas e mares, mas poucos parecem estar preocupados o bastante para agir. Como uma pessoa consegue mudar o mundo, perguntam, e passam direto.

Finalmente, tive esperança de que o crescente interesse pela vida espiritual conduziria a uma sociedade que se importasse mais, uma que procurasse incluir aqueles que vivem à margem dela. Encarei isso como uma saída para os nossos dilemas. Ao contrário, a nova espiritualidade parece mais voltada para dentro de cada indivíduo, buscando salvação ou renovação pessoal, afastando-se do envolvimento com os de fora, em vez de buscá-lo. Não é a religião como eu a conhecia.

Não havia me dado conta de como eu estava arraigado na tradição cristã até ouvir a história que o capelão da igreja inglesa em Florença me contou. Ele mostrava a um grupo de universitários americanos a Galeria Uffizi, chamando a atenção deles para as muitas e belas madonas ali, entre outras obras. No final da visita, ouviu uma moça comentar com a outra:

— Você notou... é tão típico... que é sempre um bebê do sexo masculino que ela está segurando?

Nós rimos. Paramos, então, para uma reflexão. Era essa uma sociedade destinada a ser secular, uma sem sequer as histórias da religião para unir a cultura, para sustentar a moralidade? Havíamos diminuímos a importância da cultura cristã, como distinta da religião cristã, na sociedade ocidental? Pode uma sociedade sobreviver, nós nos perguntamos, sem um conjunto desse de histórias, uma estrutura comum de moralidade entendida e o entendimento compartilhado do que significa ser humano, sem uma religião e sem um deus?

Talvez o problema seja que existem deuses demais hoje em dia. O poeta e filósofo americano Carlos Efferson acredita que sim. No topo de sua lista ainda estão os Deuses dos Livros Sagrados e os Direitos Sagrados, embora seus seguidores estejam diminuindo. Os que se tornam mais importantes hoje, no entanto, são os Deuses do Poder, do Orgulho, ou do Trabalho, ou da Riqueza — deuses que dividem os homens em vez de uni-los. Ele poderia ter acrescido mais alguns — os Deuses da Fama ou da Moda, por exemplo. Há também, afirma ele, aqueles cujo Deus são eles mesmos, que "estão sempre no altar de seus próprios desejos, certos de que esse é o modo como a vida deve ser levada e que os que não concordam são tolos". Existem Deuses Tribais, cujos seguidores acreditam que lhes foi causado mal, "e o que alimenta seus corações é que aqueles que causaram o mal devam sofrer dor". Enfim, há aqueles em numerosas quantidades que não seguem deus algum.

Reconheço o mundo que Carlos Efferson descreve e meu coração se enche de pesar. Se esses vários deuses são o que se passa por religião atualmente, eles apenas aumentarão nossos problemas em vez de resolvê-los. Nós nos tornamos como os gregos da antiguidade, com um deus para cada capricho e cada estação, deuses que lutavam uns contra os outros, deuses que dividiam as pessoas em vez de uni-las. Nossas religiões tradicionais não têm nada melhor a oferecer?

Para sermos francos, a religião uniu a sociedade através do medo não do amor. A religião ditou mandamentos, estabeleceu padrões e criou punições. No caso do cristianismo, isso abrangeu desde os terrores da Inquisição até a recitação de ave-marias. Toda religião teve suas próprias variedades do permitido e do proibido, seu próprio conjunto de punições. Desde que a maioria das pessoas acreditasse na premissa essencial de que ela funcionava, a sociedade obedecia.

Essa premissa essencial não é mais aceita numa sociedade secular moderna. A religião foi tomada por um conjunto de seitas, muita delas beirando a idolatria. Elas têm seus seguidores entusiastas mas, como Carlos Efferson declara, todos estão venerando apenas um deus entre muitos, não podem mais ditar ordens para a sociedade. Em vez disso, os governos começam a ocupar o espaço vazio, tentando explicar minuciosamente o que é uma boa vida, o que faz uma família, o que comer e não comer, se se deve fumar ou não, em que idade fazer sexo, até como nos comportarmos com nossos semelhantes de uma raça, religião ou sexo diferentes. Rejeitamos o estado emergente ao estilo babá, mas não temos nada para colocar em seu lugar, nenhum outro meio de chegar a um conjunto de normas e padrões. Poderíamos, me pergunto, reinventar a religião para uma era moderna?

Não sou cristão no sentido convencional. Certa vez, recebi um prêmio, concedido pelo Lambeth Palace, por um programa que fiz sobre minha jornada religiosa na vida. A citação entregou o jogo: " um programa bem-feito e formador de opiniões, apesar da visão heterodoxa do apresentador sobre o cristianismo".

Não acredito num deus pessoal. Talvez seja uma reação contínua contra minha infância, mas a ideia de um Ser Supremo interferindo no universo me é repulsiva. Tendo dito isso, realmente acredito que a história cristã, junto com as histórias judaica, budista, muçulmana e hindu, tem muito a nos dizer sobre nossa condição humana e o sentido da vida. Se eu soubesse mais sobre outras religiões, desconfio que poderia achar isso verdadeiro em relação a elas também. São histórias, contudo, não a História, mitos no verdadeiro sentido da palavra, meios de se proclamar verdades importantes sobre os indivíduos e a sociedade em épocas em que as pessoas pensavam em particularidades não em abstrações, em histórias com significados, em imagens com uma mensagem.

Tais histórias tiveram poder. Serviram de inspiração para música grandiosa, arte maravilhosa, literatura magnífica. Deram coragem às pessoas para lutar em grandes batalhas por grandes causas, para suportar grandes tribulações, até para morrer. É verdade que também levaram pessoas a cometer crimes hediondos quando essas pessoas se apropriaram da religião para seus próprios propósitos tribais. O que é que torna as pessoas tão dispostas a matar e a morrer por algo que não podem ver ou contar?

Seríamos loucos em abandonar algo tão poderoso, mas é algo que precisa de uma interpretação nova para os nossos tempos. Os conceitos cristãos de nova vida após a morte, de redenção e perdão, da importância crucial do amor incondicional, repercutem todos hoje em dia. Para a ressurreição, por exemplo, vide a reinvenção, a necessidade de encontrar uma vida nova quando a antiga termina ou fracassa e a necessidade de acreditar que você tem o poder e a habilidade de fazê-lo, mas *agora*, neste mundo, não mais tarde em algum mundo para além das estrelas. O perdão, também, é fundamental para o crescimento. Se não puder perdoar seus inimigos, você estará preso a eles para sempre. Pode até ser mais difícil, às vezes, perdoar a si mesmo. A religião tem meios de lidar com esse bloqueio através da confissão e da absolvição. No lugar destas, usamos agora os psicoteraupetas.

Meu modo pessoal de nova interpretação é encontrar meus próprios sinônimos para Deus, tais como Bem e Verdade. Torno a interpretar a ideia de que Deus deve ser buscado dentro de nós mesmos, acreditando que existe o bem em todos nós, como também o mal, e que o propósito de uma pessoa na vida é fazer vir o bem à tona e reprimir o mal, em si mesma, mas também nos demais. Vejo a vida como uma busca contínua da verdade em mim mesmo, ou seja, vivendo em paz com minha própria consciência, sendo o que eu poderia ser em vez daquilo que posso fazer de conta que sou. Sei até bem demais quando estou vivendo uma mentira, buscando popularidade, ou me desviando das implicações do que sei ser verdade. Isso remonta a Marsilio Ficino e ao Renascimento italiano e à ideia dele de que nossa alma é o que existe de melhor dentro de nós, a nossa possibilidade.

Também retorno a uma figura muito mais pragmática — Brown "Capacidade", o arquiteto e paisagista que projetou tantos dos parques e áreas em volta das grandiosas casas inglesas. Era apelidado de Capacidade porque tinha a habilidade de observar, enquanto avaliava uma paisagem que lhe haviam pedido que transformasse: "Ela tem muita capacidade", querendo dizer, com isso, muito potencial. Não me importaria de ser chamado de Charles Capacidade, se isso significasse que tenho um grande potencial a ser desenvolvido, potencial para o bem, é claro. Não é fácil. Perguntaram, certa vez, a um amigo meu: "Você não se cansa de ser você?" É uma boa pergunta. É tentador escaparmos de nós mesmos às vezes.

Minha crença na longa busca pela minha "capacidade" latente me sustenta. Reconheço, porém, que é uma religião para uma pulga, que ela não unirá um povo, nem levara a grandes cruzadas ou poderosas reformas. Eu gostaria que a "capacidade" fosse a essência de uma sociedade humana, mas ela precisa ser acompanhada por outra cultura, uma que se concentra numa preocupação pelos demais. Para equilibrar a moralidade do interesse próprio, por mais elucidado que ele seja, precisa haver uma outra moralidade de preocupação por nossos semelhantes, o mandamento de amar ao próximo como a si mesmo que o cristianismo tem pregado ao longo dos séculos. A preocupação crescente para a legislação dos direitos humanos é uma expressão dessa preocupação, mas as leis, para serem eficazes, precisam ser apoiadas por um consenso moral. Ao afirmar isso, estou ciente das famosas palavras gravadas no túmulo de Karl

Marx, no cemitério Highgate, que podem ter sido um meio de apologia da sua própria vida: "Filósofos somente interpretaram o mundo. A questão é, entretanto, como mudá-lo".

Quem dera pudéssemos.

Tudo o que posso fazer, o que a maioria de nós pode fazer, talvez, é viver a vida da maneira como achamos que deve ser vivida. Passaram-se vinte anos desde que a minha vida mudou para a de uma pulga. Dentro de vinte anos, se eu chegar até lá, deverei estar beirando os noventa. Há uma carta lacrada nos meus arquivos destinada aos meus filhos, a ser aberta após a minha morte. Contém detalhes corriqueiros dos meus assuntos, mas também meus pensamentos sobre as prioridades da vida para mim mesmo, algo que eu gostaria de ter conversado com o meu próprio pai antes de sua morte. Ocasionalmente, atualizo a carta e reflito sobre o que falei em versões anteriores. Noto que ela mudou, ao longo dos anos, conforme a ambição tem diminuído e a vida adquirido tons novos e mais suaves.

Nesse meio tempo, há um velho ditado chinês que diz que "Felicidade é ter algo para fazer, algo pelo que esperar e alguém para amar". Planejo ser feliz.